中国海洋大学青年教师科研专项基金资助
中国海洋大学管理学院510工程资助

文化企业家研究：
产业背景、行为特征与案例

Cultural Entrepreneurs: Industrial Backgrounds,
Behavioral Features and Probative Cases

邓晓辉／著

经济管理出版社

图书在版编目（CIP）数据

文化企业家研究：产业背景、行为特征与案例/邓晓辉著. —北京：经济管理出版社，2014.8
ISBN 978-7-5096-3292-5

Ⅰ.①文… Ⅱ.①邓… Ⅲ.①文化产业—企业家—研究—中国 Ⅳ.①K825.38

中国版本图书馆 CIP 数据核字（2014）第 178543 号

组稿编辑：杜　菲
责任编辑：杜　菲
责任印制：司东翔
责任校对：张　青

出版发行：经济管理出版社
　　　　（北京市海淀区北蜂窝 8 号中雅大厦 A 座 11 层　100038）
网　　址：www.E-mp.com.cn
电　　话：（010）51915602
印　　刷：北京京华虎彩印刷有限公司
经　　销：新华书店
开　　本：720mm×1000mm/16
印　　张：13.5
字　　数：224 千字
版　　次：2014 年 8 月第 1 版　2014 年 8 月第 1 次印刷
书　　号：ISBN 978-7-5096-3292-5
定　　价：50.00 元

·版权所有　翻印必究·
凡购本社图书，如有印装错误，由本社读者服务部负责调换。
联系地址：北京阜外月坛北小街 2 号
电话：（010）68022974　邮编：100836

总 序

由中国海洋大学管理学院工商管理系"100工程"（百万学术支持工程）支持，凝结着我们这个默默无闻的学术群体的集体智慧和辛勤汗水，承载着我们志存高远的学术理想和不懈追求的《工商管理系列专著》终于面世了，我的心被欣慰所充满，被感动所融化，一种自豪的情怀油然而生……

中国海洋大学管理学院工商管理系成立于2001年11月。在十几年的发展中，我们立足本学科领域的研究，确立科研重点，打造学术团队，凝练主攻方向，整合优势资源，采取了一系列的科研推动措施。在2011年10年系庆之际，我们启动了"100工程"，同时规划了《工商管理系列专著》的出版事宜，系列专著的出版是"100工程"的重要组成部分。如今，《工商管理系列专著》的面世，正是我们十多年以来重视学科建设、鼓励学术自由探索、支持创新性学术研究的体现，也是我们抒发学术感恩夙愿的实现。

《工商管理系列专著》由中国海洋大学管理学院工商管理系的创收经费资助出版，充分体现了我们对于学科建设和学术研究的高度重视，可谓全系同仁学术道路上的一个里程碑。《工商管理系列专著》承担着记载与积累学术成果、弘扬和传承科研传统的使命，凝结了集体的智慧和力量。系列专著从不同侧面对管理理论和实践问题进行深入研究与探讨，提出具有前瞻性和战略性的学术思想与观点，颇具理论和实践价值。

作为高校中最基层的学术团队，我们求真务实，协作创新，执着追求，永不言败。我们深深懂得：追求学术的过程是艰辛而坎坷的，既是我们在学术的道路上不断进步的过程，也是我们久耐学术寂寞，稳坐"冷板凳"，坚持探索学术真谛的过程。我们肯定不是最优秀的，但我们一定是最努力的；我们肯定不是最成功的，但我们一定是最执着的。我们要用饱含生命智慧和心血的研究成果，默默地为丰富我国管理理论而添砖加瓦，为拓展我国管理实践而增光添彩。

出版《工商管理系列专著》的初衷有三：第一，进一步推进既定研究方向的科研活动深入开展，对科研活动做出阶段性的总结；第二，向管理理论和实践研究领域注入我们的学术思想，向学术界发出我们——这个最基层学术团队的微弱的呐喊，以示我们对学术的那一份追求和对世事浮躁的那一份淡定；第三，向社会各界求教，与同行学者共勉。

《工商管理系列专著》的主要特点有三：第一，作者理论基础深厚。系列专著的作者长期从事工商管理专业的科研和教学工作，具有较为深厚的理论基础。第二，研究具有前沿性。每一位作者都立足自己长期坚持的研究方向，对其最前沿的管理理论和实践问题进行思考和探索。第三，系列专著用途广泛。既可以用作管理理论研究的参考用书，也可以用作管理实践探讨的参考用书，还可以用作相关专业人士的学习参考用书。

我们自知才疏学浅，见识有限，恳请社会各界、同行学者对我们的浅薄之见不吝赐教。限于作者水平，系列专著的缺点和不足在所难免，敬请广大读者批评指正。

深情写来，是为序。

中国海洋大学管理学院工商管理系主任
王淼
于 2014 年秋

前　言

在1890年版的《经济学原理》中，阿尔弗雷德·马歇尔第一次系统阐述了组织和企业家才能的重要意义。马歇尔于1924年去世，就在他生活的时代，出版、电影等产业都初步建立起现代企业组织，企业家开始进入文化生产和交易的舞台。

文化企业家（Cultural Entrepreneur）在学术文献中并没有确切的定义，学者们以及大众媒体仍然笼统而随意地用它来指称文化产业中的投资者、管理者和交易商，只是因为他们在从事那些与文化相关的经营活动并从中获利。有时文化产业中的艺术家也被称为文化企业家，因为身处市场化的环境，他们的声誉、创作过程和结果，甚至连他们本身都可以被商品化、货币化。

本书主要从行为特征来界定文化企业家：首先他们是一群典型的企业家，有着异于常人的品性和志趣，时刻需要应对市场上的风险和不确定性，敏锐地捕捉顾客的偏好和竞争对手的策略，高效率地组织研发、生产和销售……与此同时，文化企业家还有着独特的行为特征，笔者将其总结为文化导向，具体可以分为完美主义、感情投入、特立独行、包容性四个维度。

文化产业是一个充满魅力的产业，其魅力既来自深厚的文化内涵，也来自新奇的产品创意。在一个市场化的经济体系中，图书、字画、音乐、电影、表演艺术、会展、电子游戏……都以商品的形态出现，只需支付货币便能获得，这就是文化的产业化。在文化产业化的早期，企业家所做的只是大规模复制，与其他工业部门无异,但随着市场竞争激化和产品同质性趋势的威胁,文化产业化越来越倚重新奇的创意。

文化产业化是文化企业家产生的基本产业背景,无论是早期的文化工业,还是现代的文化创意产业,都是文化企业家最集中的产业部门。虽然近百年来文化产业有了长足发展,但这一产业为文化企业家提供的作为空间终归还是有限的。

与文化产业化相对应,还有一个重要现象——许多原本与文化无太多关联的商品和服务,从家居、服装、食品到汽车、电器、交通运输,无一不在标榜自己的文化底蕴,他们或通过产品/服务本身,或通过狂轰滥炸的广告,讲述和文化有着或远或近关系的故事去打动顾客。这就是产业的文化化,无论是大众的甲壳虫汽车、索尼的随身听还是苹果的手机,乃至诺基亚 Lumia1020 背后的奥利奥似的镜头,都成了某种文化的象征。其实 Lumia1020 所用的镜头是蔡司认证的,但这不影响什么,因为奥利奥和蔡司另有自己的文化和故事。所以,产业文化化几乎是个外延无限的话题,也为文化企业家提供了几乎无限的作为空间。

文化产业化和产业文化化的深层原因是技术、文化和商业的日渐融合,这种融合早有萌芽,如今呈现愈演愈烈之势,本书将这种融合总结为一种新的经济形态——新工艺经济。从宏观层面看,新工艺经济是指需要同时投入技术资源、文化资源与商业资源的商品产出占据国民经济总量较高比重的经济模式;从微观层面看,新工艺经济是指一种需要同时投入并充分整合技术资源、文化资源与商业资源的企业盈利模式或商业模式。"工"为技术、"艺"为文化、"经济"为商业,三者融合不但改造了文化产业,也深刻影响了农业、制造业和服务业的大多数部门,仅程度有所差别而已。

在不同的经济背景下,文化企业家的行为表现出不同的特征。在文化生产组织化程度不高的情况下,文化企业家的个体决策十分重要,这本质上是个最优化问题,只不过此时他们要独自处理好对文化目标和商业目标的平衡。当文化生产可以依托现代化的市场组织和企业组织时,文化企业家则主要面对各种博弈问题,他们必须根据身处的生产交易方式以及博弈对象的行为倾向来进行决策。本书在前人工作的基础上,对企业家的个体决策和组织决策做了模型化描述。

毫无疑问，文化企业家的行为具有强烈的情境依赖性，如果局限于模型化描述，许多影响甚大的情境因素难免会被遗失，所以本书在理论研究的基础上，选择了两组案例分别研究文化产业化和产业文化化背景下的文化企业家成长。

文化产业化情境下的案例来自电影产业。电影产业是规模化和资本密集化文化生产的代表性产业，本书选择中国电影制片人张伟平和英国电影制片人克林格（Michael Klinger）作为案例研究对象。张伟平原是一位典型的商人，他从非文化产业转入文化产业，通过对其资源条件变化情况的梳理，本书总结了他在电影生产过程中依次扮演的四种角色：赞助者、辅佐者、建议者、干预者。由于和资源的匹配情况不同，上述四种角色取得了不同的绩效。克林格是一位成长经历始终内嵌于文化产业的企业家，他在处理市场绩效、艺术追求和创业理想三个问题时表现出与张伟平不尽相同的倾向。特别需要说明的是，张伟平案例的素材全部来自视频，是他本人的亲口陈述，此举是拓宽案例研究取材的重要尝试。

产业文化化情境下的案例来自汽车产业。汽车产业被誉为工业文明之花，一方面有着深厚的历史积淀，另一方面又是一个需要直面消费者的产业，所以这个行业有着丰富的产品文化、人文化和消费文化，是产业文化化的代表性产业。本书选择不同历史时期的四位企业家亨利·福特、小阿尔弗雷德·斯隆、费迪南德·皮耶希和卡洛斯·戈恩作为案例研究对象，有效覆盖了汽车产业的百年发展历史。特别是皮耶希和戈恩两位仍然在任的企业家，这就确保了素材的新鲜度。对四位企业家的研究以文献已有共识的技术导向、市场导向、创业导向和本书提出的文化导向作为分析视角，描述了四种行为导向对文化企业家行为的影响，并做了共时与历史两个维度的对比研究。

本书共分八章，第一章"什么是文化企业家"主要是提出相关研究问题；第二章至第七章分别围绕文化企业家的产业背景、行为特征和案例分析来设计，每两章对应一个问题；第八章是研究结论与展望。

目 录

第一章 什么是文化企业家？ ··································· 1
  一、现有文献的观点及其缺陷 ····························· 2
  二、对文化企业家概念的界定 ····························· 4

第二章 文化产业化：文化企业家生成的产业基础 ··········· 7
  一、文化产业化的经济背景 ······························· 8
  二、复制的文化产业：文化工业 ·························· 14
  三、创新的文化产业：文化创意产业 ······················ 24

第三章 产业文化化：文化企业家发展的延伸空间 ··········· 38
  一、扩大的文化产业：产业文化化 ························ 39
  二、从技术—文化关系演变看产业文化化 ·················· 41
  三、技术—文化—商业相融合的新工艺经济 ················ 47
  四、什么是"新工艺经济"？ ····························· 53

第四章 文化企业家的行为导向与个体决策 ··················· 64
  一、文化企业家的行为导向 ······························ 65
  二、文化企业家的个人决策过程 ·························· 76

第五章 文化企业家的组织管理与决策 ······················· 84
  一、文化企业家在创意组织中的角色与职能 ················ 84

二、雇佣制与签约制下的文化企业家决策 …………………… 95
　　三、采购制下的文化企业家决策 ……………………………… 113

第六章　文化产业化背景下的企业家成长案例 ………………… 122
　　一、案例研究的文献基础 ……………………………………… 123
　　二、主案例：中国电影制片人张伟平 ………………………… 128
　　三、辅案例：英国电影制片人克林格 ………………………… 145

第七章　产业文化化背景下的企业家成长案例 ………………… 155
　　一、案例选择 …………………………………………………… 156
　　二、案例描述 …………………………………………………… 162
　　三、基于绩效的对比分析 ……………………………………… 175

第八章　研究结论与展望 ………………………………………… 183
　　一、主要研究结论 ……………………………………………… 183
　　二、研究展望 …………………………………………………… 185

参考文献 …………………………………………………………… 188

后记 ………………………………………………………………… 205

第一章　什么是文化企业家？

> 完美无瑕的文学趣味；不可思议的商业本能；用之不尽的精力与激情；天才的公关与销售技巧；坚定而又兴致勃勃地把握每一次机遇的决断；充满孩子气的魅力；令人信赖的诚实；在逆境中仍不失风趣的惊人才智；不偏不倚的公正与慷慨；迫切受人欣赏、喜欢的强烈愿望；不让自己板起面孔做事的坚持；对自己的好运气总是感到高兴与满足……
>
> ——克里斯托弗·瑟夫
> 《我与兰登书屋》

早在一个世纪前，出版、电影、音乐等产业都已经建立起现代企业组织，企业家对文化生产和流通的影响由来已久并不断加深。百年之间，文化产业中的企业家角色也发生了很大的变化。早期，由于知识界对文化工业的批评与质疑，他们和同时期的钢铁大王、石油大亨、罐头厂老板并无不同，甚至被扣上了戕害个性和创造力的帽子。随着产业发展和社会进步，他们逐渐获得了新的身份。至少在学术文献中，他们有了自己的称谓——Cultural entrepreneur，本书将这一名词译为文化企业家。

一、现有文献的观点及其缺陷

本章开篇引用的是兰登书屋创始人贝内特·瑟夫留在儿子心目中的形象，虽然语言中饱含炙热的情感，却仍然刻画了一个文化企业家的典型特质。遗憾的是，在研究文献中，"文化企业家"仍然是一个模糊不清的概念。这一名词所指甚广，有时被用来指称文化产业各部门中的经营管理人员，有时被用来指称文化产业中那些同时肩负营利目标的艺术家，有时甚至被笼统地用于指称文化产业中的所有从业人员（如 Ellmeier，2003；Wilson & Stokes，2005；Swedberg，2006）。

按照这种理解，文化企业家群体可以等同于理查德·佛罗里达（Richard Florida）提出的创意阶层（Creative Class）。佛罗里达认为创意阶层分为两种基本类型：一是超级创意核心群体，包括科学家与工程师、大学教授、诗人与小说家、艺术家、演员、设计师与建筑师；二是非小说作家、编辑、文化人士、智囊机构成员、分析家等构成的舆论制造者。除此以外，创意阶层还包括分布在大量知识密集型行业中的创意专家。有了这样广大的覆盖，难怪佛罗里达敢说 21 世纪是创意阶层的世纪。

显然，这些提法都有望文生义之嫌，反映出对创意人群的认识存在许多不明确和不一致的地方。Wilson 和 Stokes（2005）甚至认为，对文化企业家的宽泛定义正好适应了文化生产需要整合大量文化与商业资源的特征。文化企业家的活动领域广、行为特征复杂，客观上为理解和定义造成了困难，但不足以成为回避问题的理由。

以上定义和用法虽各有道理，但却不能完全让人信服，这其中有两个主要问题：

（一）文化企业家的本质特征是什么？

如果说文化企业家是一个覆盖广泛的群体，那么这个群体的共同特点是什么？

显然，现有文献过多地关注了"文化"、"创意"等定语，却偏离了中心语"企业家"，这是导致定义含糊、例证芜杂的主要原因，要解决这个问题，必须回归到对企业家和企业家精神本质的研究。企业家在文化产业中的现实角色可能是多样的，但各类角色的本质却都基于企业家精神和企业家才能，具体表现为自主性、创新性、冒险性、先动性、侵略性等（如 Lumpkin & Dess，1996），具备这些精神和才能的企业家角色才能对文化创意过程产生实质影响（Miller & Shamsie，2001）；反之则不然，如 Davenport（2006）发现，英国电影业的组织和人员职能表面看都很正常，但其制度传统导致制片人缺乏企业家精神，因此该行业的创新性很不理想。目前，本领域大多数文献并没有回归企业家的本质来研究文化企业家。

（二）文化企业家的主要功能是什么？

当前对文化企业家的关注得益于文化产业的迅猛发展，这是一种由果溯因的逻辑。事实上，文化企业家才是推动文化产业兴起和发展的主要推力，这一点早有共识（Jones，2001），至少文化企业家和文化产业发展之间是一个相互促进的关系。

现有文献一般认为，在文化产业中，企业家是一种与艺术家相对应的、具有独立职能的角色，以电影业为例，DeFillippi 和 Arthur（1998）就将制片人和导演描绘为两个角色独立、职能两分的群体。企业家们主要关注与市场有关的问题（如凯夫斯，2004；Wilson & Stokes，2005）。他们既可以通过提供资助（如考恩，2005）、管理协调（如 Cohendet & Simon，2007）、资源整合（如 Bilton & Leary，2002；Perry - Smith，2006）等支持性行为直接影响创意活动，也可以通过对艺术家的奖惩实施间接影响（Chisholm，1997）。一般认为，企业家的支持性行为是现代文化生产的必然要求，其奖惩行为的作用却未必奏效，如凯夫斯（2004）和 Thorsby（2001）都认为艺术家会自觉地关注产品，而不仅关心薪酬高低，仅实施奖惩并无显著效果。

以上只是基于现有文献的讨论，现有文献无论对于文化企业家本质特征的理解，还是对文化企业家主要功能的描述，都是不尽完善的。下面，本书将回溯经典文献，从企业家的最初定义出发，逐层对文化企业家的概念做出界定。

二、对文化企业家概念的界定

(一) 文化企业家首先是企业家

最早正式提出企业家（Entrepreneur，业主）概念的是法国经济学家理查德·坎蒂隆（Richard Cantillon）。在坎蒂隆的《商业性质概论》中，企业家的外延是很广泛的，指以从事货物和商品的流通、交换和生产为职业的人，包括手工业者，能雇用少量帮工的工匠或手艺师傅，在艺术和科学领域靠自身劳动为生的律师、医生、画家等，以及乞丐和强盗。如果说以上人群有共同之处，那就是没有固定收入（坎蒂隆，1997）。没有固定收入的人群为了赢取收入，除了自身的主观努力，还需面对来自外部的各种竞争，客观上要求他们去做与众不同的事以求脱颖而出，这就是创新。

熊彼特在其《经济发展理论》中将企业家描述为创新的主要推力与核心角色，他所说的创新有下列五种情况：①采用一种新的产品——也就是消费者还不熟悉的产品——或一种产品的一种新的特性；②采用一种新的生产方法，也就是在有关的制造部门中尚未经过经验鉴定的方法，这种新的方法绝不需要建立在科学的新发现的基础上，并且，也可以存在于商业上处理一种产品的新方式中；③开辟一个新的市场；④掠取或控制原材料或半成品的一种新的供应来源；⑤实现一种工业的新组织。① 熊彼特认为创新和发明是两个不同的概念，此后研究创新的文献也都区别这两个概念，发明一般指新观点的创造以及使其实施成为可能的后继发展阶段；创新指的则是由企业家将发明商业化的过程。

但熊彼特在其晚期的作品《资本主义、社会主义与民主》中，又提到"企业家职能的过时"，当然这种过时并非由于企业家精神本身的退化，而是"革新

---

① 熊彼特著. 经济发展理论. 何畏等译. 商务印书馆，1990。

已经降为日常事务了","经济进步日趋于与个人无关和自动化"①。

（二）文化企业家是一类特殊的企业家

在马歇尔的《经济学原理》中，组织和企业家才能作为同义词出现，都代表土地、劳动、资本以外的第四种生产要素。

在现代西方主流学术界，Hirsch是最早注意到文化产业的组织问题的学者之一。他在发表于1972年的经典论文《加工时尚与时髦：文化产业系统的组织束分析》中把文化产业看作一个由各类组织相链接而成的系统，这一系统中最重要的是文化生产部门（出版社、唱片公司、电影厂等）、大众传播部门（报纸、广播、电视）、分销部门。文化产业系统可以分为技术子系统、制度子系统和管理子系统三个部分，其主要功能是让最初的创意成为可以交易的文化产品和服务，这一功能不仅表现为生产和交易，更重要的是其筛选机制，筛选机制中最重要的是把关人（Gatekeeper）。把关人可能是企业家在文化产业中的第一个典型角色，这一角色覆盖了大量的职能。把关和筛选的目的是更好地交易文化产品和服务，这其实是马克思所说的从使用价值到价值的惊人一跃。为了实现这一跃，企业家除了把握文化标准，不可能不关心获利的问题。

著名社会学者Swegberg（2006）则提出了不同的见解，他在综合了熊彼特、韦伯、涂尔干、西美尔等经济学家和社会学家的经典论述后，提出了对文化企业家的理解。他不赞同把文化企业家理解为"有经济诉求的艺术家"，他认为文化企业家的核心特征是创新，即那些在文化领域创造出新的、受欢迎的作品的人，如果这些作品能够获利则更佳，但获利不应该是核心问题。

是否追求经济利益并不完全是文化企业家的个人决断，更多的是一种客观需要，但获得利润仅仅是判别文化企业家的标准之一，除此以外，还有对文化价值和创新的追求。综合研究文献与产业实践，可以从三个层面初步界定文化企业家的理想类型：

第一，从行为目标看，文化企业家是市场导向的，应该关注创意的市场绩效

---

① 熊彼特著. 资本主义、社会主义与民主. 吴良健译. 商务印书馆, 2002.

并为之负责。文化创意的市场绩效主要体现为文化产品或服务的经济收益。以电影业为例，经济收益就是票房收入和各种衍生品收入。

第二，从行为边界看，文化企业家是文化导向的。文化导向一方面要求企业家必须介入文化创意的"内圈"中来，切实参与和创意内容与形式直接相关的活动，不能仅仅做商业层面的工作；同时，文化导向还要求企业家重视创意的文化绩效，文化绩效既有主观感受，也有外部尺度（如同行评价和奖项）。

第三，从行为特征看，文化企业家是创新导向的，能够创造性地组织文化生产。企业家的创新行为包括引进新产品、采用新的生产方法、引用新技术、开辟新市场、创造新组织等。为了支持这些活动，企业家必须具备自主性、创新性、冒险性、先动性和侵略性等心理与行为特征①。

百年之间，文化产业中的企业家角色发生了很大的变化。早年背负误解和质疑的文化企业家们，随着产业发展和社会进步，逐渐获得了新的身份。企业家既是商业活动的主体，他们同时也被视为创新过程中的核心角色，在文化产业中发挥着同样的作用，如 Jones（2001）将企业家职业（Entrepreneurial Careers）作为早期美国电影产业（1895~1920年）兴起的核心推力之一。

如上文所述，文化企业家和文化产业之间是一种相互推动的关系：一方面，企业家推动文化创意成为独立的、不可替代的生产方式，并不断扩大文化生产的外延，这就是本书要展开讨论的文化产业化和产业文化化；另一方面，正是在不断升级的产业形态下，文化企业家获得了新的舞台和更大的作为空间。

从第二章开始，本书将从历史和逻辑的视角描述文化企业家生成和发展的大背景，在此基础上，对文化企业家的个人行为导向和组织管理职能进行理论分析，并通过两组案例予以佐证和延伸讨论。

---

① Lumpkin, G. T., G. G. Dess. Clarifying the Entrepreneurial Orientation Construct and Linking It to Performance. Academy of Management Review, 1996, 21 (1).

第二章 文化产业化：
文化企业家生成的产业基础

一些艺术家无论多么有名气，往往都觉得雇用别人为他应付顾客对他更有利。同时，声誉较低的艺术家，有时则依靠商业资本家为生，这些资本家本身并不是艺术家，但却知道如何最好地出售艺术作品。

——阿弗里德·马歇尔
《经济学原理》

中国有句古话，"言之无文，行而不远"（《左传·襄公二十五年》），意思是文章没有文采，就不能流传很远。引申一下，优秀的文化内涵如果没有好的表现形式，也就不可能发扬光大。近代以来，在资本主义经济制度下，文化的表现形式发生了翻天覆地的变化，不仅有了更先进的技术载体，生产与传播体系也日益发达。

20世纪40年代，德国法兰克福学派的文化学者霍克海默和阿道尔诺（2003）总结道，文化生产一旦与科技、商业结合在一起，形成工业化体系，就会产生影响社会的巨大力量。彼时，出版、电影、音乐等产业都已经建立起现代企业组织，企业家对文化生产和流动的影响正日益加深。所以，文化的产业化是文化企业家生成的产业基础，但文化产业化本身也是一个发展变化的过程，本章将从历时角度进行描述和分析。

一、文化产业化的经济背景

（一）五次产业划分中的文化产业

产业经济学中的产业划分方式主要依据的是产业出现的顺序，这一顺序背后则是经济形态的层级提升。第一种被普遍接受的、按照产业标准划分的经济形态演变过程是新西兰经济学家费歇尔首先创立的三次产业分类法。他在1935年所著的《安全与进步的冲突》一书中系统地提出了三次产业的分类方法及其分类依据。他认为，在世界经济发展史上人类经济活动的发展有三个阶段：在第一阶段即初级生产阶段上，人类的主要生产活动是农业和畜牧业；第二阶段开始于英国工业革命（18世纪60年代开始的第一次产业革命），以机器大工业的迅速发展为标志，纺织、钢铁及机器等制造业迅速崛起和发展；第三阶段开始于20世纪初，大量的资本和劳动力流入非物质生产部门，包括商业、旅游、运输、贸易、娱乐、文化艺术、教育、科研、保健和政府的活动中①。根据费歇尔的三次分类法，文化创意产业应该属于第三产业的范畴。

三次产业分类法在官方的国民经济统计领域中一直沿用至今，这充分说明其科学性与合理性。但随着经济形态的变迁，20世纪中叶以来，试图改善三次产业划分的努力一直没有停止过。美国学者马克卢普（Machlup）在1962年发表了《美国的知识生产和流通》，第一次提出要从第三产业中析出"知识产业"。

美国经济学家马克·波拉特（1987）在马克卢普研究的基础上，进一步得出四次产业分类法，即把所有经济活动部门分为农业、工业、服务业和信息业。波拉特四次产业分类法是第二次世界大战之后信息技术和信息经济快速发展的结

---

① 苏东水. 产业经济学（第二版）. 高等教育出版社，2005.

第二章 文化产业化：文化企业家生成的产业基础

果。"二战"后，电子计算机和晶体管的发明，信息论、系统论、控制论的建立，使得一门新的产业——信息产业在美国迅速兴起，并掀起了信息技术革命。信息技术的产业化和市场化得到了迅速发展。信息产业很快成为美国的主导产业，信息经济也成为美国经济的支柱。

根据波拉特的测算，1967年，信息产值按需求测算占美国GNP的21.7%，按收入测算占到26.9%，按产业附加值算则占到25.1%[1]。波拉特的信息业包括第一次信息部门和第二次信息部门。其中，第一次信息部门包括计算机制造、电气通信、印刷、大众传播、广告宣传、会计业及教育等；第二次信息部门包括公共官方机构的大部和私人企业内的管理部门的全部。

根据这种划分，文化创意产业大致可以归入"第一次信息部门"。在第一次信息部门的详细列表中，报纸、杂志、书籍、报业辛迪加、电影、剧场导演和剧场服务等文化产业核心部分被统统归入"信息流动和通信产业"中，其余一些文化产品、文化服务以及硬件支持产品则被归入信息处理和传递服务、信息产品制造产业等部门[2]。值得注意的是，波拉特把文化产业的生产性或创造性特征完全忽略了，在他的知识生产和发明性产业中找不到文化内容创意的地位。

关于四次产业分类法的另一种观点来自中国学者王树林，他在1996年出版的《21世纪的主导产业：第四产业》一书中把第四产业定义为"精神产品再生产总过程的各个行业"，这一定义的依据是马克思将"社会产品"分为物质产品与精神产品的理论。他认为第四产业的内容应该包括科学研究行业、信息服务行业、咨询服务行业、新闻出版行业、广播电视电影行业、文化行业、民间公证行业、法律服务行业。

王树林把第四产业的共同特点归纳为五个方面：第一，同属于精神产品再生产过程的领域；第二，资产以无形资产为主，其资源主要是智力资源；第三，以社会效益为主；第四，从业人员是脑力劳动者；第五，既为物质文明建设服务，又为精神文明建设服务。显然，王树林的四次产业分类法进一步提高了文化因素在国民经济中的相对地位，但他把"主要智力资源是多种社会科学或文学艺术"

---

[1][2] 波拉特著. 信息经济论. 李必详等译. 湖南人民出版社, 1987.

的文化相关行业定性为"主要是为精神文明建设服务的"行业，一方面忽略了文化艺术与现代科学技术的融合趋势，另一方面也忽略了许多文化产业部门是商业性更甚于公益性的。

在三次产业以外的补充完善或新概念还有英国学者福莱斯特提出的高技术经济（1986）、联合国机构提出的知识经济（1990）、OECD提出的以知识为基础的经济（Knowledge – based Economy，1996），美国学者小瑟罗在《资本主义的未来》中提出的脑力产业（Brainpower Industry）等。近年来，又有学者（张晓明等，2005）进一步对"第四产业"进行了划分，将不包含明显精神文化色彩的知识性产业划定为"知识产业"或"信息产业"，将生产更具有精神文化底蕴的企业集合成为"文化产业"，由此分离出了所谓"第五产业"。

综合以上观点，人类社会的经济形态大致依次经历了从农业经济、工业经济、服务经济、知识经济、文化经济的发展过程，这一过程如图2－1所示。

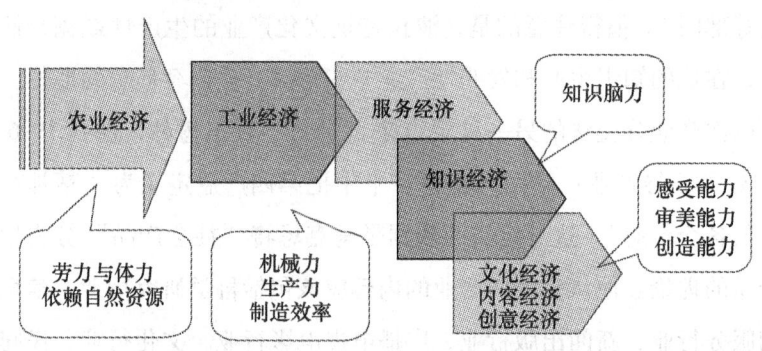

图2－1　经济形态演变的五个阶段

每一次新产业的兴起，并非只是一种边际增量，更根本的是对整体经济形态的改造。工业使农业工业化（产业化，Industrialization）；服务业特别是"生产性服务业"极大地支持和改造了传统工业的形态；知识经济增加了农业、工业和服务业的科技含量，使其知识化、信息化的程度大大提升。同样，文化产业的兴起，不仅使文化的商业化、产业化程度得以提升和扩张，同时也会带来前四次产业的革新。虽然现在这种情况还并非明显和普遍,但一些局部的变化和新概念,如农业中的观光农业,工业中的工业旅游、创意生产、产品设计、品牌管理,服务业中的文化娱乐服务,知识产业中数字化内容的极大丰富都是典型的代表,随着文化产业升级为创意产业,"文化化"的趋势也必将向"创意化"提升。

以上产业划分方式都是按照三次产业的划分顺序依次推演的。早在1985年就提出"精神经济"概念的中国学者李向民,提出了精神经济时代的产业划分方式,这是一种更具颠覆性的划分方式。李向民等(2006)认为,当物质产品的生产力极大发展以后,经济活动中的精神因素开始更活跃,并成为经济活动的主导因素,技术、设计和品牌成为经济运行和发展的最重要内生变量,在精神经济时代,精神需求日益增长,创意作为精神内容产品的核心,已成为经济发展的新动力。根据人们对智力、创意的取用、转化、批量生产等过程,他们提出了一种全新的四次产业划分方法,如表2-1所示。

表2-1 精神经济时代的四次产业划分

产业类型	内 涵
第一产业	创意产业,智力成果可以直接消费,不需要中间生产过程
第二产业	生产"纯精神产品"的产业,有了创意以后,不是先有需求再有供给,而是供给创造需求,如宣传、广告、传媒等
第三产业	"纯精神产品"向"泛精神产品"转化的过程,即制造业的过程
第四产业	除一、二、三产业以外的,精神内涵极少的产业

资料来源:李向民,王晨. 创意、文化产业与精神经济. 载张晓明等. 中国文化产业发展报告. 社会科学文献出版社,2006.

(二) 文化形态演变的五阶段论

文化本身是个内涵极广的概念,对其形态演变的研究也有许多维度,本书所讨论的文化形态变迁主要是与文化商业化、产业化过程密切相关的演变过程。我国研究文化产业的著名学者张晓明(2005)将文化形态与经济形态的演变概括为两组公式：从经济到文化，从文化到经济。其中从"经济到文化"与上文所述基本相同，即以农业为基础的经济、以工业为基础的经济、以服务业为基础的经济、以知识服务业为基础的经济、以艺术和文化知识服务业为基础的经济。对应上述五种经济模式，文化形态也经历了五个阶段的变迁，具体如表2-2所示。

表2-2 经济形态与文化形态对应表

经济形态	文化形态
以农业为基础的经济	脱离大众的精英文化
以工业为基础的经济	基于基础媒介技术的商业文化，所谓媒介技术包括商品交易术和复制传播技术
以服务业为基础的经济	基于大众传媒的文化产业，文化产业包括传媒手段和内容两方面
以知识服务业为基础的经济	数字传媒技术使得复制传播手段过剩，内容相对不足，文化产业升级为内容产业
以艺术和文化知识服务业为基础的经济	依托新技术，内容产业的价值链条进一步延伸，出现了上游化、下游化、网络化的新趋势，进一步升级为创意产业，即以追求文化附加值为主的产业

资料来源：张晓明. 中国文化产业评论（第3卷）. 上海人民出版社，2005.

表2-2的五个阶段演变，横亘数千年的时间，每一个阶段都是非常漫长的，但发展的速度却越来越快，从第二阶段"基于基础媒介技术的商业文化"至今不过300年①。而且，在实现普遍的社会化大生产以前，单是文化的商业化和大众化就经历了相当长的历程。

虽然说文化产业是资本主义社会化大生产的产物，但诚如霍布斯鲍姆所言，"即使是工业社会的变革，在19世纪40年代之前，距离完全破坏古老文化的程度还很远；不仅如此，在西欧，手工业与制造业已并存了几个世纪，进而发展出一种半工业的文化模式。"②霍氏的考证说明，在一定程度上文化大众化的存在

---

① 显然，张晓明（2005）所言商业文化特指资本主义工业社会的商业文化，是一个与"大众化"密切联系的概念。一般意义上的商业文化的历史则要长得多，在文艺复兴时期欧洲的中心城市里，文化艺术作品的商业化程度已经比较高了。见泰勒·考恩. 商业文化礼赞. 商务印书馆，2005.
② 霍布斯鲍姆著. 革命的年代. 王章辉等译. 江苏人民出版社，1999.

第二章 文化产业化：文化企业家生成的产业基础

和发展先于文化的商业化。其中一个典型例子是 19 世纪中叶斯托夫人（Harriet Beecher Stowe）的小说《汤姆叔叔的小屋》（Uncle Tom's Cabin）在英国一年就卖了 150 万册，连续出了 40 版（不过绝大多数都是盗版），这充分说明那时确实已经存在一个可观的大众艺术市场。即使在 19 世纪中叶以后的 30 年里，资本主义生产方式对文化的渗透也仍然是有限的，霍布斯鲍姆对此的评价是"如果说资本主义社会的胜利促进了科学发展，那么对文化艺术则另当别论，它们的受益少多了。"① "文化工业"的提法在 20 世纪 30 年代才由法兰克福学派的学者提出，即使再向前追溯一段时间，第三阶段"基于大众传媒的文化产业"迄今也不超过 100 年的时间。在这短短的百年之中，文化产业又经历了从传统文化工业到内容产业和创意产业的提升。

文化从精神资源转变为经济资源是文化产业兴起的关键性环节和标志。文化形态与经济形态之所以能够在历史的长河中相汇，关键在于文化资源有可能并且现实地转化成为经济资源，且有了一个颇具经济学色彩的专有名词——文化资本。

最早提出"文化资本"概念的是著名社会学家布尔迪厄（Pierre Bourdieu）。布尔迪厄（1997）认为，资本已经深化为三种形式：第一种是经济资本，第二种是文化资本，第三种是社会资本。他区别了文化资本的三种存在形态，文化资本可以以三种形式存在：①具体的状态，以精神和身体的持久"性情"的形式；②客观的状态，以文化商品的形式（图片、书籍、词典、工具、机器等），这些商品是理论留下的痕迹或理论的具体显现，或是对这些理论、问题的批判等；③体制的状态。其中第二种形态接近文化产品的概念，第一种和第三种形态也对考察文化的产业化颇有启发②。

继布尔迪厄提出文化资本理论之后，一度掀起研究文化资本的热潮，文化资本的含义也被发展。澳大利亚学者思罗斯比（即 Throsby，2004）认为，文化资本是继物质资本、自然资本、人力资本之后出现的第四种资本，文化资本的本质是以财富形式表现出来的文化价值的积累，它以有形的或无形的方式存在。有形

---

① 霍布斯鲍姆著. 革命的年代. 王章辉等译. 江苏人民出版社，1999.
② 布尔迪厄著. 文化资本与社会炼金术——布尔迪厄访谈录. 包亚明译. 上海人民出版社，1997.

文化资本的经济价值由其内涵的文化价值所提供；而无形文化资本虽然具有广泛的文化价值，但必须在一定的条件下才能生产出经济价值，如民间故事和神话传说。文化资本在经济活动中所具有的生产功能增强了不同形式的资本之间的相互替代性和转换性，因而对推动经济增长中有着不可估量的作用①。笔者认为，思罗斯比对文化资本的定义更有助于理解其对文形态发展的影响。

张晓明（2005）将文化产业分解为传统文化产业、内容产业和创意产业三个发展阶段，视角很新颖。但也有值得商榷之处，最大的问题就是对文化产业的技术适用理解片面。虽然传播复制技术针对文化产业，特别是其中的传媒企业，但文化产业的技术并非只有传播复制技术，还包括生产加工技术等，特别在进入内容产业和创意产业阶段后，此时的一些物质技术手段已经与文化内容融为一体；其次，三个阶段并不是截然可分的，特别是在文化产业的后发国家，往往三个层次齐头并进；最后，手段过剩、内容不足的命题过于武断，虽然传播手段发展迅速，但信息超载和渠道过剩是同样困扰人类文化生活的问题。

二、复制的文化产业：文化工业

（一）什么是文化工业？

法兰克福学派的学者第一次使用了"文化工业"（Culture Industry）的概念，在学术界这属于概念创新，但相对于产业实践，只能算是迟到的注解。

霍克海默、阿道尔诺在《文化工业：作为大众欺骗的启蒙》中说："一个人只要有了闲暇时间，就不得不接受文化制造商提供给他的产品。康德的形式主义还依然期待个人的作用。在他看来，个人完全可以在各种各样的感想经验与基本概念之间建立一定的联系；然而，工业却掠夺了个人的这种作用。一旦它首先为

---

① 戴维·思罗斯比. 什么是文化资本？. 马克思主义与现实，2004（1）.

消费者提供了服务,就会将消费者图式化。"① 在法兰克福学派的语境中,文化工业和大众文化是同义词,只不过"大众文化"可能引起歧义,容易被理解为属于大众的文化,所以他们更倾向于使用"文化工业"这个名词。作为社会精英的代言人,法兰克福学派对大众文化持否定态度,认为工业模式下生产的整齐划一的文化产品会戕害人类的个性与创造力。

如果说文化工业就是大众文化,那么大众文化是什么?国内文化研究的著名学者金元浦(2001)对大众文化的定义比较全面,"大众文化是一个特定范畴,它主要是指兴起于当代都市的,与当代大工业密切相关的,以全球化的现代传媒(特别是电子传媒)为介质大批量生产的当代文化形态,是处于消费时代或准消费时代的,由消费意识形态来筹划、引导大众的,采取时尚化运作方式的当代文化消费形态。它是现代工业和市场经济充分发展后的产物。是当代大众大规模地共同参与的当代社会文化公共空间或公共领域,是有史以来人类广泛参与的,历史上规模最大的文化事件"②。由此可见,从经济角度看,文化产业的兴起是生产结构升级和消费重心转型的必然要求,也是社会历史发展的必然结果。

联合国教科文组织在1980年召开的蒙特利尔专家会议上对文化产业产生的条件进行了说明:一般说来,文化产业形成的条件是文化产品和服务在产业和商业流水线上被生产、再生产、储存或者分销,也就是说,规模庞大并且同时配合着基于经济考虑而非任何文化发展考虑的策略。③

上述条件说明,文化产业的产生更主要的是一个经济现象,而非文化现象,其要义是将文化产品与服务按工业标准生产以降低成本,这其实和法兰克福学派对文化工业的批评不谋而合。

(二)文化工业的产生条件

文化工业最初的兴起得益于消费和生产两个方面的条件。一方面,从20世

---

① 霍克海默,阿道尔诺著. 启蒙辩证法. 渠敬东,曹卫东译. 上海人民出版社,2003.
② 金元浦. 定义大众文化. 中华读书报,2001-7-4.
③ 苑洁. 当代西方文化产业理论概述. 载林拓等. 世界文化产业发展前沿报告(2003~2004). 社会科学文献出版社,2004.

纪30年代起，特别是"二战"以后，随着欧美国家生产力的发展，人数不断扩大的中产阶层在衣食无忧之后文化消费需求不断增长，促使大众文化生产规模不断扩大。文化生产的生产力和生产关系两个方面的条件变化推动了文化产业的持续发展，特别是其所包含的内容日益多样化。另一方面，19世纪以来近现代科学发明中的声、光、电等技术在文化生产和传播领域的应用，直接促成了现代文化产业的形成和发展，文化生产过程不断进行分化重组，进而形成分工明确、具有完整产业链条的现代文化产业部门，如电影业、电视业、出版业、音乐业等。生产方面的推力既来自技术，也来自组织。

1. 技术进步对文化工业的影响

霍克海默和阿道尔诺虽然反对关于文化工业的"技术决定论"，但却很早就对嵌入性技术的作用有所觉察，他们指出，"所有消费者的兴趣都是以技术而不是以内容为导向的，这些内容始终都在无休止地重复着"[1]。法兰克福学派的学者本雅明在1936年的长论《机械复制时代的艺术作品》中最早提出了技术对文化产业的影响：文化工业体系之所以出自自由主义的工业国家，是因为自由主义的工业国家中成功地制造出来了一切先进的文化手段，如电影、无线电广播、爵士音乐和杂志。这种观点代表了对技术与文化产业关系的一般看法。而且，本雅明还认为，"对艺术品的机械复制较之原来的作品还表现出一些创新"。

技术对文化产业的影响从来就有，如中国古代在声学方面的科技成果，无论对乐器还是乐理（音色和音律）都有重要影响，极大地推动了音乐创作和演艺的繁荣[2]。如果没有活字印刷、没有音像放映设备，最初的文化工业就不可能产生。即使在文化产业产生以前的文化活动也离不开一定的物质技术条件，只是程度稍浅而已。

考恩（2005）归纳了文艺复兴时期支持艺术繁荣的主要技术进步——大理石、青铜、纸张、优化颜料，在同时代，由于不具备成熟的大规模印刷技术，作家和诗人的工作就很难商业化，不得不需要赞助人或家庭财富的经济支持。这其

---

[1] 霍克海默，阿道尔诺著. 启蒙辩证法. 渠敬东，曹卫东译. 上海人民出版社，2003.
[2] 罗伯特·坦普尔著. 中国：发明与发现的国度——中国科学技术史精华. 陈养正等译. 21世纪出版社，1995.

实在一定程度上设置了进入壁垒,使得许多更有天赋却缺少经济、技术支持的创意天才没有施展才华的机会。再如20世纪50年代开始,定期播放的电视节目逐渐普及,这一技术进步对当时所有娱乐媒体产生的影响都是颠覆性的,电影公司、唱片公司、报纸、杂志和各种演艺组织都被迫调整了其发展模式。以计算机技术和网络技术为代表的新技术发展对整个文化产业更是空前的深入和彻底。

2. 组织与企业家才能对文化工业的影响

通过对历史和经典文献的追溯,我们不难看出,文化工业首先是一种商业行为和经济现象,只是恰好披着文化的外衣而已。因此,企业家或商人对文化产业的介入是必然的。至少在文化产业发展的早期,它不必然与创新相关,而一定与规模化复制相关,可以降低单位成本,扩大影响面,刺激大众消费,一方面满足了人们的文化需要,但同时有扼杀创造力之嫌。

然而,随着组织与企业家才能的不断介入,特别是一些企业家开始区别于通常意义上的商人,文化工业也开始发生一些可喜的变化,如企业家引进了新的技术,有一些新技术对创意主体或其他文化创意产业从业人员禀赋的,从早期的促进作用,如提高健康水平,延长了艺术家的寿命(考恩,中文2005),使得艺术家们在有生之年创造更大的文化价值和经济价值,也包括现代技术手段和技能培训对新闻媒体从业人员个人素质的提升,使得他们可以在提供内容的同时完成基本的形式编辑[①],直至现代整容、美容技术对演员和歌手形象的改观。

企业家们也开发了新的产品,这一事实首先在英国得到实现,Josiah Wedgwood(杰西·威金伍德),一个专业陶瓷生产者,于1769年首次付给他的设计师或造型师比一个普通手工工人多两倍的工资,并努力消除产品之间的不同,以达到完美的标准化。

(三)文化工业的基本特征

文化工业早期的产业特征如同一般制造业,所运用的主要是复制传播技术,其核心特征是产品可以大批量复制。即便如此,这一阶段的文化产品生产仍然有

---

① 皮卡德,布罗迪著. 美国报纸产业. 周黎明译. 中国人民大学出版社,2004.

创意和复制两个阶段。在艺术生产领域，早在文艺复兴时期，就有"模型"和"系列"的区别，15世纪的工程师和艺术家们就用"discgno"这一字眼表示一幅画或一个模型的性质或美学线条，"模型"是创意的模板，"系列"与"模板"之间的关系主要是一种重复关系：系列不过是对模型的重复或对初始的模型的系列性再造，但又是一种"主题"与它的"变体"之间的关系——从而有了对同一个模型进行再造并加入一些组合性要素的可能①。但是，直到工业发展到批量性生产的时代，这个过去仅是一种思辨性或艺术性的设想，才得到技术上的实现。通过"劳动分工"的力量，工业产品变成了批量性产品。

法兰克福学派的学者对"大众文化"或"文化工业"的评价是压抑人性和扼杀创造力。但这一负面评价是针对文化工业的"模型"还是"系列"呢？应该说二者都有，但重点却在"模型"，也即早期文化工业"粗劣"的创意。霍克海默和阿道尔诺讲道，"所有伟大的艺术作品都会在风格上实现一种自我否定，而拙劣的作品则常常要依赖与其他作品的相似性，依赖于一种具有替代性特征的一致性"②。文化工业产品的"粗劣"并不是绝对的，而是与法兰克福学派所推崇的精英文化或高雅艺术相比较而言的，那时高雅艺术和大众文化的分野非常明显。

简单地说，高雅艺术有一个好的"模型"，但却不能够或不愿意被复制，大众文化缺少好的"模型"，却复制出许多粗制滥造的"系列"。这一现状是文化产业发展的初级阶段所决定的，大多数天才的艺术家不愿意参与大众文化创意，知识与修养不高的一般受众也未必希望大众文化精英化，而文化企业的投资者和经营者仅仅从大规模复制的低成本生产中就可以获得利润，更没有动力把"模型"做好。但这一时代也有一些眼光超前的企业家乐于在改进"模型"上投入，如迪斯尼公司在业绩极佳的情况下，仍然积极更新动画形象、最早引入有声电影和彩色电影技术。

法兰克福学派的学者本雅明在1936年的长论《机械复制时代的艺术作品》

---

① 创意与复制的差异参见 Tufan Orel"自我—时尚"技术：超越工业产品的普及性和变化性. 马克·第亚尼编, 滕守尧译. 非物质社会——后工业世界的设计、文化与技术. 四川人民出版社, 1998.
② 霍克海默, 阿道尔诺著. 启蒙辩证法. 渠敬东, 曹卫东译. 上海人民出版社, 2003.

中最早提出了技术对文化产业的影响：文化工业体系之所以出自自由主义的工业国家，是因为自由主义的工业国家中成功地制造出来了一切先进的文化手段，如电影、无线电广播、爵士音乐和杂志。这种观点代表了对技术与文化产业关系的一般看法。而且，本雅明还认为，"对艺术品的机械复制较之原来的作品还表现出一些创新"。

综合来看，文化产业化在文化工业阶段基本具备以下五个特征：

1. 文化产品的资金投入越来越大

1940年，电影业的投资额已经高达20亿美元，超过了汽车制造业和化学工业①。普通故事片的生产成本稳步上升：在1941年生产成本是40万美元；在1972年是220万美元；在1980年是1000万美元；到了1990年则达到2680万美元②。现在，一部电影的成本则动辄在亿元以上。在成本日趋高昂的现代文化创意产业中，任何一个参与者都必须让自己迅速壮大起来，一些技术含量高的新兴企业如电脑游戏开发商尤其如此。凭空创意的游戏软件非常少，而且由于与相关创意产品没有内容关联也不易于推广，所以游戏开发商们往往需要花高价从电影公司、棒球明星和竞技橄榄球联盟那里得到各种各样的授权，还要支付近乎天文数字的游戏开发成本。

几年前，开发一款高端游戏的成本约为300万美元。现如今，由于游戏日趋复杂，需要更多的艺术家和程序员参与，开发成本已经飙升至2000万美元。微软在《光晕2》的制作和推广上就花费了4000万美元。虽然和好莱坞电影平均7000万美元的制作成本相比，这个数字还是小巫见大巫，但却足以将大多数小型和中型游戏开发商挤出高端市场③。

创意者自有资金不足以支持这些复杂创意产品生产，因此争取投资或资助成为文化创意的前提条件。正如霍克海默和阿道尔诺所说的"最有实力的广播公司

---

① 理查德·麦特白. 好莱坞电影. 华夏出版社，2005. 不过，只有大约5%的资金投在了用于生产的厂房和设备，其他大都是影院等不动产投资.
② 黛安娜·克兰著. 文化生产. 赵国新译. 译林出版社，2001.
③ 罗纳德·格罗弗等. 游戏大战. 商业周刊（中文版），2005（4）.

离不开电力工业，电影工业也离不开银行"。① 一旦获得资金，创意过程便不完全依创意者个人的艺术偏好来进行，成为"戴着镣铐的舞蹈"，而且单方决策问题也因此变成了双方的委托代理问题。因为创意者之外的投资者提供了充裕的资金，因此文化创意产品越来越多地从考恩（2005）所言的"劳动密集型艺术"向"资本密集型艺术"转变。

2. 由于生产规模扩大，技术要求和艺术形式都非常复杂，出于单个人的能力局限（这种局限可能来自教育制度的缺陷），文化生产的主体在绝大多数情况下不是个人，而是一个组织

这个组织中包括融技术与艺术于一身的创意人员、只懂得艺术的人员、只懂得（与创意过程密切相关的）技术的人员，也包括相当数目与创意过程本身无关，但却有助于创意产品生产并实现市场价值的人员。而这些成员的职能和相互关系也在发生着变化。以电影编辑人员为例，"电影编辑过去曾被视为技术人员，而不作为艺术人员，现在情况恰好相反，他们被视为对电影具有重大影响的艺术创作力量。地位提升的同时他们的薪水也随之上涨，是过去的5～10倍"②。

Simon（1998）也讨论到在电子音乐领域，工程师和作曲家有必要进行沟通。在电影、电脑游戏等复杂创意产品的生产中，不同技能的协调显得更加重要。如大多数互动游戏是以光盘为平台来编写和制作的，这种方式可以存储更多的数据、文档和视频，因此每个游戏都含有越来越多的信息。一个典型的光盘版游戏会有一段25分钟的视频，余下的是计算机合成的图像、大量对话内容以及成百上千页的计算机程序，其中每个部分可能需要不同的编写者和设计者，并都以完整的"包"为形式写入一个大规模的设计文档或脚本，一个典型的设计文档融合了各个方面的要素和成分，包括脚本、小说、计算机、数学甚至财务。③ 在这种情况下，创意过程更多地表现为组织协调问题。

---

① 霍克海默，阿道尔诺著. 启蒙辩证法. 渠敬东，曹卫东译. 上海人民出版社，2003.
② 凯夫斯著. 创意产业经济学. 孙绯等译. 新华出版社，2004.
③ 帕夫利克著. 新媒体技术. 周勇等译. 清华大学出版社，2005.

3. 由于生产规模扩大,成本增加,客观上要求有一个庞大而可达的市场

正如本雅明所说的,"电影制作技术不仅以最直接的方式使电影作品能够大量发行,更确切地说,它简直是迫使电影作品作这种大量发行。这是因为电影制作的花费太昂贵了"①。生活水平提高满足了"庞大"的要求,技术条件满足了"可达"的要求,文化产品消费的社会化会反过来影响文化产品的生产和创意。"分工起因于交换能力,分工的程度,因此总要受交换能力大小的限制,换言之,要受市场广狭的限制。②"显然,文化创意产业的分工与生产组织复杂化也遵循上述规律。

而且这一趋势还在进一步发展,好莱坞的企业们不仅努力改善自身的生产工艺,还一直在不断地从外部引入新的技术成果,并把新技术和电影及其衍生产品的制作相结合,越来越多的高科技企业开始与好莱坞的文化企业合作,这种现象被业内人士评价为"好莱坞和硅谷共度蜜月"。

4. 在产业化、市场化的背景下,文化产业的利益分配向"超级明星"倾斜

在关于一般企业的创新过程的研究中,已经涉及发明者(技术人员)与创新者(企业家和管理人员)之间的收益分配问题。文化创意产业中收入分配的焦点则在于同一市场上不同的创意者如何分配资源。1981年,芝加哥大学的 Sherwin Rosen 首次提出了经济学的"超级明星理论",试图解释为何在一些职业中,少数杰出人物——超级明星——获得了既超出同行也超出一般意义上的个人禀赋的高额收入。超级明星现象在许多行业都存在,但在演员、歌星、作家、运动员等职业中最明显,这也是该理论名称的来源。在 Rosen(1981)的超级明星模型中,消费者愿意按照创意者的禀赋支付价格,因此创意者获得的均衡价格和他的禀赋成正比,而且禀赋的收益函数是凸函数,所以现实中的超级明星现象就产生了。

超级明星理论本身是个劳动经济学中的收入分配问题,但该模型的思想一般化后对文化创意企业的管理(特别是内部激励机制设计)和策略也颇有价值。Rosen 在文章篇末援引马歇尔《经济学原理》中的话说明在两个原因的促动下,

---

① 本雅明著. 机械复制时代的艺术品. 王才勇译. 中国城市出版社,2002.
② 亚当·斯密著. 国民财富的性质和原因的研究. 郭大力,王亚南译. 商务印书馆,1972.

超级明星现象会愈演愈烈：其一，随着社会财富的增加，会有越来越多的消费者有能力为超级明星支付高价；其二，传播技术手段的升级扩大了超级明星禀赋及其产品和服务的辐射面。如果 Rosen 的推论成立，那么现代文化创意行为的收益无疑有着更大的不确定性，因为当代社会财富和文化传播技术与马歇尔时代早已不可同日而语，在这种不确定性的压力下，创意企业必须在产品和服务创新方面进行更多的努力，以求从超级明星机制中获得超额收益。

在 Rosen 之后，MacDonald、Hamlen、Chung 和 Cox 等研究分别从理论和实证的角度发展或检验了超级明星理论。

超级明星现象在许多文化产业部门都普遍存在。在 20 世纪 30~40 年代，有一半的制片资金是用于劳务支出，而且还订立了标准的劳务支出标准和支出条件，这也使得那些潜在的竞争者望而却步，从而维持了大制片厂的垄断地位。高薪不仅给明星们，也给制片厂的经理们——只有水泥制造业的经理们的年薪支出在整个行业收入中的比例高于电影业①。到了 20 世纪 70 年代，超级明星不再局限于人，有时还表现为作品，即"商业大片"（Blockbuster），英文直译为重磅炸弹，大片完全改变了制片公司过去的盈利模式，越来越多的电影公司开始把盈利预期集中于为数极少的影片。

5. 文化消费也具有生产性

特里·麦金利讲过："如果我们以传统的'文化物品及行为'的界定为重点，我们将会认为'文化物品的创造'是第一位的。而人们'参与'文化活动则是第二位的，最后才是人们对文化物品的'消费'及对文化活动的欣赏。从概念上讲，参与通常很难同创造和消费分开。"②

文化产品消费的特征是"体验性"，但这种体验不是被动地接受，而是一个积极创造的过程。派恩和吉尔摩在《体验经济》一书中便提出这样的观点：现代经济已由原先重视商品、产品、服务或经验以外，进入另一个强调生产者、贩卖者和消费者间互动关系的体验经济的舞台，消费者期待的是一个体验，生产商

---

① 理查德·麦特白. 好莱坞电影. 华夏出版社, 2005.
② 联合国教科文组织编. 世界文化报告 1998：文化创新与市场. 北京大学出版社, 2000.

和设计者（创意者）必须努力将个别消费者与创造出的难忘体验连接。正因为如此，前文把参与性作为文化创意产业的重要特征。消费者和创意者一样都富于创造性——创意者想象风格，消费者选择、组合，社会（或者一个消费者群体）作为一个整体来评价创意与消费的全过程。因此，创意者、消费者和消费者群体以各自独特的方式决定文化创意的内容。

文化产品消费者的行为和创造性受许多因素的影响，文化产品在消费者和创意者的相互关系之间既是一个后果也是灵感的来源，这种相互关系变化万千而且其美学特性尤为重要。因此，各类创意组织必须有能力尽量挖掘消费者在文化偏好上最充分的信息，通过与不断更新的市场需求相应的创意，建立与竞争者不同的风格。

但经济学家们都没有注意到，消费行为不仅影响着创意，而且其本身就是一个创意过程。霍克海默和阿道尔诺提出，"整个文化工业把人类塑造成能够在每个产品中都可以进行不断再生产的类型"①。

著名文化学者费斯克（Fiske）在其名著《理解大众文化》中将电视的生产模式归纳如表2-3所示，来说明商业与文化是如何糅合的。

表2-3　电视的生产与消费

经济模式 参与者	金融经济		文化经济
	I	II	
生产者	制片商	节目	观众
商品	节目	观众	意义/快感
消费者	发行者	广告商	观众自身

资料来源：陆扬，王毅. 文化研究导论. 复旦大学出版社，2006.

在费斯克图表的文化经济模式中，生产者是观众自己，商品是只存在于每一个观众脑海里的意义和快感，消费者也是观众自己。这说明不管文化企业提供的是什么样的创意产品，消费者消费的都是自己再创意的内容，也就是说消费者只是把创意组织的产成品看作原材料而已。费斯克图表的另一个价值是一针见血地指出"电视不生产节目，电视生产观众"的真理。

---

① 霍克海默，阿道尔诺著. 启蒙辩证法. 渠敬东，曹卫东译. 上海人民出版社，2003.

本书将费斯克的观点进一步扩展到整个文化创意企业（见表2-4）。表中，一个完整的文化创意过程包括两种核心创意活动和两种非核心创意活动。如前文所讲的，非核心创意活动都是以营利为目的的商业过程，一个主要在文化创意产品的流通阶段；另一个则是核心文化产业的外围——广告产业及其活动。核心创意活动I正是前文所重点讨论的问题，核心创意过程II便是消费者的自我创意过程了。核心创意活动I的创意者要实现产品的经济价值就必须了解核心创意过程II是如何创意的。

表2-4 文化消费与创意的全过程

创意过程 参与者	商业过程			文化过程
	核心创意活动I	非核心 创意活动I	非核心 创意活动II	核心创意过程II
生产者	以原创为主的 创意组织	非以原创为主的 创意组织	文化创意产品	消费者
创意产品	创意产品	创意产品	消费者	文化内涵
购买者	非以原创为主的 创意组织	消费者	广告商或其他密切 利益相关者	消费者自身

从2003年开始，一向被认为是严肃的中国官方电视台CCTV-1进行了大改版，主要的特征就是丰富了娱乐板块的内容，不仅增加了电视剧的播出时间，而且从CCTV-2和CCTV-3引进了几个娱乐性很强的栏目如《幸运52》、《开心词典》和《艺术人生》等，这可以看作是一种重视消费者体验和自我创意的例子。

三、创新的文化产业：文化创意产业

（一）什么是文化创意产业？

英文中的"创意"一词即Creativity，主要译作创造力，回顾此前的汉译文献，许多谈创造力的论著讲的其实就是创意。在中文里，创意最早见于《论衡·

第二章 文化产业化：文化企业家生成的产业基础

超奇》，其中有"及其立义创意，褒贬赏诛，不复因史记者，眇思自于出胸中也"的说法。现代汉语中，本来"创意"并没有特别的含义，在教学科研方面只有广告设计等学科使用这个词。

英国是创意产业概念的策源地。1998 年，英国首相布莱尔成立的创意产业特别工作组（CITF）首次给创意产业一个明确定义：源自个人创意、技能和才华的活动，而通过知识产权的声称和取用，这些活动可以创造财富和就业的潜力。CITF 把创意产业分成十三类：广告、建筑、艺术及古董市场、工艺、设计、时尚设计、电影、互动休闲软件游戏、音乐、电视与广播、表演艺术、出版、软件。我国台湾地区和香港地区将 Creative Industry 译作（文化）创意产业，"创意"在汉语中才有了新的内涵。

与创意产业相关的一个概念是"内容产业"，欧盟"Info2000 计划"中把内容产业的主体定义为"制造、开发、包装和销售信息产品及其服务的产业"，内容产业的范围包括各种媒介上所传播的印刷品内容（报纸、书籍、杂志等），音响电子出版物内容（联机数据库、音像制品服务、电子游戏等）、音像传播内容（电视、录像、广播和影院）、用以消费的各种软件等。1998 年，经合组织（OECD）把内容产业界定为"基于网络生产和传输音乐与声像服务"的信息和娱乐业，具体包括出版和印刷、音乐和电影、广播和影视传播等产业部门[1]。如上文所言，内容产业和创意产业两个概念都是从生产的角度来定义文化产业的，其中"创意"既是最核心的生产要素，也是最重要的生产方式，"内容"则是生产的结果——产品和服务，同时也作为新的生产阶段的生产要素。

MIT 的尼古拉斯·尼葛洛庞蒂在其《数字化生存》中把信息社会的生产划分为原子生产和比特生产两个部分，受这一思路的启发，周振华（2003）把以比特加工为主（以数字技术为核心的生产加工）的产业部门称为内容产业。我国学者赵子忠（2005）对内容产业的定义则是"内容产业是依托内容产品数据库，自由利用各种数字化渠道的软件和硬件，通过多种数字化终端，向消费者提供多层次的、多类型的内容产品的企业群"，根据他的定义，可以纳入内容产业的行

---

[1] OECD. Content As a New Growth Industry, http://www.oecd.org/dataoecd/32/48/2094064.pdf.

业主要有教育、音乐、广播、出版、报刊、电影、电视等。

中国台湾地区是亚洲比较完整引进英国创意产业概念和政策的地区，台湾"跨部会"文化创意产业推动小组参考联合国教科文组织与英国政府对于文化产业和创意产业的定义，将文化创意产业定义为，源自创意与文化积累、透过知识产权的形成与运用，具有创造财富与就业机会潜力，并促进整体生活环境提升的行业。在以上定义中，特别强调了"文化积累"，在创意产业之前加上了"文化"二字，使得该产业的内涵更加清晰。因为单纯"创意"二字，并非一定要与"文化"关联，只要是创生新思路、新潮流、新产品的思想活动都是创意，甚至生活中也处处有创意，而"文化创意产业"界定了该产业的产出是以"文化内容"为核心的产品与服务。

综合以上分析，文化创意产业的概念可以界定为：以现代科学技术和文化资源为基础，通过个性化的创造过程和特定的组织模式来生产、复制和传播以文化内容为核心的商品与服务的营利组织的集合体。此定义与台湾"跨部会"定义最大的差别在于强调了物质技术手段的基础性地位，强调了组织模式的意义，也强调了创意、复制和传播的系统性。

（二）文化创意产业中的创新

凯夫斯（2004）的《创意产业经济学》英文是 Creative Industries，该书就是一部从创意的角度研究文化产业的著作，其中必然涉及创意行为的经济特征问题，他归纳了创意行为的七个基本经济特点：①需求具有更大的不确定性，这在客观上要求对复杂创意产品的生产设计特殊的组织方式；②创意产业人员不仅关注工资、工作条件等功利因素，还会关注自己创意的产品质量并会从中获得自豪感，这一特征也会影响创意产业的组织形式；③创作产品需要多种技能，复杂创意产品生产过程中的艺术喜好分歧等问题需要有专门的管理机构负责解决；④产品的差异性，这一差异又分为纵向区别和横向区别，二者共同决定了文化创意产品的多样性；⑤纵向区分的技巧，其中涉及产品排名和创意人员报酬决定等问题；⑥时间因素至关重要，这一特征主要反映了文化创意产品的具体生产管理问题；⑦持久产品与长期盈利，一方面是对长期盈利的制度保证——版权，另一方面涉及艺术品艺术价值的重新获得问题。凯夫斯从以上七个特征出发，运用经济学中契约理论对美国文化产业中各种组织形式进行了描述性的分析。但正如凯夫斯本人所承认的，对创意产业的经济分析才刚刚起步，还没有一套完整的分析框架，该书只是若干经济理论和经济名词在创意产业分析中的初步应用，没有进行规范的理论研究和实证检验。

Throsby（2001）认为文化产业中，供需双方的行为都具有不同于一般产业的特征：从需求行为看，消费者对一般商品的购买可以简单理解为当期效用最大化的决策，而对文化产品的购买决策是"时间依赖"的，因为文化品位与对其他商品的偏好相比更具有"累积性"，这种"时间依赖"和"累积性"使得文化产品价格和价值的偏离更加明显；从供给行为看，许多文化产品的生产者，特别是自主的创意个体，不完全把经济价值最大化作为追求的目标，这也在一定程度上导致了文化市场上价格对价值的偏离更加普遍。两类行为共同使得价格作为价值指针的局限性更加明显。

笔者认为：文化创意产业首先是文化产业的子范畴，是文化产业中重视创新的部分，正是从这个意义上讲，文化创意产业是文化产业的高级模式；其次，文化创意产业也是创意产业的子范畴，是创意产业中以文化内容为主要产品和服务的部分，如果参照英国创意产业分类，应该排除（非新创作的）艺术与古董市场、建筑和设计中的大部分、软件与计算机服务部分、工艺和广告中的一部分。

文化产品的核心价值是其产品所具有的精神内涵，也即文化内容。当新技术使文化生产、传播能力得以空前提高，并能同时满足消费者多元化、个性化的需求时，产品及其内容的创新性要求在文化产业的生产中开始占据更加重要的地位。

20世纪90年代，大量资金投入了网络业，结果新经济的泡沫迅速膨胀。在泡沫破灭之后，学者和企业家们终于认识到，在科技设施、技术手段和传播交互方式等物质技术的问题逐步解决之后，传播什么或发送什么就显得极为重要。事实证明，正是缺乏内容产业的有力支持，网络经济才落入低谷。毕竟，一套软件光盘里98%是内容，只有1%~2%是程序，数十个频道的数字电视开播了，观众要看的是节目而不是频道本身。总之，消费者想得到的是文化内容，而不是内容所依附的载体。从长远发展看，内容产业已成为文化创意产业中的基础性部门。

斯图亚特·坎宁安、张晓明等学者都把文化产业发展的过程分为传统文化产业、内容产业、创意产业三个阶段①。笔者认为，所有的文化内容生产都是一个创意的过程。如前文所言，在文化产业发展的初级阶段，大规模复制的意义更为重要，所以一个独立的"传统文化产业"阶段是成立的。但内容产业和文化创意产业只是定义的侧重点不同而已，二者之间没有本质区别，很难想象没有创意的内容产业，也很难想象没有内容的创意。从技术运用方面看，内容产业和文化创意产业阶段的文化企业开始越来越多地使用先进的生产、处理技术，此外，新技术的应用促使文化要素与生产中的其他要素如工程、营销、管理等发生融合。传统文化产业、创意产业和文化创意产业的关系，或者说文化创意产业比传统文化产业的更高级之处可以用图2-2表示。

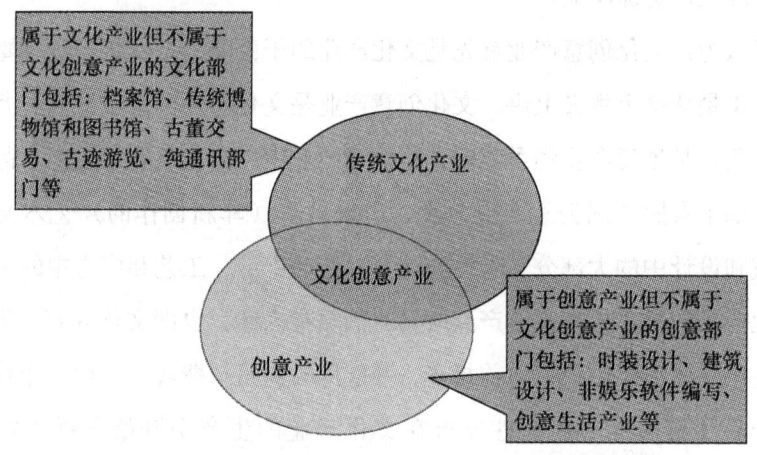

图2-2 传统文化产业、创意产业和文化创意产业的关系

---

① 从文化产业到创意产业的升级维度是从技术—文化关系的发展中推出来的，并非研究文化产业升级的唯一维度，如郭绍棠就从多元现代性的角度把文化产业划分为20世纪工业化、去工业化、全球化三个阶段。

作为传统文化产业和一般创意产业交集的现代文化创意产业与传统文化产业最大的区别在于：它是以提供新内容（包括主要通过改变载体而产生的新内容）为主的文化生产部门，与新技术的融合更加突出，在新技术的支持下同时实现了规模经济和弹性生产，克服了主要以低成本、大批量复制取胜的传统文化产业的局限性，这在一定程度上实现了派恩所提出了"大规模定制"的模式。具体表现为基于数字技术和网络技术的个性化报纸、个性化新闻、个性化广告对传统大众传媒产品的超越，基于一定故事模板和互动程序的电脑游戏对单向度视频产品电影和电视节目的超越等。

（三）文化创意与技术创新的差异

文化创意产业中，有市场创新、有组织创新，也会运用到大量的技术创新[①]。熊彼特在《经济发展理论》中集中研究创新，而把创新的科学技术基础——发明排斥在理论之外。文化产业中的创意行为正如一般产业创新之前的发明行为，只不过创意不仅在文化产业技术创新、组织创新、市场创新之前发生，而且渗透在整个文化产业生产交易链条的全过程。创意的最终成果表现在文化产品的内容中，凸显了其原创性和唯一性。分析 Throsby 所援引的创意三要素：想象力、判断力和品位，我们可以发现，只有品位是与文化生产相关联的，文化产品的内涵或功用是需要引入新概念"创意"的第一个原因。下面来看一下文化创意与技术创新的区别：

1. 文化创意与技术创新的目标模式不同

根据汪丁丁（1995）的观点，凡是涉及"人与人关系"的创新就是制度创新（改变生产的"交易成本"），涉及"人与自然关系"的创新就是技术创新（改变生产的"技术性成本"）。创意显然不在上述两类改善之中，本书认为，创意是人类与其自身关系的改善，文化创意依托的是有着鲜明民族、区域特色和历史渊源的文化资源。

---

① 一般而言，传统文化企业不能够直接进行技术创新，但索尼公司等综合性高科技文化传媒企业却具备技术创新的能力。

2. 文化创意与技术创新的内在机制不同

一般情况下，创意更具有偶然性，而在技术创新活动中知识和方法的积累非常重要。马歇尔（1964）在《经济学原理》中讲道："在艺术和文学方面，当天才还保持着青春的诱人外貌时，往往已有成就；但在现代科学方面，需要如此多的知识才能有所创造，以致一个学者在成名之前，他的精神的奋发就往往失去初有的旺盛；而他的工作的真正价值，不像一幅画或一首诗的价值那样，常为大家所共知。""一项新的发明，要到关于它的许多较小的改良和辅助性的发明已经完备之后，对实际使用才能充分有效：一项划时代的发明，往往发生于它所划的时代之前一代。"

此处马歇尔讨论的应该是科学发明向应用技术的转化周期，如今这一周期已经大大缩短了，但相对于瞬息万变的文化时尚而言，可能还显稍长。

3. 对文化创意和技术创新的激励和保护制度不同，具体表现为专利制度和版权制度的差异

道格拉斯·诺思（2003）在评价近代工业革命时期知识产权制度形成的历史作用时指出："思想的经济收益面临的基本困难就是对思想自身的考核，为此，规则的设计旨在约束行为。商标、版权、商业秘密和专利法都旨在为发明创造者提供某种程度的排他性的权利……就像我们在现代世界所见，改进技术的持续努力只有通过提高创新者个人的收益率时才会出现。"

同样是对知识产权的保护，专利制度与版权并不完全相同，对版权的保护范围是比较小的，但同时给新的创意认定版权也比批准一项新的专利要容易得多。

这种激励和保护制度的依据是创意的随意性和多发性，但因为每一个版权的保护范围都是非常有限的，所以客观上也推动了新创意的不断产生。而且，文化创意一旦作为商品展示出来，由于"破译工程"（Reverse Engineering）基本没有成本，所以很快会涌现出大量仿制品，虽然对于一些优秀创意难以实现百分百的再现，但毕竟可以在很大程度上侵蚀原创意的市场价值。

4. 技术创新是线性上升的，创意则呈现出反复性

替代旧技术的新技术或者在成本上有优势，或者可以改善产品质量进而提高

产品价格,或者二者兼备,总归是优于旧技术。包括文化创意产业所采用的生产、复制、传播的技术也是线性上升的。但这些技术都只是文化内容的物质外壳,真正决定价值的是文化产品的内容,对内容的创意一般与全社会(也可能是某一区域、社会阶层或年龄阶层)的普遍价值观的变化相适应的,是社会风尚的反映,内容上不存在绝对的优劣替代。文化产品的创新周期短、频率高,而且还会出现"周而复始"的时尚循环,不完全受技术条件的限制,因此主要呈现出周期性。

5. 技术创新和文化创意的消费者参与程度不同

技术创新首先要体现在具体产品中,然后才有可能和消费者发生联系,消费的反馈信息是针对产品,然后技术人员根据这些反馈信息再进行新的技术创新。而在许多情况下,现代文化产业中的创意是主创人员和消费者共同完成的。

以湖南卫视的"超级女声"为例,该创意是"美国偶像"等英美综艺节目的中国版,2004年举办了第一届,反响一般;2005年,蒙牛乳业介入,做了新的、更大攻势的商业策划,无论是参与者还是观众的数量都达到了很高的水平,作为一个文化创意产品,"超级女声"在2005年才算是基本完成。

如果愿意,2006年,湖南卫视可以继续复制2005年的成功模式,但文化创意产业的特征在客观上要求他们做必要的新创意。观众的参与度是2005年和2004年的最大差异,甚至可以成为一个创意成功与否的关键。此处,要注意笔者对创意完成时点的界定——即2005年"超级女声"决出三甲,因为只有在这以后,"超级女声"作为一个整体才开始进行大规模的巡回演出等创意复制活动。

6. 技术创新的收益来自创新成果,而文化创意过程就可能带来收益

依照上一则,如果把2004年湖南卫视开始创意"美国偶像"的中国版开始,直至2005年"超级女声"三甲决出的全过程都作为创意的过程,那么可以得出技术创新与文化创意的另一个差异,虽然这个差异可能并不适用所有的文化产品。那就是,创意过程本身就是可以盈利的,而在新产品得到市场接受以前,技术创新都是一种成本投入。

而且,技术创新不是文化生产唯一的进步动力,在现代文化创意活动中,技

术资源和艺术资源在很大程度上具有替代性,美国的动画电影以三维电脑动画为主,技术含量很高,几个主要动画工作室都集聚了大量的技术人员,而日本的动画制作厂商很多仍然采用二维手绘制作,对尖端技术的需求很有限,对动画形象的临摹工作有许多都外包给劳动力价格低廉的亚洲其他国家。但不同的工艺组合并没有明显地影响动画电影的质量。这样的情况在其他文化创意部门也普遍存在,所以生产交易方式的各异也就不足为奇了。

(四) 现代文化创意产业的特征

Kretschmer 和 Michael (1999) 用四个属性来归纳文化产业:①有大量过度供给的潜在产品,因为如果不考虑市场前景,文化生产的原料——思想是廉价而充裕的;②产品的质量高度不确定性,根据搜寻商品、体验商品和信任商品的分类,文化产品属于体验商品和信任商品;③对该产业中产品的消费存在特别的网络效应,消费者在对文化产品消费的过程中存在特别多的相互影响;④对该产业的产品需求呈现周而复始的周期性。显然,这四个属性已经不足以描述现代文化创意产业。

基于前文的分析,本书把文化创意产业的特点归纳为六个方面:

1. 在文化创意产业中,内容创意在产品的整个生产过程中占据核心地位

创意投入是最重要的成本,创意结果是构成产品市场价值的最重要因素;相比较而言,内容创意完成后的复制,无论是重复表演,还是负载在物理媒介上的有形产品制造,成本都是比较低的。在两个环节中,企业家发挥的作用是不同的,前者是激发创意,塑造差异性,后者是降低成本,提高效率和效益。企业家的职能是贯穿全程的,艺术家则不一定。所以,对于完整的文化生产过程,企业家参与的程度胜过艺术家。

2. 创意过程具有异质性

这是人类文化创造行为的特征决定的,因为创意产业的原材料是每个人的思想和整个人类的精神资源以及技术和灵感。想象力、判断力和品位俱优的个体或团队是创意过程的主体,其心智模式往往各不相同①。所以,传统文化产业强调

---

① 想象力、判断力和品位是 Throsby 援引的 Duff 对创意要素的分析。

规模化生产以降低成本,而规模经济在文化创意产业中不一定是最重要的因素。

3. 在文化创意产业中,新产品占据产品供给的主流

文化创意产业是以供给新产品为主的产业,新产品既包括新创意市场化后的文化产品,也包括对原有产品的边际更新。如此一来,相当一部分传统文化产业中的部门可能就不能够被归入文化创意产业。如一家博物馆日复一日的展出活动就不需要企业家职能,只需要尽职的管理者。然而,在既有藏品条件下,进行丰富多彩的主题展、体验式展出、流动巡展甚至展品交换等展览活动,则需要企业家才能的介入。

4. 在文化创意产业中,对不断升级的自然科学技术手段的运用是创意的重要基础

内容创意和技术创新的融合带来了生产能力和产品质量的提升,使文化创意产业能够将更多的原始灵感转变为现实的产品和服务,以实现"新产品占据产品供给主流"的特征。

5. 组织模式对于现代文化创意产业的生产和交易有着重要的意义

新的经济、技术背景使现代文化创意产业的组织模式不同于传统文化生产,创意主体和创意过程的特殊性则使其组织模式不同于其他产业部门。

6. 文化创意产业的文化生产活动总体上是营利导向的

作为一个产业部门,文化创意产业中的复制过程以营利为唯一目标,而创意过程的主要目标也是获得经济收益,将文化价值转化为商业价值是文化创意产业的主要功能①。

(五) 文化创意产业的基本生产方式

现代文化创意产业对传统文化产业最大的超越便是突破大规模复制的模式,而这一生产方式的重大突破则有赖于新技术的支持。以音乐产业为例,从无线广播、唱片机、卡式录音机到随身听、MP3、MP4,每一次开创性的技术创新,都

---

① 为何说"创意过程的主要目标也是获得经济收益",在后文的分析中会解释。

会带来该行业生产方式的重大变革。这一系列的变革使得新的生产方式在一些产业部门变为现实，在另一些部门也越来越迫近。

在新的生产方式成熟以前，文化创意活动也一度出现了混乱。帕夫利克（2005）描述了起初新技术给好莱坞带来的麻烦。"新媒体的应用带来巨大机遇，这使好莱坞为之着迷。但同时大多数人又为互动多媒体产品制作流程的不确定性而担惊受怕。一些人甚至已经宣称互动技术的发展是'新的地狱'。在过去，好莱坞的电影制作有着一套完全可预知的固定流程，包括前期碰头会、剧情会议、演员角色分配以及一部通常为120页的脚本。任何与此模式不符的做法都是对整个系统灵活性的巨大考验。如今，互动多媒体作品和游戏制作却没有一个大家认可或可以遵循的流程。"由此可见，转向有效融合文化资源与技术资源的生产方式并不是一帆风顺的过程。

但新技术的运用是不可阻止的，日益多样化的消费者需求本身就不断地向文化企业施加压力。如何应对这一挑战呢？派恩曾经论述，在新模式中工艺过程比产品更为重要①。在日益多元化的市场环境下，客户要求定制产品，这就需要针对大规模定制进行过程重组。个性化的新产品从灵活、敏捷而又长期稳定的过程中生产出来。在大规模生产中，首先开发产品，然后确定制造工艺，一个工艺过程仅针对一个产品。在大规模定制中，通常先确定工艺过程，工艺过程对产品变化具有较强的适应能力。

一些技术实力雄厚的文化生产厂商很快适应了新的生产模式，苹果电脑公司首席执行官乔布斯领衔的皮克斯工作室（Pixar）的动画软件系统便是典型的过程技术。

从创建之初，皮克斯工作室就致力于电脑绘图领域的技术突破，他们汇聚了全球最优秀的科技人才，在素来追求技术完美的乔布斯的领导下，从1986年起开发了三套具有核心知识产权的软件系统②：①牵线木偶系统（Marionette），一套在动画制作过程中用以造型、制动和照明的软件；②表演指导者系统（Ring

---

① 此处的"工艺"在英文中是process，其他著作中一般译作"过程"，如"过程技术"。
② 对三套软件的介绍参考了皮克斯工作室官方网站（www.pixar.com）的信息。

Master),一套用来规划、协调和跟踪电脑动画项目的生产管理软件;③制图人系统(Render Man),一套制图软件,用来生产高质量、高保真合成图像供皮克斯内部使用或转让给第三方。

这些技术成果多次获得美国电影艺术与科学学会、美国制片人协会的重要奖项。而且,皮克斯仍然在不断投入研发资金,改进技术水平,维持和巩固工作室在这些领域的优势地位。这些技术不仅有助于生产出具有市场竞争力的动画影片,而且大大降低了工作室的生产成本。

正是在这些"定制式"生产软件的支持下,从1986年开始,皮克斯制作的多部动画短片获得奥斯卡奖,但其影响最广泛的还属《玩具总动员》Ⅰ和Ⅱ(Toy Story,1995和1999)、《虫虫危机》(A Bug's Life,1998)、《怪物公司》(Monsters, Inc.,2001)、《海底总动员》(Finding Nemo,2003)、《超人特攻队》(The Incredibles,2004)6部脍炙人口的优秀动画电影。其中《玩具总动员》获得3.62亿美元的全球票房,该片的导演John Lasseter是皮克斯工作室分管内容创意的高级副总裁;《海底总动员》更是获得8.65亿美元的全球票房收入。

而与此同时,同是皮克斯合作伙伴和竞争对手的迪斯尼自1994年推出《狮子王》后,在原创动画电影方面便业绩平平。

现代文化创意产业生产方式的转变和升级可以用图2-3表示。

从产品维度看,传统文化产业对应的是大规模复制阶段,文化创意产业对应的是规模化定制阶段。在定制阶段,文化产品和服务的多样化得以实现。而且,随着数字化程度的提高,越来越多的文化部门从传统文化产业向现代文化创意产业升级。如向观众展示千篇一律展品的传统博物馆在内容数字化上载和馆际资源整合后,可以向不同兴趣取向的顾客提供更加丰富和个性化的展示服务。除技术因素以外,定制规模的大小可能受到两个方面的影响:市场策略和文化产品的艺术属性。市场策略影响是厂商出于利润最大化的目的对定制规模的控制,如所谓的"限量版"等。文化产品的艺术属性也会影响定制的规模,如受众文化层次和人群规模、艺术展示方式等。

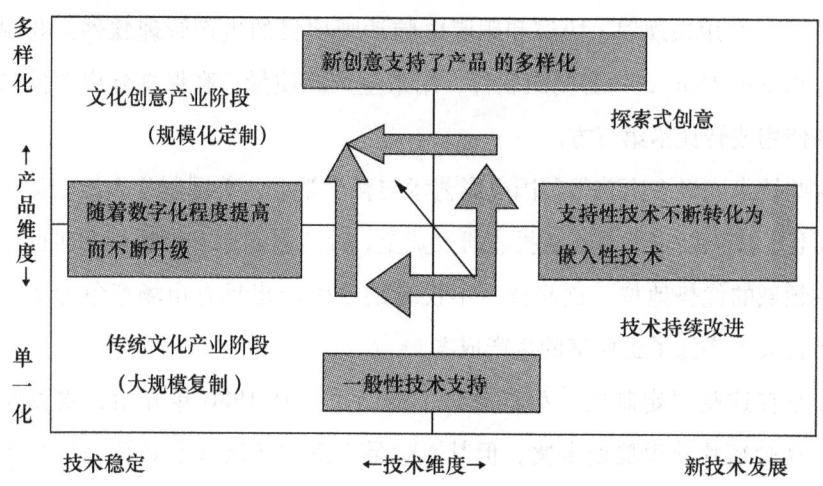

图 2-3 现代文化创意产业的生产方式

从技术维度看，无论传统文化产业还是现代文化创意产业同时受到相对稳定的技术和不断改进的新技术的支持。因为的确有一些文化产品，可能会在相当长的时间里停留在大规模复制阶段，但它们仍然可以从不断更新的技术中获益。持续改进的技术可以从两个方面支持现代文化创意产业的发展：一是支持性技术不断改造传统文化产业部门，提高其数字化、信息化水平，促进传统文化产业向现代文化创意产业转变；二是一些嵌入性技术，通过对文化创意活动的渗透，与艺术资源结合共同提供原创性的文化内容，满足不断多样化的文化需求。在图 2-3 的右上角，同时具备"新技术发展"和产品"多样化"两项特征的文化创意产业区别于传统文化工业的典型生产模式。

文化创意产业中大规模复制的产品、规模化定制的产品、技术持续改进、探索式创意可以具体化为表 2-5。

文化创意产业的各具体产品和技术不断按照图 2-3 的运行机制发生着变化——越来越多的大规模复制产品和服务向规模化定制产品和服务转变，同时也有越来越多的嵌入性技术直接参与探索式创意活动中来，而探索式创意活动一旦发育成熟，就会向其他生产方式转变，由此形成文化生产方式的不断创新和良性演化。

表2-5 文化创意产业技术与业务类型

规模化定制	探索式创意
在线报纸 个性化广告 数字电视服务 互动电子游戏 音乐剪辑、视频剪辑点播 ……	艺术禀赋与嵌入性信息生产 处理技术的各种融合创新
大规模复制	技术持续改进
磁带、唱片、影碟复制 纸质出版物生产 工业化生产的传统手工艺品 ……	支持性信息生产技术 支持性信息处理技术 信息复制与传播技术 信息存储与播放技术 ……

第三章 产业文化化：
文化企业家发展的延伸空间

现在好像越来越难以离开"文化"，过去几乎只有"艺术"相连的"文化"一词现在流行于最不可能的地方。例如，在看起来最"物质"的商业与经济领域，"文化"的地位正变得日益重要。

——保罗·杜盖伊等
《做文化研究——索尼随身听的故事》

产业文化化不是一个新鲜的概念，但却是一个从来没有达成共识的范畴，对此众说纷纭，却莫衷一是。本章只是从文化企业家发展的角度对这个问题进行探讨，因为任何一个企业家都是基于特定产业产生与发展的。如果文化企业家的影响力只是局限于有限的行业里，他们也就不具备普遍的研究价值，而产业文化化正是为文化企业家拓展了活动空间。

战略管理学者 Lounsbury 和 Glynn 明确提出，文化企业家做好创业和经营的关键是把故事讲好，有时故事甚至是企业家们能否获得合法性和资源支持的依据以及竞争优势的主要来源[1]。根据他们的意见，好的故事不仅要关注企业家和企业，也要关注产业层面的因素。文化产业是文化企业家的舞台，它是一个外延广泛的复杂

---

[1] Lounsbury 和 Glynn 用的概念是 Cultural Entrepreneurship，Entrepreneurship 可以译为"企业家精神"或"企业家能力"，也可以译为"创业"，Lounsbury 和 Glynn 的用法偏重于后者。

体系，各部门在具备共同特征的同时，也各具异质性。显然，Lounsbury 和 Glynn 对文化创业的关注超出了通常意义的文化创意产业，扩大为一般化的产业现象。

一、扩大的文化产业：产业文化化

（一）认同产业文化化的观点

从宽泛意义理解文化产业的学者不乏其人。曾任国际文化经济学会会长的澳大利亚学者 Throsby（2001）在归纳前人研究的基础上，用同心圆来描绘文化产业的范围：

最核心的层面为"创意艺术"；

第二层产业提供为创意成分较低但具有高度文化内涵的产品；

第三层产业的产品与服务有时候具有文化的内容，比如旅游、广告与建筑。

他的分层划分方法涵盖面广，同时凸显了核心层面的创意性，具有一定科学性，得到普遍认可，2004 年中国国家统计局对文化产业的界定和划分就大致体现了这一思路。

芬兰学者芮佳莉娜·罗马从"金字塔模型"来解释文化产业的构成，他认为文化产业有双重含义：文化的产业化和产业的文化化。在其金字塔模型中，文化产业处于金字塔的顶端，处于塔底的是由经济、技术和艺术组成的三角，这个三角支撑了文化产业。罗马认为，文化产业是多维的，它可以是文化产业、经济和技术构成的三角面，也可以是文化产业、技术、艺术的三角面，还可以是文化产业、艺术和经济的三角面[①]。但由此一来，文化产业的覆盖面就被无限扩大了。因为那些文化含量很低或经济价值很低，或再生产的技术可行性很低的产品、服务也被归入文化产业之中了。

---

① 林拓等. 世界文化产业发展前沿报告. 社会科学文献出版社, 2004.

文化企业家研究：产业背景、行为特征与案例

在实证研究方面，英国学者斯科特·拉什（Scott Lash）和西莉亚·卢瑞（Celia Lury）的《全球文化工业》一书考察了七个文化对象（Cultural Objects）在多个国家经历多种变化的过程：电影《玩具总动员》（Toy Story）、电影《超级无敌掌门狗》（Wallace and Gromit）、电影《猜火车》（Train spotting）、英国青年艺术家群体、运动品牌 Nike、钟表品牌 Swatch、1996 年欧洲杯。前面四个文化对象反映的是媒介的物化，即文化从上层建筑中"下沉"，后面三个文化对象则反映了物的媒介化，文化从经济基础中"上升"。

（二）对产业文化化的界定

国内出版的最早的文化产业著作，可能是日本学者日下公人（1989）的《文化产业论》，该书在日本一度畅销。日下公人对文化产业的界定相当宽泛和笼统，并揭示了文化产业产生的经济与社会背景，他认为，当经济开发、社会开发、人才开发告一段落之后，必然进入文化开发阶段。

文化开发反过来进一步促进经济开发、社会开发和人才开发，在当代社会人们追求生活享受和幸福的经济行为越来越多，但"现成的经济用语根本无法表达它的确切含义。但是一个个地分析起来则可以说它们均属于最终需要产业（下游产业）。进一步分析起来它又应属于最终需要产业中消费者自由选择支出对象的那一部分。也就是说从消费者的心理来看它属于为迎合追求生活乐趣、生活方式的动机而出售的商品和服务行动。这种变化确实存在，问题是用什么词汇表达它。由于经济学词汇中还没有表现追求生活乐趣、生活方式的语言，为了说明问题，我在这里使用了'文化产业化'"。[①] 显然，日下公人的"文化产业化"不仅仅是"文化产业"的问题，还涉及产业的"文化化"。

本书对文化产业的理解，包括了文化产业化和产业文化化两个方面。前者的边界相对清楚，其产出形态可以是产品，也可以是服务，但无论何种产出都是以文化内容为核心的。产业文化化则是一个很泛的概念，任何一个产业，无论食品、服装还是玻璃、橡胶，都可以说有其自身的产业文化。

---

① 日下公人著. 新文化产业论. 范作申译. 东方出版社，1989.

以往对产业发展的研究，关注较多的是技术和组织问题，特别是技术，一直以来都是经济发展和产业升级的主要线索。其实在技术线索之外，还有一种长期与技术伴生，但相互关系却历经多轮演变的线索——文化。

二、从技术—文化关系演变看产业文化化

前文讲到中国学者张晓明（2005）对文化形态与经济形态的耦合关系研究有不足之处，最大的问题就是对文化产业的技术适用理解片面。因此有必要专门就技术与文化的关系进行专门研究。上文中关于文化与经济的关系不存在概念上的歧义，此处讨论技术—文化关系则需要专门说明一下。因为如果根据马凌诺斯基（2002）对文化的定义，文化中已经包括了物质技术。此处，借用考恩的意见，将文化和艺术用作两个可以互换的术语，借以表示"使我们感动、扩展我们对世界和自己的认识的人工制品和表演"。所以，技术—文化关系专指物质技术与文化艺术之间的关系。

究竟文化—技术关系还是文化—经济关系更能够反映产业文化化的本质？这是个仁者见仁、智者见智的问题。芮佳莉娜·罗马的"金字塔模型"把技术、经济、艺术囊括之中，但大多数学者还是根据自己的研究视角更侧重某一个方面，即使在法兰克福学派内部也存在差别：本雅明更倾向于从技术—文化角度看待文化产业，而霍克海默和阿道尔诺（2003）则反对"利益群体从技术的角度来解释文化工业"，他们认为"技术用来获得支配社会的权力的基础，正是那些支配社会的最强大的经济权力"，而文化工业的技术"并不是技术运动规律所产生的结果，而是由今天经济所行使的功能造成的"。

本书试图建立一个分析现代文化创意产业经济运行规律的一般框架，因此有必要把文化创意产业分解若干个层面，技术因素则是各层面的物质基础，其对于文化生产的影响比之资本主义生产方式更根本，也更直接。霍布斯鲍姆（1999）

认为，直到19世纪中叶以后，资本主义生产方式对文化艺术的影响还比较有限，但"19世纪中期产生了一个真正的革命现象：由于技术和科学发展，创造性艺术的某些作品有史以来首次可借由技术手段进行复制，不但价格便宜，而且规模空前。在这些复制的艺术品中，惟有一种可与艺术创作活动本身一较高下，那就是摄影。"当然，摄影只是技术—文化关系的一个点而已，在此前和此后，有一个漫长的技术—文化关系的演变过程。

（一）技术与文化共同发展的时期

1. 第一个技术与文化共同发展的时期

在这一时期，脑力劳动和体力劳动并没有明显分工，此时没有独立的技术发明，也没有专业的艺术创作，技术进步与艺术创作皆从具体生产、生活实践中来。这一时期遗留下来的造型艺术无非是狩猎或耕作使用的石器、衣物上的各种装饰品、生活中或祭祀中使用的各种容器等。

正如李泽厚论及"对线的审美感受"时的观点，他认为对线的审美感受晚于对色的审美感受，这种感受与日益发展、种类众多的陶器实体的造型（各种比例的园、方、长、短、高、矮的钵、盘、盆、鬲等）的熟练把握和精心制造分不开，只有在这个物质生产的基础上，对线的美感才能培养起来[①]。

本雅明在《机械复制时代的艺术品》中，也把陶器和硬币作为最具代表性的可用复制技术生产的早期艺术品。但无论陶器还是硬币，当时并不是作为艺术品存在。可见，这一时期的生产生活用品一方面具有美学价值，另一方面更反映了当时的物质生产技术水平，正是这种技术水平在很大程度上限定了人类美和艺术的发展。

2. 第二个技术与文化共同发展的时期

此时，脑力劳动者和体力劳动者已经明确分工，脑力劳动垄断了绝大多数知识资源，成为科学技术发明和艺术创作的主要贡献者。在脑力劳动者内部，从事技术职业和艺术职业的分野是逐渐发生的，在不同国家、不同时期有所不同。中

---

① 李泽厚. 美学三书. 安徽文艺出版社, 1999.

国自科举制实施以来,这种分野比较突出,从事技术职业的知识分子地位较低,而艺术家们很少问津技术问题,但也有张衡、沈括、徐霞客、徐光启等著名的特例。

在西方国家,技术与艺术共同发展的时间要长得多,直到中世纪以后。以作品保留比较完整的文艺复兴时期为例,文艺复兴之初,不仅是文化商业化的重要发展时期,也是技术与艺术禀赋融合的一个黄金阶段。佛罗伦萨之所以一度成为欧洲的文化中心,很大程度上得益于佛罗伦萨人擅长从事以技术知识和工艺技能为基础的高质量制造,包括织布工艺、镶嵌工艺、黄金珠宝等,这些工艺方面的上等标准支持了佛罗伦萨艺术的品质。该时期的艺术家往往生于商人家庭或从事营利活动的家庭,很少来自贵族门第,以取自1420~1540年的136位意大利艺术家的样本为例,其中96人是工匠或店主的儿子。米开朗琪罗曾师从金银匠,拉斐尔是金银匠的儿子。

该时期最著名的艺术家如达·芬奇,既是画家又是雕塑家、工程师、气象学家、建筑家,甚至对于物理学和解剖学也颇有研究,他曾构思和草拟了飞行器、自动烤肉转叉、降落伞和防撬锁的计划。丢勒和达·芬奇一样具有多方面的才能,既是油画家、版画家,又是装饰设计家和理论家。韦罗基奥也既是画家,又是金匠、透视大师、雕塑家、木雕家等。此时的手工业、建筑业等经济部门都拥有大量融艺术与技术于一体的劳动者。

(二) 技术与文化分离的时期

在文艺复兴中后期,艺术家虽然还保留着手艺人的痕迹,并都是多才多艺者,但他们逐渐从工匠的队伍中分离出来,不再自己动手制作,而是提供金属、建筑等设计手段,让普通的手艺人进行制作。艺术家(Artist)和艺匠(Artisan)由此泾渭分明了。

在文艺领域的从业人员中,大多数人此时对于技术进步及其带来的社会变迁所持有的态度是悲观的,这一时期的小说和诗歌有许多类似题材的作品。18世纪后期至19世纪前期英国"湖畔诗派"的代表诗人华兹华斯、柯勒律治等人的作品,都充满着厌恶资本主义工业文明和否定技术进步的思想,因为在他们看来正是技术使人性物化。

19世纪初,英国发生了纺织工人破坏机器的事件,英国下议院迅速通过了《严禁纺织机破坏法案》,作为贵族院议员的诗人拜伦发表了讽刺诗《〈制压破坏机器法案〉制订者颂》。虽然诗作反映的是阶级矛盾的尖锐化,但也从一个侧面表现出那一时代的文学艺术家对于工业技术殊无好感。在资本主义工业发展的前期,与文化生产和传播相关的技术(印刷术)和组织(大众新闻媒体)也得到了一定发展,但当时并没有被主流文艺界接受,只是被当作资本主义工业的生产部门而已。

机械复制技术的发展一方面使得传统工艺品受到最直接的打击;另一方面,在机器生产逐步代替手工劳动的初期,由于原始的工业手段和对机械化目的的不明确,导致了许多产品的粗制滥造。在这种背景下,在19世纪中后期,英国的威廉·莫里斯(William Morris)等艺术家和社会活动家倡导了手工艺运动(Arts and Crafts Movement)。他们的主旨是:历史悠久的传统手工艺是人类智慧的结晶,在社会化生产阶段,手工艺应该得到继承和发展。他们致力于传统家具和装饰物的手工生产和制作,当时和此后一段时间产生的新艺术运动、风格派、分离派都是以宣扬手工艺制品的精良,缅怀古典时期的细腻、恬静的情趣为宗旨。这种思潮认识到机器大生产中有丧失人性的倾向,要求艺术家参与设计、将艺术从象牙之塔中移植到更为广阔的现代社会中来,因而促进了社会对工业产品造型质量的重视①。

但手工艺运动的努力并没有阻挡社会分工与机器化大生产的洪流。资本主义兴起以来,社会分工日益分化,不同知识之间的鸿沟逐渐加深,从社会职业来看,要求融艺术与技术于一体的职业越来越萎缩,仅仅在传统工艺品制作方面有所保留,对国民经济的贡献也是微不足道。而社会化大生产的工业部门,对于艺术是没有兴趣的。

到19世纪,这种分化便更加显著了。首先是植根于前工业时代的旧生活方

---

① 关于"手工艺运动"参考了《中国大百科全书》(轻工卷)"工业设计"词条。

式瓦解了，技术力量的增长使生活一反常态而极度错综复杂起来，需求也更加多种多样。那时一度有人可能精通几门学科，而现代要全面掌握单独一门也越来越难。专门化的需要和压力使得年轻人在接受教育时就没有能够发展广泛的兴趣与知识面，这使得探索不同分支学科的人之间相互交流极为困难。

在整个19世纪，文化艺术与科学追求进一步分离，逐步发展完善的实验室与艺术家工作室之间的对照正反映了这种分离。马歇尔在讲到这个问题时说过：工业化大生产需要的不是"为某种职业所特有的一般聪敏和精力上的优越"，而是普遍性的（专业）技能，这种技能使得"一个熟练的工人往往能够转到别种行业，而效率即使丧失也不会很大和长久的"，而个性化的手工技能"是如此专门以致完全不能从一种职业专用到另一种职业，因而逐步变成生产商越来越不重要的因素了"。但睿智的马歇尔把"艺术感受和艺术创造的才能"从越来越不重要的"特有的一般聪敏和精力上的优越"中排除掉了。

在前工业时代，人们的日常用品是手工艺技术和艺术的结合，具有艺术的美、人性的美、情感的美，感性思维多于理性思维。而19世纪以后，人们日常用品的制造开始由手工艺转向机械工艺，此时的工业技术不再和艺术结合，而转向了和科学结合。其所体现出的是科学的美和机械的美，理性思维多于感性思维。人们的日常用品也由具有个性化、情感化、装饰化的工艺品转变成了统一化、标准化、批量化的工业品。

（三）技术与文化重新结合的时期

19世纪末和20世纪初，电影、摄影、广播基于新技术的文艺形式出现并发展，技术与艺术开始重新结合。霍布斯鲍姆把这些艺术称为"以一般人为诉求，并经过工艺和大众市场携手革命过的艺术"，这种艺术最典型的形式便是电影。"工艺和大众市场携手革命"意味着技术和资本主义生产组织方式同时对文化生产发挥着重要影响。

这些艺术形式对于技术的依赖程度远远超过传统的小说、诗歌等形式。许多有着悠久历史的艺术形式如音乐通过电子传播技术得以更广泛地传播；小说、绘画等也通过电影、摄影等新的载体或工具获得了新的发展。从另一个角度，因为发达国家的经济逐步升级为"买方"市场经济，消费者对一般商品的挑剔和激烈的市场竞争使得工业家和技术专家们也开始在一般工业产品上做边际文化创新。

手工艺运动本身也带来一些直接的积极作用，这项艺术革新运动，其宗旨在于重铸艺术与生产工人之间一度断裂的链锁，许多现代主流工业设计（Industrial Design）思想都从手工艺运动而来。在手工艺运动余波的推动下，1919年德国魏玛建立第一所现代设计学校——包豪斯设计学院。工业设计发展到现代，越来越多地应用到高技术成果，创造现代生产、生活所需的新产品——技术的发展必然要增强管理思想的灵活性，因为设计是创造性的活动；另外，设计不应该追求个人爱好，因为技术的复杂性已经使得设计成为集体活动，不再是个人的事业。这些变化都使得生产的组织模式变得更重要。

但毫无疑问，手工艺运动有不合时宜的"复古"倾向，艺术家们"想要延续旧时代的方法去创造新时代的艺术"。时代潮流最终也逐渐扭转了手工艺运动的方向，工艺运动的衍生品——20世纪80年代风行欧洲的"新艺术"（Art Nouveau）就充分结合了不可或缺的现代科技和传统工匠寓装饰于实际的工艺，"新艺术"表达的正是工艺传统所不喜欢的世界，伴随新艺术而来的商业时尚也正是莫里斯手工艺运动的反证①。但这一反证恰好说明，现代技术与文化艺术的重新结合是不可逆转的历史潮流。

但如果忽略掉技术水平的纵向比较，此时技术与艺术的结合还远远不如第一个技术与艺术共同发展的时期：①技术与艺术的结合还是生硬的，特别是文艺界对于技术的抵触并没有马上消解，在相当长的时间里，主流文学艺术学科中没有大众文化的地位，从法兰克福学派的观点中可见一斑。②可应用于文化艺术领域的技术与方法只是边缘技术，当时的核心技术仍在工业制造领域，用以增添工业产品文化内涵的部门如外观设计、印刷包装等，地位和作用也不甚高。此时盛行"福特制"（Fordlism）生产模式，福特本人关于"黑色T型车"的那句名言，就是工业家轻视文化艺术的生动写照。③总体而言，传统文化产业对技术的吸收是

---

① 霍布斯鲍姆著. 帝国的年代. 贾士蘅等译. 江苏人民出版社，1999.

比较滞后的，即使是对文化工业的技术适用持乐观态度的本雅明也不得不承认，"上层建筑的变革比基础的变革缓慢得多，它用了半个多世纪才使生产条件方面的变化在所有文化领域中得到体现"①。

大致处于这一时期的马歇尔认为"美术（艺术）才能是工业效率的一个主要因素"，但他所说的艺术主要取决于眼光的美术学科，也即工艺造型艺术。他认为，"文学和音乐虽与这种学科同样有助于生活的美满，并有过之，但是，它们的发展却不直接影响，也不依靠经营的方法、制造的方法和技术工人的技能"②。由此可见，虽然技术与艺术的重新结合在当时已经初见端倪，但并不是社会经济的普遍现象，文化产业在经济中所占的比重也是微不足道的。

对以上问题应一分为二地看待：一方面，文化产业自身已经面临很多发展障碍，在消费需求稳定的情况下，企业家已经不得不实施许多"无中生有"的创新。尼尔·波兹曼就此举过一个很典型的例子，就是"纵横字谜"一度在美国非常流行，他认为这个现象是个缩影，浓缩了一种普遍现象，"过去人们是为了解决生活中的问题而搜寻信息，现在是为了让无用的信息派上用场而制造问题"③。的确如此，如果文化产业只是局限于少数部门，难免会陷入为制造问题而创新的窘境。

另一方面，原本在国民经济中比重"微不足道"的文化产业在"二战"后，特别是20世纪80年代以后，随着现代信息科学技术的蓬勃发展，成功实现了自我扩张，越来越多地渗透到其他产业部门，并在许多产业部门促生了全新的生产方式，这就是下文所要推出的"新工艺经济"的概念。

三、技术—文化—商业相融合的新工艺经济

技术与文化的重新结合是产业文化化的重要条件，此时，在上一章的文化产

---

① 本雅明著．机械复制时代的艺术作品．王才勇译．中国城市出版社，2002．
② 马歇尔著．经济学原理．朱志泰译．商务印书馆，1964．
③ 尼尔·波兹曼．娱乐至死·童年的消逝．广西师范大学出版社，2009．

业化分析中一直强调的商业力量仍然活跃，企业家本身便代表着商业力量，他们为了实现目标又必须整合技术与文化资源，这三股力量合在一起，催生了一种方兴未艾的经济形态——新工艺经济。本节将对这一经济形态进行界定和分析。

（一）工艺的词源

"工艺"在英文中对应着多个词汇，其中一个为"Arts and Crafts"。在《中国大百科全书》中，这一词汇有时被翻译为"手工艺"，工艺运动也被译为手工艺运动，有时则被翻译为"工艺美术"①。据日本学者柳宗悦（1991）考证，"Arts and Crafts"最早出现在1888年威廉·莫里斯（William Morris）和卡顿·森德逊（Cobden Sanderson）主编的The Art and Crafts Exhibition Society中，至今只不过100多年。中文中的"工艺"一词，则可能来自《唐书·阎立德传》，其中有"父毗为隋殿内少监，本以工艺进，故立德与立本，皆机巧有思"。此处的工艺已经包含了工程技术的含义。

单从字面理解，Art源自拉丁语的Artis，本身有技术的含义；Crafts在现代英语中是手艺、技艺的意思，不能代表现代化大生产的工艺技术。通用的技术一词则是Technology，该词源自希腊语的Tekhnologia，指对艺术或工艺的系统的应用，《美国传统辞典》对该词的解释是"文明社会的知识体，可用来制作工具、练习手工艺术和技能、摘录或收集材料"。正如上一小节所指出的，在人类文明早期有一个漫长的文化与技术合而为一、共同发展的时期，从词源上看，艺术、技艺、技术是同源的。

工艺既然是"艺"和"工"的复合词，就包含了设计和制作（复制）两个层面。在手工艺发达的时期，除了可以自主生产的简单物品，绝大多数生活用品的制造，都是由单个手工艺人或集体生产的手工作坊完成的。在这个阶段，设计活动和复制是统一的。随着资本主义社会化大生产的发展，出于交易的需要，社会分工日益细化，技术与文化艺术逐渐分离，设计开始从制造和复制中分离开

---

① "手工艺"和"工艺美术"在汉语中是两个意思截然不同的词汇，前者是经济或轻工业的术语，后者则是美术或美学术语。这种译名的不统一恰好从一个侧面说明过去一个时期技术与文化的隔离。

来，手工艺中有了设计师和工匠的区别。这种分离最终体现在学校的职业教育中，艺术职业、社会工作与科学技术职业的分野成为社会常态，而集技术与艺术于一体的"工艺"不再是普遍现象，越来越缩减为一个狭小的职业，在绝大多数国家的经济总量中只占据微不足道的地位。

（二）作为工业过程技术的工艺

在现代工业社会，"工艺"一词的含义已经发生了质的变化，开始分裂为工业设计和工业生产。1980年，在国际工业设计学会联合会（ICSID）第11次年会上公布了修改后的工业设计定义："就批量生产的工业产品而言，凭借训练、技术知识、经验及视觉感受而赋予材料、结构、构造、形态、色彩、表面加工以及装饰以新的品质和资格，叫作工业设计。①"

《现代汉语词典》对工艺的解释有二：第一，对原材料、半成品进行加工或处理，产出成品的方法、技术和过程等；第二，指手工技艺。这说明"工艺"一次最主要的含义是指工业技术。《辞海》对工艺的释义是"利用生产工具对各种原材料、半成品进行加工或处理（如量测、切削、热处理等），使之成为产品的方法"，对工艺学的定义是"根据技术上先进、经济上合理的原则，研究各种原材料、半成品、成品的加工方法和过程的学科"。后文将作为典型案例分析的企业家费迪南德·皮耶希（2009）曾回忆道，"参加完在苏黎世的瑞士联邦科技大学的入学考试后，我必须完成一次为期9个月的实习。参照大众汽车公司当时对学徒工的要求，我学会了锉、锻、削、磨等手艺"。大众汽车所要求的、皮耶希所经历的正是一种典型的工艺操练，这也说明了现代工业生产和传统手工艺的藕断丝连。

在工业企业中，工艺是技术子系统中的一个核心组成部分，技术子系统包括：技术的主体要素，指劳动者的经验、技能和知识；技术的客体要素，指企业中的劳动手段，包括工具及其设备；技术的联结要素，指将主体要素和客体要素联结起来、组成各种生产技术活动的要素，其中的核心部分是"工艺"。工艺是

---

① 见《中国大百科全书》轻工卷"工业设计"词条，中国大百科全书出版社，1991.

利用生产工具对各种原材料、半成品进行加工或处理（如量测、切削、热处理等），使之成为产品的方法和过程（这个定义可能来自《辞海》）。也可以更加具体地定义为：利用劳动工具改变劳动对象的形状、尺寸、成分、性质、位置或表面状况使其变成预期产品的一种方法或劳动过程。

对工艺有狭义和广义的两种理解，狭义的理解是把工艺等同于加工方法，广义的理解则把工艺理解为工艺技术，或者泛指制造技术①。和《现代工艺管理》一样，国内代表性的工业管理或工业工程类论著已经将"工艺"等同于现代应用科学技术，"艺"的含义不过是加工方法而已，其主要目标是提高质量、降低成本、节约资源等，已经没有了美学内涵。唯一保留"艺术"色彩的是外观设计、印刷包装设计等工艺设计部门，但这些部门主要从事工业辅助产品的设计与生产，其规模受到其为之服务的工业品的生产规模的限制，虽然也有一些产品作为独立的消费品存在，但并没有成为具有社会影响力的产业。

对工艺的片面理解不仅存在于中国，在日本也是如此，日本著名工艺理论家柳宗悦评价日本与工艺直接相关的书籍，"仅仅只是对材料、制作技法的科学分析，并没有关于工艺及工艺品的本质的哲理，对工艺的价值问题也没有过多的涉足"，而美学家们对美术等主流艺术感兴趣，"对工艺却沉默不语"，"就是在外国的书籍中，对这一问题的思考也是不活跃的"。

（三）对工艺的重新审视与"新工艺"

柳宗悦根据自己的理解把各类工艺进行了分类，见图3-1。显然，他把工艺生产活动作为一个整体来看待，即不区别设计与复制。这主要因为他毕生倡导日本的"民艺运动"，维护和复兴传统工艺生产，在这些生产活动中，设计与制造就是一体的。

柳宗悦对"机械工艺"持反对态度，他认为，机械生产需要很多资本才能在某个企业中得以发展，资本主义制度保证了这种生产，但由于资本家的目的在于攫取利润，因此机械制品常常与商业主义相结合，所有的设施都是以利润为中

---

① 李令德. 现代工艺管理. 上海人民出版社，1995.

心来计划的,要求生产用料少、工艺简单、不要多少时间就能完成的器物,往往无视产品的质量与美感。柳宗悦所批评的,其实正是日本现代制造业的发展思路。以日本人引以为豪的汽车工业为例,20世纪80年代,日本企业已经凭借其低油耗、低价格、低故障率等优势风靡全球,但恰如施伟泽所言,"日本模式并不必然就令产品质量完美。它可以帮助造出符合样车的轿车,但并不总能保证车的强壮和具有可感受的质量"①。在这方面,日本企业和德国企业走的是完全不同的道路。

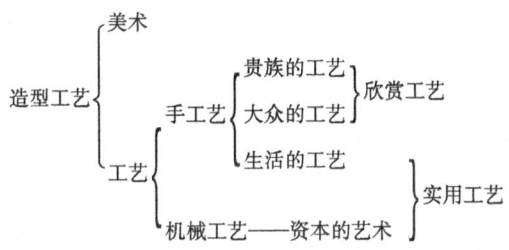

图3-1 柳宗悦对工艺的分类

资料来源:柳宗悦著. 工艺文化. 徐艺乙译. 中国轻工业出版社,1991.

而且,资本家的利欲是无休止的,所以甚至开始出现粗制滥造。但现实的情况是,"机械工艺"大行其道,许多富于美学价值的传统工艺却日渐萎缩,乃至消亡。由此可见,复兴传统工艺的路径不在简单恢复设计与生产一体化的方式,而必须在新的经济、技术条件下探索文化艺术与技术重新结合的新方式。

方李莉(1995)提出了"新工艺文化"的概念,所谓"新工艺文化",是指"人类从工业社会向信息社会迈进时所产生的建立在人类新科学技术发展和新价值观念及新生活方式上,包括手工艺、民间工艺、机械工艺、电脑工艺,以人类衣、食、住、行为主体的造物文化"。在笔者看来,"造物文化"真是一个精妙的词汇,造出来的是"物",造物的过程却饱含着文化因素。

---

① 路易·施伟泽曾先后任法国雷诺汽车公司的总裁和董事长,他是当代主流汽车企业高管中少有的系统评价同行产品的人。见路易·施伟泽. 我的雷诺岁月. 青岛出版社,2009.

方李莉认为:"在新工艺文化的概念中,科学与艺术不再是两个不相干的领域,科学的理论和艺术的创作有许多相似之处,二者都是用符号组成的系列活动,而工艺则是在这二者之间,将它们的理论和符号转化成具体的有用之物。因此,工艺是科学和艺术之间互通音信的媒介,现代工艺的领域将是现代科学和现代艺术完美结合的天地,电脑工艺的出现使这种结合变得更加的自由和方便。"

在工程技术领域,加拿大著名的软件开发顾问 Pete McBreen(2004)提出了一个颇为复古的概念——"软件工艺",希望以此来端正人们对于软件程序开发的认识。Pete McBreen 用 Craftsmanship 来表示工艺,他的核心思想是在绝大多数软件开发项目中(100人/年以下),完全可以充分发挥软件开发人员的异质性个人禀赋,用充满弹性的传统手工艺生产方式,力求"在人、机器和知识之间找到微妙的平衡",克服僵硬的工程技术开发体制可能带来的系统性风险,但"工艺学并不拒斥科学和工程学"。

《不列颠百科全书》(国际中文版)在区别艺术家(Artist)和艺匠(Artisan)时,强调"艺匠是指偏重实用目的的人"。但什么是"实用"呢?笔者认为,在商品经济中,消费者的"实用"意味着效用,生产者的"实用"意味着(潜在)利润。在工业社会几百年的发展史上,最实用同时也最能够给生产者带来利润的起初都是有形商品,但此后无形的服务也变得越来越"实用"。所以,在文化商业化和产业化日趋普遍的现代社会,如果多数受众把"文化接受"作为一种消费行为的话,那么可以说所有的文化产品和服务都是"实用"的。正是在这个意义上,区别艺术家和艺匠的意义已经不明显了。

如今,人们对工艺的看法开始由片面转向了全面。工艺的内涵,又有了新的、更进一步的深化和扩展。在工业社会的前期,手工艺制品作为生活用品,由于效力低、成本高,实用性降低,从市场上逐渐消失。但是,当现代人逐渐厌烦千篇一律的大规模复制品时,个性化的商品重新开始吸引消费者的眼球,以致呈现出一种手工艺复兴的趋势,不是历史的简单重复,而是一种革命性复归,这种复归可以分为两个层面:

第一个层面是传统手工产品作为半生活用品、半艺术品重新在市场上获得青睐，这个层面是莫里斯"工艺运动"和柳宗悦"民艺运动"所倡导的，但这一层面的工艺产品受技术条件和生产规模限制，一般来说不可能在一国经济占据很重要的分量。如果 Pete McBreen 的观点成立，或许在软件开发等特殊行业，传统手工艺的生产方式可以对国民经济有更大的贡献。

第二个层面正是本书讨论的重点——"新工艺"的兴起，随着计算机技术、数字技术、网络技术的发展，各种先进的生产手段和传播手段得到越来越广泛的运用，传统工业设计超越了"技术上先进、经济上合理"的局限，各类产品基于高科技而负载的文化艺术含量越来越多。

《商业周刊》联合美国工业设计师协会举办的年度工业设计大奖评比就是展示这些"新工艺"产品的一个平台，《商业周刊》对此的评价是，当人们在 20 世纪 90 年代谈起创新的时候，总会突出技术的重要性。然而今天人们谈论起创新时，则更多关注的是设计。在面对五花八门的选择不知如何是好时，消费者往往把设计当成新的区分标志。在无数的类似产品和服务中，设计是能使人"眼前一亮"的重要因素。面对激烈的全球竞争，管理者正开始借助设计创新来实现企业的健康发展，同时获取新收益并扩大利润。

在新技术和管理手段的支持下，派恩（1992，中文 2000）所描述的"大规模定制"在越来越多的生产部门得到实现，不过在第二个层面上，"工艺"从设计到完成主要是大团队生产，而非传统的个体劳动。但在一些最优生产规模比较小的行业，制作与设计甚至又开始有了一体化的整合趋势。

四、什么是"新工艺经济"？

（一）"新工艺经济"及相关概念

本书从经济模式和商业模式的角度来理解"新工艺"，提出"新工艺经济"

的概念，所谓"新工艺经济"，从宏观层面看，是指需要同时投入技术资源、文化资源与商业资源的商品产出占据国民经济总量较高比重的经济模式；从微观层面看，是指一种需要同时投入技术资源、文化资源与商业资源的企业营利模式或商业模式。

显然，"新工艺经济"是对工业经济的矫正。其实，自20世纪70年代初以来，中外学者对后工业经济时代的社会经济模式做了许多探索。根据吴季松（1998）的回顾，最早是前美国国家安全事务助理布热津斯基（Z. K. Brzezinski）在《两个时代之间——美国在电子技术时代的任务》中提出"电子技术时代"；1973年，美国社会学家丹尼尔·贝尔（Daniel Bell）提出以服务业为主的经济模式——"后工业社会"；1980年美国社会学家托夫勒（A. Toffler）在《第三次浪潮》中大力宣传"后工业经济"和"超工业社会"；1982年，美国经济学家和未来学家奈斯比特（J. Naisbitt）在《大趋势》中提出"信息经济"；1986年，英国学者福莱斯特在《高技术社会》中提出的"高技术经济"；1990年，联合国研究机构提出了"知识经济"的说法，明确了这种新型经济的性质；1992年，吴季松本人在联合国教科文组织的《国际社会科学》杂志（英、法、西班牙文版）第132期撰文提出由自然科学、技术和社会科学支配的经济——"智力经济"；1996年，经合组织（OECD）明确定义了"以知识为基础的经济"（Knowledge Based Economy），第一次提出了这种新型经济的指标体系和测度；1996年12月30日，美国《商业周刊》发表一组文章讨论"新经济"，指出一种新型经济已经形成；1997年2月，当时的美国总统克林顿重新使用了联合国研究机构1990年提出的知识经济（Knowledge Economy）概念①。

除了吴季松（1998）回顾的上述概念以外，还有本书提及的信息经济（波拉特）、第四产业、网络社会、非物质社会、精神经济（李向民，1999）等。此处再把与新工艺经济关系密切的几个概念研讨一下。

1. 信息经济

波拉特和奈斯比特两次使用了这个概念，但波拉特的"信息经济"中完全

---

① 正是在克林顿重提"知识经济"以后，其国内掀起了一波"知识经济热"。

忽略了知识生产活动中的文化内容创造。奈斯比特（1984）在《大趋势》中讨论信息经济已经论及技术和文化的关系问题，"我们必须学会平衡技术的物质奇迹和人性的精神需要"。但奈斯比特只是描述了一种现实的端倪和未来趋势，并没有正面提出技术和文化的融合问题。

2. 知识经济

无论是联合国有关机构的"知识经济"概念还是OECD组织的"以知识为基础的经济"，其中的知识最初都是指高科技知识，知识经济在生产中以高技术产业为支柱，高技术产业以高科技为其最重要的资源依托，所谓"高科技"是特指的，不是传统工业技术的简单创新。按联合国组织的分类主要有：信息科学技术、生命科学技术、新能源与可再生能源科学技术、新材料科学技术、空间科学技术、海洋科学技术、有益于环境的高新技术和管理科学（软科学）技术。

3. 精神经济

李向民（1999）把"精神经济"的特征归纳为产品泛精神化、生产个性化、精神资本主体化、经济虚拟化、经营分散化和名声主义。在此后的研究中，他又指出，精神产品的精神内容是产品中凝结的思想、情感和技巧，包括哲学、宗教；文艺作品、社会科学理论；自然科学理论和技术成果四类。物质形式是产品中能够被人们的感官所直接感知的、精神内容所赖以附着在其上的外在物质载体和信号系统。虽然他认为精神内容要转变为产品就必须与一定的物质载体结合，没有进一步突出技术—文化同时作为不可或缺的资源投入生产的现代属性。

(二)"新工艺经济"的表现

"新工艺经济"概念中提到"需要同时投入技术资源与文化资源的商品"，那么什么是"需要同时投入技术资源与文化资源的商品"呢？传统工艺品就是一种典型的需要同时投入艺术资源与技术资源的商品，从文化发展的角度看，也是文化艺术产业化的最初形式之一。

柳宗悦（1991）认为，美术是个人主义时代的产品，少数天才人物从事这个职业，美的意识是构成作品的一大要素，其创作的成果（特别是天才的杰作）

只能满足少数社会上层人士的需求。但这只是社会发展的一个阶段，一般民众对美也有着诉求，"担负着美术无法满足的美之需要的，难道不是工艺吗？美术文化必须向工艺文化转化，这是历史的使命……只有在工艺性的作品普及后，美的价值才能找到归宿"。这说明工艺文化正有一种让精英文化大众化的功能，而这是传统的文化产业研究所忽略的。

但也不得不承认，传统工艺品主要功能是生活用品，由于重视实用性，文化创意的动力本身是比较有限的，而且绝大多数从事工艺品设计和生产的人往往是知识层次较低的普通劳动者，无论在文艺修养的培养方面还是在对现代科学技术的摄取方面都没有跟上时代的步伐，这使得传统工艺部门很难成为现代工业经济中的主导产业部门，也很难直接跃升为一种以提供新创意、新产品为主要目标的产业。

"新工艺经济"模式下，一些无法进行现代化改造的传统工艺部门得以保留，其他的工艺部门则或者在技术运用方面，或者在艺术品位方面，或者在二者的结合方面全面超越了传统方式。此外，过去不属于工艺产品的一般消费品越来越多地具备了文化色彩，而文化产品也越来越多地采纳了新的技术成果。以上这些产品共同构成了"新工艺产品"，并且已经在国民经济总产出中占据了较大的比重，昭示着一种全新的经济模式正在成为现实。

建立在现代科学技术基础上的现代文化创意产业的兴起，在一定程度上成为"新工艺经济"的先声。文化产品的核心价值是其产品所具有的精神内涵，即内容。形式各异、内涵多样的文化产品因其内容而有价值。创意是文化内容生产过程的核心要素，但这并不否认自然科学技术对文化创意活动的支持和贡献，因为现代信息技术在内容产品生产、传播和消费上的应用，极大地提高了创意活动的生产能力。现在国内著作讲到文化产业内的工艺，主要是报纸编排、影音制作、胶片洗印等偏重技术性的工作，但这种工艺显然还不完全是本书所定义的"新工艺"。因为"新工艺"条件下，技术对文化创意活动不仅发挥着支持作用，而且越来越嵌入其中，融为一体，难分彼此。

在文化创意产业中，传媒产业是最早具备"新工艺"特征的，麦克卢汉（2000）在《理解媒介》一书中"媒介即信息"的论断便是明证，虽然有失偏颇，但也从一个侧面说明了新技术对其承载的内容有多么大的影响。

(三)"新工艺经济"的主要特征

在技术与艺术重新结合的时期发展了一段时间后，一个技术与艺术的全面结合与"新工艺经济"到来了，表现为以下几个特征：

1. 文化生产与社会尖端核心技术的结合

文化创意产业中利用最多的数字技术是当代世界最为核心的技术领域，皮克斯动画工作室（Pixar）的目标就是融合专利技术和世界水准的创意天才创作出适合所有年龄阶段的温暖人心、魅力长久的电脑动画电影。而且文化与技术的一体化程度得以不断提升，文化产品对技术的依赖程度空前提高，越来越多的文化产品无法脱离技术载体（包括生产技术载体和消费技术载体）而独立存在。新技术还使得提供个性化产品和服务成为可能，这种"个性化"本身就反映了现代社会消费文化的新特征。

现代文化创意企业是建立在数字化技术基础之上的，数字化使得各类传输技术的全面融合成为可能。回顾文化产业发展的历史，是一个受众不断扩大、信息传输形式不断多样化以及传输内容不断丰富的过程。在受众不断扩大、需求不断多样的压力下，文化企业争相谋求传输方式与传输渠道的技术变革。直到计算机和光纤电缆的问世，这一问题才得到了根本解决。

此前，信息传输系统都是"模拟式"的，而计算机对信息的处理方式是"数字化"的。数字技术具有高精确度的特性和扩增、压缩性能，这是传统模拟技术无法比拟的，极大地提高了信息传输能力。光纤电缆作为全新的信息传输通道，在技术上引发的变革更为明显，因为光纤传输距离更远，信号质量不会降低，而且容量极大地增加了，可以毫无困难地同时传输文字、语音、图像等各种形式的信息，使得多种原有传媒形式在一种通道中"汇流"。

帕夫利克（2005）建立了一个从四个角度研究新媒体技术对传媒产业的影响机制，即技术变革如何影响传播从业人员的工作方式？新技术如何影响传播产品和内容的自然属性？技术变革如何影响传播产业的结构？新媒体技术如何影响媒介受众和社会的自然属性？帕克利克还系统归纳了这些新技术的系谱（见表3-1）。

表3-1 新媒体技术的系谱

新媒体技术大类	具体技术种类
1. 采集和生产技术	电子摄影
	数字/电子摄影
	数字水印
	电子新闻采集
	卫星新闻采集
	便携式摄像机和数字便携式摄像机
	全角成像技术
	光电扫描仪
	遥感技术（覆盖全球的遥感卫星图像）
	声音识别和语音合成
2. 处理技术	计算机（电子信息处理技术的基础）
	便携式计算机
	掌上电脑（PDA）
	网络计算机
	数字暗室
	桌面视频
3. 传输技术	①空中传输
	卫星：包括C波段和Ku波段卫星、移动卫星、国际海事卫星（专业级）、直播卫星（DBS）等
	蜂窝式通信
	广播电视
	电磁波频谱
	②全交换通信网络
	铜双绞线
	高级智能网络（AIN）
	非对称数字用户环线（ADSL）
	异步传输模式（ATM）

续表

新媒体技术大类	具体技术种类
3. 传输技术	综合业务数据网（ISDN） 光缆（Cable） 高速数据（HSD） 局域网（LAN） 广域网（LAN） 调制解调器 ③有线电视网络 （有效利用单向系统或者文件服务器的同轴电缆或者光纤有线网络） 同轴电缆 有线调制解调器 多通道多点分布式服务（MMDS） 数字广播（DAR） ④电力线
4. 存储技术	光盘驱动器（CD-ROM） 数字化视频光盘（DVD） 激光卡 交互光盘（CD-I，主要用来存储快速游戏软件） 数据库 数字录音带（DAT） 影碟和激光影碟 录像机（VCR）
5. 播放显示技术	个人数字设备（PDA） 高清晰电视（HDTV） 全息摄影术 交互电视（ITV） 全方位服务网络（FSN） 可视电话

表 3-1 中的技术截至 1998 年，许多已经不能反映最新的技术进展，前文提到的音乐产品生产处理领域的 MP3 技术、数字文化产品传播方面的 P2P、网络下载方面的 Bit 技术等都是更新的媒体技术，此外随着移动通信网络越来越多地进入文化传播领域，文化产业的数字化程度进一步提高。一般来说，表 3-1 中的传输技术、存储技术、播放技术不直接影响文化产品和服务的内容，本书把这类技术定义为文化创意产业中的"支持性技术"；而采集、生产、处理技术则直接参与各类文化产品的生产过程，本书把这类技术定义为"嵌入性技术"。技术进步对文化创意产业的支持越来越多，嵌入越来越深，下文将分别予以归纳和说明。

数字技术和移动通信技术已经成为文化创意产业中最有发展前景的新技术。数字技术对文化创意产业起到了有效整合作用，通讯与广播的整合、有线与无线的整合、各种内容提供商之间的整合，使得文化生产和流通平台更加具有包容性。随着第三代移动通信技术（3G）和各类过渡的所谓 2.5G 服务的普及，以移动通信技术为基础，消费者可以随时随地享受多种多样的内容，除原有的手机铃声、短信、彩信、手机音乐、移动卡通形象、移动游戏、移动漫画等简单服务外，还可以享受到移动电影、移动动画、移动广播等高品质文化内容。

与文化生产相关的不仅是技术水平，还有技术标准。如在 20 世纪 80 年代，日本任天堂公司（Nintendo）以不到 IBM 公司同类产品 5% 的价格推销游戏机，扩大客户基础，吸引游戏开发商按照任天堂游戏机的标准生产游戏卡，并进而控制绝对优势的市场份额（Kretschmer et al., 1999）。从此，凭借技术标准的竞争来强占文化产品市场的策略被广泛效仿，如今游戏主机生产商们不仅在自主开发游戏，同时还向每个独立游戏开发商收取授权费。

又如在视频播放技术方面，Blue ray 和 HD DVD 两大阵营进行了旷日持久的标准竞争：前者的领军企业是索尼公司、飞利浦公司和松下公司，集合了日立公司、先锋公司、夏普公司、三星公司、汤姆逊公司、LG 公司、苹果公司、戴尔公司、惠普公司等硬件企业，哥伦比亚公司、米高梅公司、福克斯公司、迪士尼公司等内容提供商；后者的领军企业是东芝公司，集合了 NEC、三洋公司、微软公司、英特尔公司等硬件企业,华纳兄弟、派拉蒙、梦工厂等内容提供商,甚至还获得了沃尔玛、百思买的渠道支持。直到 2008 年,东芝公司宣布推出 DVD 技术研发,这场技术标准之争才以 Blue ray 阵营的胜出结束。然而此时,移动播放终端的兴起已经开始侵蚀传统的视频播放市场,新的技术标准之争又在酝酿。

2. 新工艺经济虽仍然存在劳动力的明确分工,但同时也要求劳动者具备不同程度整合文化与技术禀赋的能力或意识

如 Christopherson 把包括数字设计者、网页设计者和娱乐产品生产者等职业在内的新媒体工作者("New media"Workers)的工作属性界定为融合技术和表现力。中国的作家们在 20 世纪 90 年代中期以前,还有过一场要不要用电脑写作的争论,而现在这已经不成为问题了,如今许多作家领风气之先"经营"着自己的博客。另一个例子来自设计领域,《新媒体技术》记载:一位图形设计界的权威先锋派活版印刷艺术家直到 1988 年还坚持亲手绘制每个版面,但他终于克服了"技术恐惧症",并越来越为计算机的潜力而着迷,他的感受是"人们把计算机想成是大脑的复制品,但我的苹果计算机更像一支萨克斯……掌握了整个技术,就可以即兴发挥……这种感觉就好比是在一块永远不会干的画布上作画"。这些生动的例证都说明,在 18 世纪、19 世纪期间存在的文化人抵制技术进步的思想倾向在现代社会已经越来越不明显了。

虽然传播复制技术对文化产业,特别是其中的传媒企业影响深远,但文化产业的技术并非只有传播复制技术,还包括生产技术等,特别在进入内容产业和创意产业阶段后,此时的文化内容已经与技术融为一体。由美国电影艺术与科学学会评比的美国奥斯卡奖是全球最有影响的商业电影评奖,从表 3-2 中列举的奥斯卡奖项的设置就可以看出,纯技术类、融技术与艺术于一体的工艺类奖项已经占据半壁江山。而且这一趋势还在进一步发展,好莱坞的企业们不仅努力改善自身的生产工艺,还一直在不断地从外部引入新的技术成果,并把新技术和电影及其衍生产品的制作相结合,越来越多的高科技企业开始与好莱坞的文化企业合作,这种现象被业内人士评价为"好莱坞和硅谷共度蜜月"。

表3-2 美国奥斯卡奖项一览表

大类	具体奖项
综合类	最佳影片奖
	最佳动画电影奖
	最佳外语片奖
	最佳短片奖（分真人短片与动画短片两项）
	最佳纪录片奖（分长片、短片与其他等项）
纯艺术类	最佳表演奖（分男、女主角，男、女配角与其他等项）
	最佳导演奖
	最佳艺术指导成就奖
	最佳剧本奖（分剧本改编和原创剧本两项）
	最佳音乐奖（分原创作曲和原创歌曲两项）
工艺类	最佳摄影奖
	最佳音效奖（分声音剪辑与声音混成两项）
	最佳美工奖
	最佳视觉效果奖
	最佳图像奖
	最佳服装设计奖
	最佳电影剪辑奖
	最佳化妆奖
纯技术类	科技成果奖
	分为学会特别成就奖（一等）、科学与工程奖（二等）、技术成就奖（三等）等综合奖和Gordon E. Sawyer 奖、Bonner 奖牌和单项奖等
荣誉类	荣誉奖（Honorary Award）
	欧文·撒尔伯格纪念奖（Irving Thalberg Memorial Award）
	琼·赫肖尔特人道主义奖（Jean Hersholt Humanitarian Award）

注：纯技术奖单独授奖，且以上奖项并非每届全部设奖。
资料来源：美国电影艺术与科学学会官方网站（www.oscars.org）。

3. 文化在被技术和商业改造的同时，反过来改造技术和商业

柳宗悦（1991）对作为资本的艺术的机械工艺是持否定态度的，因为重实用，也即工艺品的"物理功用"，因此也就不可避免地强调了工艺的实用性、反复性、低廉性、程式性等特征。所以，他坚持复兴传统的"日本民艺"，"迄今为止，作为最健全的工艺，而又对文化有所贡献的，就是这种生活的工艺……生活的实用工艺就是最正宗的工艺，只有这样的工艺才是使命的工艺"。但他没有预见到，在社会生产和消费发展到一个新的时期后，即便是出于商业目的，也会产生对创造性和美感的追求，新工艺经济条件下的各类产品不仅在生产成本、使用价值等方面超越了传统工艺品，有时在成长性和美感方面也超越了传统的工艺品。

在产业革命时期，许多企业家直接参与了设计和工艺创新，工业革命前期英国著名的陶器企业主杰西·韦奇伍德（Josiah Wedgwood）就是其中的杰出代表，他本人基于当时的新技术，做了多项设计创新，如绿釉、奶油色制品、碧玉和黑岩。根据弗里曼和苏特（2004）在《工业创新经济学》中的描述，"他和下属的艺术家一道用黏土生产容器、瓷板、花瓶的胚料，上面在画上精致的图案，用白色糊状物做成浮雕，这时胚料仍是软的，再经焙烧定型……他的技术天赋也发展到用上釉陶器仿制生产大理石、海生贝壳和各种瓷器制品。"但这种情况已经不是普遍现象，只是在特定的行业中存在，而且随着生产规模的扩大和专职管理层的出现，企业家与创意者的分野越来越明显。

如理查德·弗罗里达提出了创意阶层的概念，与创意阶层对应的是"非创意阶层"，后者负责执行创意人所发展出来的创意和计划。创意主体的分化本质上是劳动分工的体现，亚当·斯密在《国富论》中提到，在（手工）制造业内开展分工要比在传统农业内部开展分工要更加可行，分工给前者带来的效率也远胜于后者。可见不同产业内的分工组织方式是不同的，文化创意产业既不同于工业，也不同于农业。

第四章　文化企业家的行为导向与个体决策

榕树下网站网友 Doumai 提问：

你能解释一下你做《读库》的三不原则——"不计成本、不惜篇幅、不留遗憾"吗？比如你是如何不计成本的，真的不计成本吗？你不是一开始就将自己定位为商人的吗？而不计成本难道不是商人的大忌吗？

出版商张立宪回答：

今天的场合和时间不适合做这样深入地探讨。我想说一点：不计成本才能更好地实现商业。

——http：//www.rongshuxia.com/group/thread？thread_id=713

本书研究的中心在于文化企业家的本质特征和基本功能，企业家个人行为对创新和创意行为的影响是全方位的，既有微观层面的个体决策，更主要的还是对企业战略方向的把握和引导。战略导向是管理学文献研究创新活动的重要视角，文献将纷繁复杂的创新活动归入若干种基本战略导向：市场导向（Market Orientation）、创业导向（Entrepreneurial Orientation）和技术导向（Technology Orientation）等。因此从战略导向的视角来界定文化企业家的个人行为是一个合理选择。

一、文化企业家的行为导向

(一) 文化企业家的市场导向

市场导向主要来自营销学文献,最有代表性的观点是:Kohli 和 Jaworski (1990) 认为市场导向是一系列行为,获得与顾客当前需求和未来需求相关的市场信息,将这些信息在组织各部门之间进行交流和传播,并对市场信息做出及时反应。

Slater 和 Narver (1994) 认为市场导向是一种组织文化,重视顾客、竞争对手和跨部门协作,高效地为顾客创造价值,实现长期盈利。虽然以上两个定义的侧重不完全相同,但有关市场导向的构成要素却是基本一致的,最重要的是顾客、竞争对手和企业内部协作。不管基于哪一种倾向,市场导向的产品开发都是一种针对顾客需求和竞争者行为的反应式行为,容易从环境中找到驱动或依据。即便在市场导向的组织中,企业家个人的影响仍然是一个重要因素 (Kohli & Jaworski, 1990)。

总的来说,市场导向是一种反应式或应激式的行为导向,市场导向要求企业家对顾客的需求、竞争对手的行为随时做出最快的反应,跨部门协作只是为了让这种意识和行为能够更好地在企业组织内部贯彻而已。

(二) 文化企业家的创业导向

从英文词源看,创业导向基于内隐的企业家精神。Miller (1983) 最早提出了创业导向的三个维度:创新性 (Innovativeness)、冒险性 (Risk - taking)、先动性 (Proactiveness)。Covin 和 Slevin (1989) 将创业导向定义为企业为了有目的地建立组织目标、保持企业愿景以及创造企业竞争优势等,而进行的具有创新性、冒险性和自主性的战略决策观念与模式。

对于创业导向的研究，一度重视企业家个人的影响，Miller 和 Friesen（1982）提出过去对企业家导向的相关研究主要强调了企业家角色，强调企业创办人的创新性、风险承担与企图等特质。Covin 和 Slevin（1988）则验证了管理者的企业家导向与绩效间的影响关系，他们在调查中发现，在有机结构组织中，高层管理者的企业家精神对绩效有正向影响，但在机械结构组织中则有负向影响，但重心逐渐向组织倾斜，Miller（1983）将创业的研究焦点从个人创业者转移到公司，Lumpkin 和 Dess（1996）等将创业导向的概念延伸至组织层次方面，并新发展了创业导向的两个维度：自主性（Autonomy）和侵略性（Competitive Aggressiveness），这一发展也得到了学界的认同。

1. 创新性表现在新理念的产生、研发活动的活跃以及新产品的推出

文化企业家的创新既包括市场创新，也包括技术创新，更重要的是产生新的理念，如制片人张伟平率先在中国市场做国产商业大片、出版人张立宪在市场普遍不看好纸质书的背景下推出精品 MOOK、皮耶希在大众汽车集团建立和推广的平台生产思想、希瑞尔在起亚汽车力推的家族化设计等，反映了企业家追求新机会的重要倾向。这些创新或者催生了新的产品价值，使企业在产业内独树一帜，并因为差异化而取得有利的产品价格，或者降低了运营成本，提高了生产效率。更多的创新则兼顾了低成本和差异化，如平台生产和家族化设计，增强了企业的整体盈利能力。

2. 冒险性表现为企业家敢于面对风险和不确定性，愿意为不确定的事业投入资源

凯夫斯（2004）强调了文化产品需求具有更大的不确定性，Kretschmer 与 Michael（1999）则把产品的质量高度不确定性作为文化产业的四大特征之一，Long Lingo 和 O'Mahony（2010）则提出了文化生产过程的不明确性特征（Ambiguity），即产品质量优劣的标准、谁来掌控生产过程、具体创意如何实施等都缺乏明确的规范。以上观点都说明文化企业家要比其他人面对更多的风险和不确定性，如果没有一种爱拼才会赢（Tried-And-true）的冒险精神，就无法承担现

代文化生产对企业家的基本要求。Davenport（2006）发现，英国的电影制片人规避风险，既没有意愿也没有能力成为真正的文化企业家，这直接阻碍了该行业的绩效提升，而较低的绩效又会进一步遏制他们的冒险精神。

3. 先动性指企业家预期到未来可能的机会或威胁从而率先采取行动的倾向

先动性覆盖的行为很多，既包括率先进入新市场、引进新技术、推出新产品或服务、尝试新的商业模式，也包括及时退出夕阳产业或市场、抛弃落后技术、剔除过剩产能、放弃不可能把握的机会等。在文化产业发展史上，一切成功的企业，其领导人都表现出不同程度的前瞻性，正如里斯和特劳特在《定位》中所强调的，人们永远只记住第一名是谁，第二名成功的机会大打折扣。

4. 自主性指个人或团队基于某一判断或愿景采取独立行动并实现目标的行为

自主性代表了追求机会时，其自我导向和意志力的强度。即使受到资源条件、竞争者或组织内部因素的限制，也能独立地、不受拘束地行动并做出决策。文化企业家们可能在个人品性、职业经历、所处行业、经营理念等方面都表现出不同的特质，但在相信自己的判断、敢于直面问题、采取独立行动、不达目标不罢休等体现自主性的方面，往往表现出惊人的一致性。Miller（1983）发现，越是创业导向的企业，其领导者越表现出强烈的自主性，自主性强的企业家往往会主导形成一种由上往下的管理模式（Command Mode）。

5. 侵略性指企业家为了成功地进入市场或改变目前的市场地位，而积极勇敢地与竞争对手抗争并战胜对手（Undo-the-competitors）的行为倾向

大多数文化企业家都表现出显著的侵略性，一方面对自己和下属要求严格乃至苛刻，自视甚高；另一方面对竞争对手做到了"在战略上蔑视，在战术重视"，密切关注他们的行为，随时发起攻击，这种侵略性不完全是"兵来将挡、水来土掩"的应对性行为，而是来自企业家的好胜心，是一种强烈的内在驱动。

现有文献对创业导向的研究从侧重个人到侧重组织，并非是对个人因素的忽视，而是对企业家的理解拓宽了。如萨思（中文 2008）以是否负有盈亏责任为标准，将"公司企业家精神"的主体向下延伸至大公司事业部副总经理以下，

在更大的范围内，萨思还是强调这些内部企业家（Intrapreneur）的人性动力学（个性、经历与人际关系）对产品创新的影响。所以，创业导向是文化企业家行为的主要内驱力。

（三）文化企业家的技术导向

技术导向是企业竭力研发新技术并在新产品中充分运用领先技术的一种战略导向（Gatignon & Xuereb，1997）。技术导向在文献中的地位不及市场导向和创业导向，只不过大多数行业的创新都离不开新技术的支持，因为它也成为不可或缺的战略导向之一，根据创新者的特点和研究需要，技术导向有时和市场导向的关系密切，有时则被融入创业导向。随着新技术对文化创意产业的支持和嵌入越来越多，在许多文化产业部门，硬件技术与标准竞争已经成为文化产品和服务竞争的先决条件。

套用熊彼特（中文1999）的比喻，一个文化创意企业、一种文化创意产品或服务是否充分运用最新的生产传播技术在很大程度上决定了它们在是"炮轰"还是"徒手攻击"①。为了达到"炮轰"的效果，传统文化创意企业努力吸纳高端技术，一些过去与文化生产无甚关联的高科技企业觊觎文化产业的利润，也参与了市场争夺。

技术不仅会影响文化生产的生产率，还会改变文化产业的生产方式，派恩（2000）在对过程技术发展及其导致的产品大规模定制的可能性的研究中，多处讨论文化产业中的例子。近年来，关于技术与文化产业发展的研究有一个新热点，即所谓的"技术融合"。信息通讯业与广播电视业、出版业的融合，是对"技术融合"感兴趣的学者最为关心的问题之一，这方面的代表性研究包括：Stempel 等（2000）研究了20世纪90年代互联网普及对媒体使用的影响；Dimmick 等（2004）研究了互联网传媒与传统传媒的竞争问题；McCabe（2002）研究了技术进步条件下杂志的定价与兼并问题等；Shaver 等（2003）研究了数字技

---

① 熊彼特认为有创新的竞争才是有价值的竞争，比无创新的竞争"有大得多的效率"，二者之间"有如炮轰和徒手攻击的比较"。见熊彼特著. 资本主义、社会主义与民主. 商务印书馆，1999.

术对图书出版业的影响；Bates（2004）比较了美国和欧洲对于互联网技术下音乐共享及其产权保护方面的差异。

但技术进步对文化生产的影响是有边界的，最典型的一个现象就是"成本弊病"问题。这一现象最初由 Baumol 和 Bowen（1966）提出，似乎与技术促进文化艺术发展的规律相悖，他们发现，艺术活动成本的（累积）上升几乎普遍地快于一般价格上升指数，也即由人来演出的表演成本增长率总是高于一般制成品的增长率，这种"成本弊病"即使在新技术不断发展的情况下也不能避免。为了说明这一问题，Baumol 和 Bowen 以电影电视为例，把相关技术分为两个层面：一是包括准备素材和在摄像机前的现场表演；二是播放或摄制。第二个层面的成本可能随技术进步而降低，但前者是不受技术影响的，而且随着新技术越来越稳定，第一类成本在总成本中也越来越居于支配地位，所以还是会出现成本不断攀升的弊病①。

"成本弊病"一经提出遭到许多学者的质疑，但只有在进入20世纪90年代以后，随着新技术对文化产业的渗透日渐深入，一些研究才开始真正否定这一观点。Colonna、Kearns 和 Anderson（1993）通过电子音乐的例子说明，如果说成本弊病使得一些形式的文化创意产品和服务越来越贵，无论消费者还是生产者都会努力寻找那些更能够从技术进步中获益的产品和服务来消费或生产，使得文化艺术的类型结构发生变化，因此成本弊病在整个文化创意产业中就不会成为普遍现象了。

考恩（2005）也驳斥了"成本弊病"，"我们的娱乐和休闲产业形成的生产率方面的进步足以使许多电脑公司或工程公司相形见绌。"凯夫斯（2004）认为有两种机制使得"成本弊病"会随着技术进步而消减，仅存在于少数现场表演艺术：从消费的角度看，新技术的发展会使成本低廉的替代产品和服务不断出现并获得大多数消费者的青睐；从供给的角度看，创作人员发现在提供创意产品时如果能够与新技术结合便可以赢得更高的收益，他们会自愿放弃那些不易从技术进步中获益的生产或表演方式。

---

① 本书关于"成本弊病"的描述参考了《新帕尔格雷夫经济学大辞典》"表演艺术"词条。

同样是做动画电影，美国公司追逐最新的制图技术，而日本的吉卜力则始终坚持传统的手绘模式（一些基础绘画会外包出去），二者都出品了优质的作品。所以，无论在文化产业化还是产业文化化的情境下，技术导向都给了文化企业家们许多选项，一个偏爱新技术、积极适用新技术的文化企业家可能取得成功，一个对技术保持理性态度的企业家也可能取得成功，甚至一个对新技术采取保守态度的企业家都可能取得成功，这正反映了文化创意与技术创新的差别。

（四）文化企业家的文化导向

可以说市场导向、创业导向和技术导向基本上描述了一个企业家创业与经营行为的绝大多数倾向。但文化企业家是一类特殊的企业家，他们既具有普通企业家的普遍特征，也表现出一定的特异性。如此前的案例分析所示，文化企业家对所从事的事业都有着超出具体产品、利润乃至企业的追求，这是一种饱含感情的内在驱动，本书将这种驱动称为文化导向，文化导向可以分为相互关联的四个方面。

1. 完美主义

文化企业家的一切行为主要基于内在驱动，这种内在驱动是非常明确的，即对文化价值的自发追求。在文化产业化的部门中，这种自发追求的主要目标是内容创新，在产业文化化的部门中，这种自发追求的主要目标是内嵌于非内容产品上的文化价值。熊彼特在《经济发展理论》中讨论过企业中技术人员和商业人员（而企业的所有者和经营者归根结底都是商业人员）的冲突，工程师的"技术理想"是"臻于完善"，但这种强烈的自我激励往往被商业领导人的经济理性所修正，因为"在技术上低劣的方法可能仍然最适合于给定的经济条件"（熊彼特，1990）。

显然，文化企业家不是一般的商业人员，他们会有专业人士一般的理想和价值观。正如凯夫斯描述创意者会自觉关心创意产品质量一样，文化企业家也会发自内心地关注文化内容，或者对非内容产品的文化价值极为关注，即便身居高位，仍然一如既往地保持这种关注，希望把自己关注的东西做到最好，而不是那种充满经济理性的克制，仅仅追求低成本、高产出。正如本章导言中出版家张立宪的表态，完美主义并不与商业目标完全矛盾。又如香港电影业中素以出品商业片、武侠片著称的邵氏影业,每部电影结束时,都会打出"邵氏出品,必属佳片"的标语,这也是完美主义的表现。

完美主义部分地来自满足消费者的需要或应对竞争对手的需要,但更多的是一种企业家的内在驱动。消费者对于文化产品的质量要求并非一蹴而就的,如在20世纪50~70年代,加拿大的禾林出版社(Hallequin)以出版专供家庭妇女阅读的言情小说著称,该公司支撑小说销路的创意和编辑路线都非常僵化,但却取得了20年销售1.5亿册的骄人业绩,只是因为家庭妇女的文化需求很容易满足。① 但随着文化市场竞争的日益激化,消费者对产品品质的要求越来越高,此时完美主义成为文化企业家的必要属性。

2. 情感投入

未来学家奈斯比特(1984)曾大胆预测,"高技术和深厚感情是我用来描述我们是怎样对技术作出反应的一个公式:事情是这样的,每当社会采用新技术,就必须有人的平衡的反应——那就是深厚感情——不然的话,这种新技术会受排斥。高技术越多,深厚感情越深。"根据奈斯比特的观点,"高技术"和"深厚感情"将成为经济发展和社会进步过程中高度互补的一对现象,这一现象的主要推手就是文化企业家。文化产业化中的产品和服务本身就以饱含情感的内容为核心,产业文化化中被赋予文化内涵的非文化产品和服务也要靠诉诸消费者的情感来实现其差异化。作为"高情感"的生产者和提供者,文化企业家必须对他所从事工作的各方面投入足够的情感,投入对象可以是产品和服务,也可以是同事和伙伴,或者顾客和供应商。

当一位资深畅销书编辑被问及"什么样的新作家的新书稿会吸引你?",他回答:"心声。作家如果有强烈的信息、声音,即使是讲述一个人尽皆知的老故事,还是能够吸引我,因为他写作的声音甜美、新鲜、原创,让我觉得仿佛第一次读到这个故事。"② 由此可见,情感投入不仅适用于直接的创意人员,也适用于文化产业中的把关人们。

---

① 克兰著. 文化生产. 赵国新译. 译林出版社, 2001.
② 布莱恩·希尔和迪依·鲍尔. 打造畅销书. 中国人民大学出版社, 2006.

导致并助长极致情感投入的因素很多,包括了文化企业家的家庭背景、少年梦想、教育与职业经历、特定人物与事件的影响等。文化企业家的情感投入在程度上也往往是极致的,如上面的完美主义。素有完美主义倾向的斯蒂夫·乔布斯在回忆年青时代时反复提起一件事,他从里德学院退学后旁听了该校的书法课,在这门课上,"我学到了衬线字体和无衬线字体,怎样在不同的字母组合间调整其间距,以及怎样做出完美的版面设计。这其中所蕴涵的美、历史意味和艺术精妙之处是科学无法捕捉的,这让我陶醉"①。正是因为全身心的投入,这段经历对于此后乔布斯的产品设计产生了重要的影响,他主导推出的产品总是做到了科技与完美设计、外观、手感、精致、人性化甚至是浪漫结合在一起。

3. 特立独行

文化价值的多义性、多元化使得文化企业家可以在自己偏好的方向上去追求完美主义,故而表现出较显著的特立独行倾向。市场的不确定性、生产过程的不明确性(Long Lingo & O'Mahony, 2010)都为文化企业家的特立独行创造了空间。文化企业家对完美和创新的追求超越了单纯的利润,一方面,他们执着于自己的理念,不会趋之若鹜地跟随潮流,面对同行竞争时更有十足的侵略性;另一方面,他们虽然希望得到市场的认可,但也不会去一味响应、迎合、迁就市场和消费者,甚至经常站在流俗的对立面。他们普遍表现出特立独行的特征,但这不是刻意为之,而是反映了文化企业家超常的自信心和承压力。

特立独行首先是一个绝对的标准,以导演兼制片人斯蒂夫·斯皮尔伯格为例,斯皮尔伯格主要以大制作商业片著称,但他内心深处始终秉承独立的艺术标准。他导演的《夺宝奇兵》取得了很好的商业绩效,但他本人很不满意,"我当导演,是想在电影中讲述人的故事,讲述人与人之间的关系,可是在拍《夺宝奇兵》的时候,我感觉我与我的初衷背离了"②;《大白鲨》是斯皮尔伯格非常心仪的选题,但美国人都很熟悉麦尔维尔的经典小说《白鲸》,他非常担心自己的电影落入俗套,因此反复修改剧本,避免电影成为《白鲸》的翻版。以上都是一

---

① 沃尔特·爱萨克森著. 史蒂夫·乔布斯传. 中信出版社, 2011.
② 詹姆斯·罗伯特·帕里什. 斯蒂夫·斯皮尔伯格. 浙江人民出版社, 2007.

个文化企业家绝对的特立独行精神的表现。

与此同时，特立独行的标准也有相对性，说一个企业家是否特立独行必须有参照、有比较。以汽车产业为例，福特历经曲折成功开发出T型车，这款产品及其背后的单一产品大规模复制生产与当时的同行相比，是一种特立独行，这也是T型车能够畅销二十年的主要原因。此后，斯隆带领通用汽车在几乎不可能的情况下赶超了福特汽车，凭借的是另一种特立独行，即斯隆判定随着居民收入水平提升，汽车市场将进入大众化、多样化的时代，这一理念是同期的福特等企业家都不具备的。通用汽车为此做了充分的准备，并在与福特的长年竞争中胜多败少。

4. 包容性

文化价值的多义性、多元化又要求文化企业家能够包容不同的偏好，这是当代文化生产协作性、整合性的必然要求。特立独行是文化企业家的本色表现，但这远不足以支持他们的事业取得成功，真正优秀的文化企业家还应该有包容性，这具体表现为极强的自我纠偏乃至自我否定的能力。无论完美主义还是特立独行，只是保证文化企业家们能够真正融入文化产业化和产业文化化，为了能够驾驭这两个过程，他们还必须能够从中走出来，认清自身不足、争取团队支持、广泛整合资源，实现艺术与商业的双重目标。特别的，在绝大多数情境下，文化企业家都要处理好他们和主要创意参与者艺术家以及那些纯粹追求经济回报的人之间的关系。

文化企业家和纯粹逐利者的主要区别就在于他们怀有完美主义和强烈的情感，这是一种界限相对清晰的区别。文化企业家和艺术家的最大区别在于他们更能够容忍自己不喜欢的东西，因为企业家们同时还要面对市场，他们不可能完全迁就自己的个人好恶。

文化企业家的包容性导向直接影响到他们的市场创新行为，这种创新被称作基于类型（Genre）的创新。类型是文化产业各部门普遍存在的一种范式，比如出版业会把文学图书分为科幻小说、推理小说、惊悚小说、爱情小说等，然后每一类下可以进一步细分，当然各类之间有时也允许适度跨界。类型的功能是帮助潜在的消费者形成合理预期，对于大众文化产品，绝大多数消费者都是习惯性接受，很少会有深思熟虑。因此，虽说消费者喜欢新鲜的体验，但一个作品如果真的彻头彻尾地创新，消费者反而会无所适从。

套用中国的古语，基于类型的创新本质上是"守正出奇"，这是纯粹艺术家不能容忍的约束，但文化企业家为了市场目标则必须坚守这个原则。具体来说，就是形成 Hsu（2006）所说的一致性（Consensus）。正如麦特白总结的，"一部好莱坞电影是一次常规零件的集合体，而它的个性来源于这些标准化元素的独特组合方式。作为一种生产方式，集合依赖于这些元素之间的可交换性，而行家的快乐在于他在集合美学中发现一种强烈的互文感：电影的传承性和相似性来自风格相同的审美对象"①。反之，如果缺乏一致性，就会导致"十八般武艺样样稀松"（Jacks of All Trades and Masters of None），Hsu 对 2000～2003 年的 949 部美国电影的研究发现，跨类型电影虽然在面上可以赚取更多的眼球，但却让潜在的观众难以把握，故缺乏真正的吸引力。

在文化企业家和纯艺术家合作的情况下，艺术家往往倾向于"出奇"，文化企业家则要在坚持"守正"的前提下包容新奇的创意。剧作家芦苇特别比较过陈凯歌的《无极》和郭敬明的《小时代》，前者虽然倾注了大量心力，但"没有类型意识，相当混乱，他自己说是魔幻武侠，实际上没有武侠，只有莫名其妙的魔幻。武侠永远都讲路见不平、拔刀相助、维护正义、维护公理，这是武侠精神，在《无极》里面有吗？最后票房也很尴尬"，而后者被认为格调不高，但"电影的类型意识非常清楚，知道他的电影是为谁服务的，票房诉求很明确，这方面郭敬明比陈凯歌要自觉"②。仅从这一点看，郭敬明的行为导向更加接近文化企业家，而陈凯歌还只是一位艺术家。

（五）文化企业家不同行为导向的关系

以上四种行为导向中，市场导向、创业导向、技术导向最初由不同领域的学者分别提出来，因此在内容上存在一定程度的交叉。文化导向由笔者独立提出，虽然

---

① 理查德·麦特白. 好莱坞电影. 华夏出版社，2005.
② 中国电影的黄金时代还没来. 南方周末，2014-04-04.

是针对文化企业家的，但在产业文化化的经济形态下，其与前三种行为导向之间也存在不同程度的内容交叉，所以有必要对它们相互之间的关系进行确认。

如前文所述，现有文献对前三种行为导向的关系存在逻辑和观点上的分歧。企业家及其领导下的企业大都兼具多种行为导向，但文献对行为导向之间的关系及其对企业绩效的影响存在诸多逻辑或观点上的分歧，如 Atuahene – Gima 和 Ko（2001）发现，能够把市场导向和创业导向有机结合的企业在新产品开发的多个方面都更有效率，在新产品绩效上也更加优胜；Matsuno 等（2002）认为，创业导向与企业绩效（含新产品绩效）之间的正相关性必须有市场导向和较低的部门分化作为中介变量；Salavou 和 Lioukas（2003）、Zhou 等（2005）都认为，在激进产品创新方面，创业导向的影响比市场导向和技术导向更重要；Bhuiana 等（2005）则认为，创业导向是市场导向和绩效之间必要且充分的调节变量；Frishammar 和 Hörte（2007）发现，市场导向与创业导向中的创新性因素对新产品开发绩效有显著正面影响，而创业导向中的先动性因素和冒险性因素则无显著影响。

文化产业文献则较多关注经济绩效以外的文化价值，这使得对绩效的理解与其他文献不尽相同，因此很难将它们做横向的对照比较。

总的来说，技术导向和市场导向的指向较为具体。前者关注产品和服务本身，后者则因为对顾客、竞争者和部门间协作的高度重视而表现出对产品开发成本、消费者体验、不可替代性等因素的关心，所以技术导向和市场导向之间基本不存在交集。创业导向则体现在高层管理者观念与行为的方方面面，其对企业经营行为的影响是全面的。由于创业导向的大多数维度并不直接指向企业经营的具体事项，其影响有时需要以技术导向和市场导向的具体行为作为中介。将市场导向作为创业导向和企业绩效之间的中介变量，现有文献已有提及（如 Matsuno et al., 2002），其实技术导向也有相似的功能。但毫无疑问，创业导向作为内驱力，对技术导向和市场导向具有统帅功能。

文化导向的三个维度是介于观念层面和行为层面之间的，无论完美主义还是特立独行和包容性，既内嵌于企业家的观念中，丰富了一般意义上的创业导向，也具体体现在企业家的行动里，矫正了他们的具体决策，成为区别文化企业家和普通企业家的重要特征。

所以，我们把文化企业家的四种行为导向划分为三个层面：创业导向主要是观念层面的导向，技术导向和市场导向则主要是行动层面的导向，文化导向介于二者之间，一方面作为企业家一般创业导向的特定延伸，另一方面会对技术导向和市场导向产生统率和引导的作用（见图4-1）。

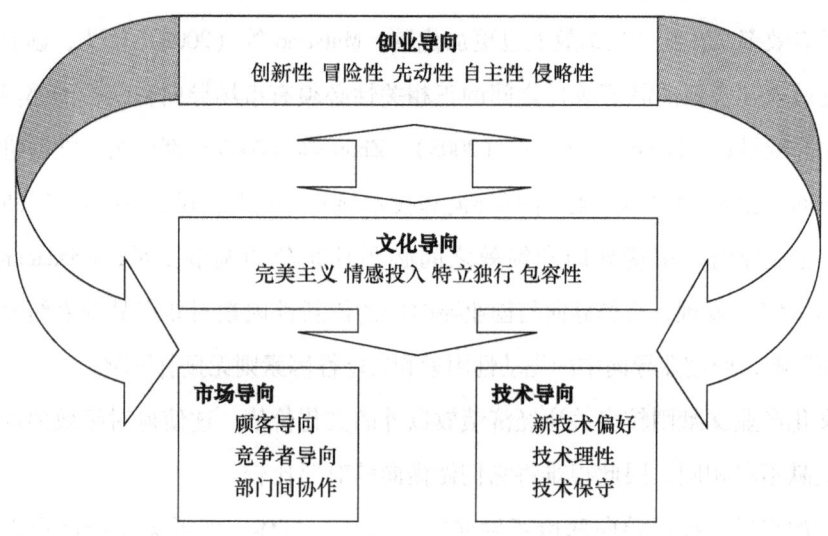

图4-1　文化企业家个人行为导向的相互关系

二、文化企业家的个人决策过程

创意作为人类行为的重要驱动力，早已受到哲学家、社会学家和艺术家的关注，从儿童教育到工商管理都涉及创意问题。但是以往的经济学家很少对创意感兴趣，只有创新的经济学理论中可能会稍微论及创新的基础——创意与科学发明，但从熊彼特开始，经济学家一直把创意和科学发明作为外生变量，这种僵局直到近年才被打破。

本书研究的文化企业家行为不仅仅局限于完成好的创意，而是一种覆盖了文化生产全过程的行为。在现代经济体系中，这一过程更多地表现为组织化工作。只有在文化企业规模偏小、组织化程度偏低的情况下，存在一些艺术家与企业家两种角色合二为一的情况，此时文化企业家个人决策才有实际意义。

（一）文化企业家个人决策的研究背景

曾任国际文化经济学会主席的澳大利亚学者 Throsby 是最早提出创意经济学（Economics of creativity）概念并将创意行为模型化的人。Throsby（2001）对"创意"的界定一直追溯到十七八世纪西方关于创意天才（Creative Genius）的著述，在这些著述中，Genius 被作为一种思维方式，其中一位学者 Duff 在 1767 年把创意的主要构成定义为三个层次：①想象力，即接纳现有思路、创造新思路或者将各种思路有机结合的能力；②判断力，即规范和掌控想象力、规整其产出的各种思路的能力；③品位，即艺术家的内在敏感性，这种敏感性被用以区别高尚与卑劣、美与丑、庄重与滑稽①。

从更一般的层面看，创新或创意并不属于哪一个特定的职业，而是人的一种素质（坎蒂隆，1997；朱青生，2000），所以独立艺术家可以同时是企业家，即熊彼特意义上的创新企业家。Thorsby（2001）构造了独立创意者同时实现经济价值和文化价值的艺术创意模型，实例在近代以前很普遍（如万青力，2001；凯夫斯，2004；考恩，2005），在当代文化企业中也不鲜见（Wilson & Stokes, 2005）。Eikhof 和 Haunschild（2006）提出艺术家要善于自我管理和自我营销，在追求艺术的同时兼顾经济需要，Khodyakov（2007）还提供了一个极端的案例，一家知名交响乐团仅凭艺术家们的自我管理和群体决策就可以保证其经济绩效。

所以，虽然有时表面上有明确的艺术家——企业家分工，但为了整合资源，

---

① 试比较以上创意的构成与一般意义上的创新或发明，真正能够体现其文化特征的应该是"品位"，"品位"在很大程度上决定了文化产品的艺术价值，而想象力和判断力在艺术领域和技术、经济领域并无本质不同。

有时艺术家也会代行企业家的职能，而企业家会代行艺术家的职能。前者的表现如有时艺术家筹措大部分财产性资源（Weinstein，1998），再如一些特殊的艺术家（superstars，超级明星）主导了文化生产过程（Rosen，1981；凯夫斯，2004）；后者的表现更为常见，即企业家（出资人或管理者、协调者）直接干预文化创意过程，或者对创意结果进行筛选（Hirsch，1972；Kretschmer et al.，1999；克兰，2001；Elsbach & Kramer，2003）。

（二）基于经济与文化双重价值追求的 Throsby 模型

1. Throsby 的模型设计思路

Throsby 的个体创意模型是层层展开的：首先是一个不考虑经济因素的纯文化创意模型，创意者关心的只是艺术价值。创意者的效用通过其创意产品的文化价值来实现，其约束条件包括如小说的篇幅、音乐的题材、雕塑的技术参数、表演艺术的生活原型各个方面。为了简化模型，Throsby 假定创意者的决策变量是工作时间，创意者的总工作时间是有限的，他要把这些时间在不同的工作（如构思和动手）上合理分配，最大化其所创意产品的文化价值，同时也最大化了他的效用。一个平庸的创意者可能花费很多时间，但产出的文化价值非常有限；一个天才的情况可能正好相反。Throsby 把这一差异与不同技术在普通商品生产过程中的效率差异相类比。

在纯文化创意模型的基础上，Throsby 分三步引入了经济变量，经济变量是以创意者收入的形式进入模型的：①假定创意者面临一个最低收入约束，如果创意过程产生无法保证这个收入水平，创意者的基本生活将无以为继，此处经济收入并不直接进入决策的目标函数；②假定创意者同样重视创意结果的文化价值和经济价值，即创意者对物质收入的需求超过了最低生活保证，这样经济收入直接进入创意者的目标函数，和文化价值共同决定创意者的效用；③鉴于有一些创意者无法保证通过创意活动满足经济收入的需要，因此他们可能在劳动时间内从事一些可以带来直接经济收入的非创意活动，这就是劳动经济学中讨论的兼职问题。创意者通过理性决策，争取效用最大化。

在纯文化创意模型里，效用由创意结果的文化价值决定，这种情况比较适用于个体的自由创意活动；在引入收入因素后，创意者的效用最大化表现为经济价值和文化价值的共同最大化，二者通过一个系数分配在效用函数中的权重，Throsby 认为这种"共同最大化"普遍存在于小说创作、电影制片、视觉艺术创作、流行音乐创作等领域；此外，还存在一种极端情况，即创意者的效用纯粹由经济价值决定，文化价值变成一种约束条件，即保证某一水平的文化内涵使该产品可以被认为是文化产品而不是其他产品，Throsby 认为这种情况在旅游文化产业经营、商业电视节目制作、一些电影制作中存在，在期刊经营、广告创意、建筑设计服务等外围文化产业中普遍存在。

2. Throsby 创意模型简述

Throsby（2001）把文化产品的价值分为经济价值和文化价值[①]。在他看来，创意是和文化价值对应的。他的创意理论就是研究"经济价值和文化价值的创造是分离的两个平行的过程，还是可以被理解为一个统一的价值创造过程？"

Throsby 坚持认为：文化商品的经济价值和文化价值是通过不同的方式被评价的。文化商品或者负载在某一载体上（如油画），表现为一般意义上的产权，或者表现为独立的知识产权的形式，这两种权利形式都是可以进行市场交易的，其市场价值可以通过交易价格来体现。同时，文化产品还拥有思想内涵（Idea），无论产权属于谁，文化产品的思想内涵是一种公共文化物品，社会大众都可以评价，当然社会评价可能要经过一个长期的、变动的过程才能够实现均衡。

对文化价值和经济价值在理论上的分解是 Throsby 研究文化创意行为的立足点，并最终体现在他的创意模型中，即创意主体的效用函数由文化价值和经济价值的加权和来表示。

Throsby 模型的逻辑思路在第 2 章的文献综述部分已经有阐述，此处不再重复，只是列出其数学形式。假设创意者同时从事商业导向的创意和非商业导向的创意，这两类创意同时产生经济价值和文化价值，但前者主要产出经济价值，后

---

① Throsby 用若干个要素来界定文化产品内的文化价值：美学价值、精神价值、社会价值、历史价值、符号价值、真实性价值（Authenticity value）。

者主要产出文化价值。假定无论经济价值还是文化价值都可以用统一的价值变量来衡量。此外，创意者可能还会为非创意活动分配部分时间，这些活动只能够产出经济价值，不能够产出文化价值。创意者的效用函数是经济价值和文化价值的加权之和，他的决策变量是投入商业性创意活动、非商业性创意活动、非创意活动的劳动时间，总的劳动时间是有限的。

创意者的收入分为劳动所得和非劳动所得，劳动所得是创意产品经济价值的函数，非劳动所得是外生变量。如果非劳动所得足够大，有一个最低收入约束来影响决策变量。

令 v_c 表示创意产出的文化价值；

v_e 表示创意产出的经济价值；

L_{ax} 表示用于商业导向创意的劳动时间；

L_{ay} 表示用于非商业导向创意的劳动时间；

L_n 表示用于非创意的劳动时间；

L 表示总劳动时间；

Y 表示每一创意周期的总收入；

Y_u 表示每一创意周期的非劳动收入；

Y_z 表示每一创意周期的劳动收入；

Y^* 表示每一创意周期的最低收入约束，如果预期收入低于 Y^*，创意者将不会进行创意活动；

创意者的目标函数是：

$$MaxU = U[wv_c, (1-w)v_e], 0 \leq w \leq 1$$

其中，

$$v_c = v_c(L_{ax}, L_{ay}), 且 \partial v_c/\partial L_{ax} < \partial v_c/\partial L_{ay},$$

$$v_e = v_e(L_{ax}, L_{ay}, L_n), 且 \partial v_e/\partial L_n > \partial v_e/\partial L_{ax} > \partial v_e/\partial L_{ay}$$

约束条件1：$L_{ax} + L_{ay} + L_n = H$

约束条件2：$Y \geq Y^*$

$$Y = Y_u + Y_z(v_e), 且 \partial Y_z/\partial v_e > 0$$

有两种极端的均衡情况：

当 $w=1$，即创意者只观照创意结果的文化价值。

当 $w=0$，即创意者只观照创意结果的经济价值。

此时，劳动时间分配的均衡结果分别由 $v_c = v_c(L_{ax}, L_{ay})$ 或 $v_e = v_e(L_{ax}, L_{ay}, L_n)$ 决定。根据 $\partial v_c/\partial L_{ax} < \partial v_c/\partial L_{ay}$ 和 $\partial v_e/\partial L_n > \partial v_e/\partial L_{ax} > \partial v_e/\partial L_{ay}$ 的设定：

当 $w=1$，$L_{ay} > L_{ax}$，且 $L_n = 0$，如果 V_c 和 V_e 是线性的，$L_{ay} = H$。

当 $w=0$，$L_n > L_{ax} > L_{ay}$，如果 V_c 和 V_e 是线性的，$L_n = H$。①

当 $0 < w < 1$，均衡结果因函数形式而变，应该介于两种极端情况之间。

（三）对 Throsby 模型局限性的讨论

Throsby 的创意模型是一个勇敢的尝试，但其局限性也是显而易见的。为讨论方便，他的研究专注于诗人、画家、演员、作曲家等创意个体，并假定关于个体的创意模型可以引申至如电视剧组、电影制片商、出版商和期刊编辑部等创意团队。这种假定显然有失草率，凯夫斯（2004）对简单创意产品和复杂创意产品的区别说明，创意个体和创意组织的生产交易过程有着相当大的差异，后者涉及烦琐的契约。

对文化价值和经济价值在理论上的分解是 Throsby 研究文化创意行为的立足点并最终体现在他的创意模型中，即创意主体的效用函数由文化价值和经济价值的加权和来表示。这其实反映了对创意主体的激励问题。考恩（2005）把对艺术家的激励分为内部力量和外部力量，"内部力量包括艺术家对创造活动的热爱、对金钱和名誉的追求，以及构成新风格、实现审美追求、解决前人作品遗留下来的问题的欲望。外部力量包括可供使用的艺术材料和艺术方式、赞助条件、销售网络，以及获得收入的机会"。显然 Throsby 所讨论的文化价值和经济价值都属于内部力量。外部力量就是约束条件，Throsby 模型中的约束条件是创意者的时间，这一约束其实谈不上是外部力量。考恩所列举的外部力量很大程度上都是影响文

---

① 此处原著疑有误，见 Throsby 的 *Economics and Culture*，"$L_{ay} = H$ when $w = 0$ and $L_n = H$ when $w = 1$"，Cambridge Universiy Press，2001。

化创意的物质技术条件，这正是"新工艺经济"背景下生产"资本密集型艺术"和"技术密集型艺术"不可回避的问题。

而且 Throsby 还忽略了对私人文化产品的社会评价是建立在文化消费的基础上的，虽然油画的产权在博物馆、电影和音乐的产权属于制片公司和唱片公司、小说的产权属于作者或出版社，但社会大众只有通过文化消费的形式才能了解这些创意产品的思想内涵，而对某一文化产品的消费既提高了该产品的市场价值，也会改变大众对该产品思想内涵的评价。① 所以文化创意内容的吸引力和被接受程度（即文化价值）可以在一定程度上转变为经济价值。

经济价值和文化价值同样是对创意过程的激励。这一假设对独立的个体创意者是没有问题的，许多研究都表明，各种创意个体的创意过程即使以营利为目标，但总是难免受到非市场因素的影响，这是个人价值取向多元化的外在反映，也正因为此，前文把创意界定为"人类与其自身关系的改善"。

笔者认为，创意个体和创意组织都从"文化价值"中获得激励，但创意个体直接从"文化价值"中获得"自我提升"的激励，创意组织则是间接的。因为一般来说，文化价值和经济价值是合一的，文化产品经济价值的基础是文化价值，为了便于分析，此处在概念上还是要将二者分离。正如 Throsby 所设定的，非创意劳动只能产出经济价值，而创意劳动，无论是商业导向的还是艺术导向的，都可以同时产出经济价值和文化价值。

因为创意组织中既有核心创意团队，也有其他成员，这些成员的主要职能是组织文化产品的生产和销售。核心创意团队既能够创造文化价值，也能够创造经济价值，而其他人员一般来说只能够创造经济价值。

通过以上讨论，下一章准备从以下几个角度发展和修正 Throsby 模型：

第一，明确创意者的人性假定，Thorsby 的模型虽然设定了创意者的效用函

---

① 绝大多数文化产品都是作为大众文化消费的物品存在的，评价大众物品的文化价值，社会接受程度（消费数量）是最主要的衡量指标，黛安娜·克兰（2001）讲过"取得与商业成功相对的文学成功的候选之作，一般都来自获得商业成功的图书"。也即一种大众文化产品只有在保证一定水平经济价值的前提下，其文化价值才更有可能被发现或承认。因此本书认为，销量好会同时提高文化产品的经济价值和文化价值。

数,但并没有明确说明创意者的人性假定是什么。从效用函数形式中 $U = U[wv_c, (1-w)v_e]$ 可以看出,w 是一个关键变量,创意者对文化价值的偏好 w 越大,自发努力完成创意活动的动力越强。这种特殊的心智模式是其他生产领域少见的。

第二,创意组织从事大规模复杂文化产品的生产,往往不是通过自有资金,而是通过外部投资,由于委托人(出资人)和代理人(创意组织的经营者)的目标不尽一致,因此出现了委托代理问题。这一点是"新工艺经济"文化创意活动的一个基本特征。

第三,创意组织的总体目标是单一的,就是经济价值(组织利润)的最大化,对文化价值的追求只是因为一定的文化价值可以转化为市场价值,对于不能够转化成市场价值的内容创意是不感兴趣的。熊彼特(1990)便讨论过一个企业内经济人员与技术人员的冲突问题,他讲到"经济的组合和技术的组合彼此并不是一致的……经济的现实不一定会把方法贯彻执行到达他们逻辑的结论,并臻于技术上的完善,而只是使执行服从经济的观点,技术理想——它是不考虑经济条件的——这就受到了修正。"这一讨论同样适用于经济与文化创意的"组合"。

第五章 文化企业家的组织管理与决策

在拍摄一部让他们尊敬的电影和拍摄一部满足制片厂行政管理部门"商业"需要的电影之间似乎有着源源不断的冲突,这种冲突对每一部电影都是如此。这里的假设是……一部艺术性的电影不能赚钱。

——霍顿斯·波德尔马克尔
《好莱坞梦工厂:人类学家眼中的电影制片人》

Baker 和 Faulkner（1991）认为,大规模的文化生产（如好莱坞大片制作）导致了文化生产的专业化以及相关商业活动和艺术活动的分野。在存在明确分工的情形下,文化企业家的角色和纯艺术家分离了,他们经常发挥筹措资金并决定投向、协调组织、市场开发等作用,这些都超越了简单的个人行为,更多地表现出组织管理与决策的职能。

一、文化企业家在创意组织中的角色与职能

（一）创意个体、团队与组织

大规模文化生产当然不是个体文化生产的简单累加,但两种行为归根结底都

有一个共同的内核——创意。依照一般的看法，创意的禀赋主要属于每个人，有时也会存在于因创意目的本身组织起来的团队中。本书第三章论及新工艺经济时代艺术和技术两种资源未必合于一体的情况，这一点在创意活动中表现得尤为明显。特里·麦金利（1998）讲过："创造性通过复杂的方式表达自身。创造性成果既可以是社会的，又可以是个人的；所以创造性既可以是集体现象，也可以是个人现象。①"在文化工业出现以前，绘画、音乐、小说、诗歌等艺术品的产生都是个人创意的结果。一些规模大、耗时长的作品，如大型雕塑和复杂的建筑设计等，可能通过一个创意团队来完成。在文化工业出现以后，在产业化的生产过程中，出现了创意主体的进一步异化，具体表现如下：

第一，创意个体和创意团队仍然作为重要的创意主体活跃在文化产业中，但其创意结果的经济价值的实现已经社会化、市场化了，文化产业中的各种中介组织可以帮助创意个体和创意团队实现市场价值。

第二，创意组织（主要是各类文化企业）成为文化产业中最重要的创意主体。创意组织的出现是文化产品生产越来越复杂的结果，如凯夫斯（2004）强调创意行为中多种技能的融合。出现创意活动中的团队生产现象的原因主要在于每一个创意个体能力的局限，如不可能同时掌握创意过程中技术与艺术两方面的技能，甚至不能够完全掌握其中一方面的技能，根本无法适应"新工艺经济"生产方式的要求。

此处必须要澄清创意组织和创意团队的区别。这两个概念都是指通过"队生产"（Team Work）方式最终产出文化创意产品的一群人，但创意团队专指"因创意目的本身组织起来的团队"，如自发成立的乐队，而创意组织则是一个完备的市场组织，既可以是法人企业，也可以是专为创作某一复杂文化产品设立的项目组，但无论何种形式都基本能够同时实现文化产品创意和市场价值创造两个目标。创意组织包括各类文化企事业单位：电视台、广告公司、电影制片企业、出版社、唱片公司、报社、杂志社等。创意组织的存在目标是实现市场价值，而不是创意本身，这一点从文化产业产生的第一天起就是如此，霍克海默和阿道尔诺

---

① 联合国教科文组织编. 世界文化报告1998：文化创新与市场. 北京大学出版社，2000.

便指出"这些机制和机构从头到尾都不过是经济选择机制的一部分"。因此创意组织的成员中只有部分人是直接参与文化创意过程的,本书把这部分人称作"核心创意团队",核心创意团队以外的成员主要为实现创意结果的市场价值而工作。

如网络游戏的开发团队一般由游戏策划、游戏程序设计、游戏图形设计三部分组成,这三个部分就是本书定义的核心创意团队。在复杂的创意活动中,核心创意团队内部又有分工,游戏开发团队的灵魂是游戏策划人员,是创意过程的制定者和发起者,他们勾勒网络游戏的主题和脉络,制订游戏规则,是虚拟世界的主要创造者,在他们策划的游戏脚本的基础上,程序开发人员和美工人员要能够正确理解和加以表现,完成游戏的骨架和界面,从而共同实现虚拟环境的创建,此后再由非创意人员进行市场推广。

(二)创意组织的分类

本书主要从生产角度研究文化创意问题,因此根据核心创意团队在创意组织中的比重及其活跃程度,可以把创意组织分为三类:

第一类:以新产品创意为主的创意组织,如连续出版物提供部门(他们的产品每一期都是不同的)、视觉设计工作室,隶属于大型出版社的专业工作室、小型唱片公司、小型游戏软件公司等,一般来说小型企业中非创意人员所占比重比较小。

第二类:以对各种文化资源进行重复利用或对外界的文化创意进行复制生产的创意组织,如旅游景点的经营(不同的旅行者重复游览)、以演奏经典音乐为主的乐队等。

第三类:综合性、一体化文化创意企业。这些企业往往经营多种文化项目,有的项目以新产品创意为主,有的项目则以复制和重复利用为主,一些有技术背景的大企业可能还具备硬件开发能力。从事复杂文化产品创意的组织一般都是综合性创意企业,即使在以原创作品著称的美国皮克斯动画工作室,一方面,有创意副总裁 John Lasseter 领衔的创意团队,包括动画制作组、故事创作组和艺术组;另一方面,在核心创意团队之外,皮克斯还拥有一支高效的生产组织团队,使得多个动画项目可以同时有条不紊地进行。正是创意人员和非创意人员的协调工作才保证了一个综合性、一体化文化创意企业在"新工艺"的生产方式下正常运转。

一个创意组织可能会经历在上述三类组织类型间转变的过程。大多数创意组织都是由创意团队发展而来的，最初都是以新产品创意为主，非创意职能——也即创意产品的市场价值实现功能往往比较薄弱，这类组织中的一部分会一直维持这一状况，通过各种市场化契约与其他创意组织或非创意组织合作实现创意产品的市场价值。但也有一些小型创意组织通过自身努力或外来资金与管理资源的支持发展壮大，成为综合性、一体化文化创意企业，现在叱咤风云的全球娱乐巨头都经历了这一过程。在这个方向上，有一些创意组织由于创意资源逐渐萎缩或其他原因，原创色彩越来越淡。因为创意组织的唯一目标是市场价值，所以原创性产品的比重只是决策变量，而非最终目标，包括一些成功的大型创意组织，可能也会根据自身的实际情况，调整自身定位。

迪斯尼素以制作动画电影著称，但从1994年推出引起轰动的《狮子王》后，该公司很长一段时间都没有出色的原创性作品。1997年，迪斯尼与风头正劲的皮克斯动画工作室签订协议，合作制作5部原创动画电影。此前，皮克斯的成功之作《玩具总动员》其实也是两家公司合作完成的。两家公司协定，共同融资、共同拥有版权、同时拥有品牌、平分利润，迪斯尼负责影片的发行，当营销与发行成本收回后，发行费用应返还迪斯尼。1997年以后，皮克斯工作室的作品中除了《玩具总动员Ⅱ》以外的5部电影都是在这一协议下生产的，其中《海底总动员》是2003年的票房冠军，一举超越了迪斯尼公司的《狮子王》，成为有史以来毛收益最高的动画片。可见，本来以原创著称的迪斯尼公司在与皮克斯的合作中更多地承担非创意职能，如今迪斯尼的盈利也越来越多地倚重经典影碟、成功卡通形象的衍生产品、重复展示的迪斯尼乐园等非原创性产品和服务了。

所以，在现代文化创意产业中，各类创意组织各有优势，核心创意团队活跃与否并不是判断创意组织竞争力的唯一标准，内容和渠道同样重要。核心创意团队在创意组织中的比重及其活跃程度只是一种便于本章研究的分类方法。当然，如果一个企业既拥有强大活跃的创意人员，同时控制着传播渠道，那一定会具有竞争优势，这正是文化创意产业中并购浪潮的驱动力。

（三）不同创意组织中的企业家角色

企业家在文化产业中的现实角色可能是多样的，不同学科的学者做了初步提炼，如优化配置既有资源的把关人（Gatekeeper，如 Hirsch，1972；克兰，2001；Elsbach & Kramer，2003），再如整合企业内外部资源的中介人（Broker，如 Sorenson & Waguespack，2006；Cattani & Ferriani，2008；Lorenzen & Täube，2008；Long Lingo & O'Mahony，2010）。

在现代文化创意产业中，创意个体、创意团队和创意组织的共生，以及不同类型和不同规模创意组织的共存，决定了文化产品创意和生产的组织模式是多样化的，不同模式又催生了不同的企业家角色，以下将基于现代文化创意产业最典型的三种组织模式对文化企业家角色与能力要求进行讨论。由于本书所定义的文化企业家并非局限于特定的职位，而是基于产业文化化和文化产业化的大背景，因此，哪些角色是文化企业家，哪些角色不是文化企业家，完全取决于他们的行为导向和行为特征。在经典的委托代理模型中，参与人的风险态度是一个非常重要的影响因素，因此以下对文化企业家角色的确认将主要以风险承担状况为准，并参考上一章界定的其他行为导向和特征。

1. 雇佣制，也即科层制的组织模式

采取这种方式的有广告公司、视觉设计企业、游戏软件公司、出版社、杂志社、报社、电视台等创意组织或这些组织中的主要生产环节，也即这种模式总是存在于各类创意组织之内，而且创意组织不仅雇用创意人员，也雇用非创意人员。在雇佣制模式下，创意组织规模较大，组织所有者或出资人一般是文化企业家，组织的经济绩效和文化绩效最终影响他们的利益，这其中存在大量的不确定性；创意组织的经营者要对经济绩效负责，有时还要兼顾文化绩效，而且其薪酬往往与绩效挂钩，所以他们一般也可以看作文化企业家，他们的主要任务是将组织内的既有资源优化配置，实现文化创意的目标，此时对文化企业家的能力要求主要是资源转化能力（Lampel 和 Shamsie，2003）；雇佣制组织内的创意人员虽然承担了主要的文化创意工作，但他们一般能够获得比较稳定的收入，且不需要对创意结果的经济绩效负责，因此他们大都是纯粹的艺术家，不是真正的文化企业家。

2. 采购制

采购制指创意组织（一般是第二类或第三类创意组织）在创意已经基本完成或取得阶段性结果之时介入，收购后经过再创意后销售，常见于出版社出版一般书籍、唱片公司购买网络歌曲等过程，这种模式可以发生在创意组织与创意者、一般投资人与创意组织、一般投资人与创意者之间。在采购制下，无论是（中间）创意产品的提供者还是购买者都是很接近文化企业家的角色。对于提供者来说，他们一般是为出售产品而进行创意活动，当创意结果无法售出时，他们的利益便遭遇损失；对于购买者来说，买入只是经营链条的一个环节，他们还需要再生产或转售，这一过程也存在诸多不确定性。即便仅仅是转售，虽然购买者游离于大部分文化创意活动之外，但他们亲自将各个创意环节整合在一起，体现了 Lampel 和 Shamsie（2003）所说的资源整合能力，因此也是文化企业家。

3. 签约制，有时也被称为项目制

签约制指创意组织（一般是第二类或第三类创意组织）在创意活动尚未开始前介入，直接参与创意过程，签约双方共同承担创意风险的模式。风险分担比重因不同行业而异，电影投资人、电影制片商和导演，出版社与签约作家之间的协议都是签约制的例子。签约制是介于雇佣制与采购制之间的组织模式，如在资金投入方式方面，雇佣制实际上要求提前支付，采购制只需在创意完成后支付，签约制则需要提前支付部分资金，因此签约制下，文化企业家需要做比较多的管理与激励工作，并同时具备资源转化能力和资源整合能力。此时，签约双方里的出资一方比较接近文化企业家的角色，因为他们承担了主要风险；反之，受托从事创意的一方一般不能算是文化企业家，虽然他们实际承担了主要创意环节。

上述三种组织模式的特征可以简单表述为如表5-1所示，一个创意组织可以同时采用不同的生产组织模式来组织文化产品生产。

表5-1 文化创意的组织模式与企业家角色

组织模式	投入方式	风险特征	文化企业家角色
雇佣制	定期薪酬和奖励薪酬	生产风险和交易风险	所有者 经营者
签约制	提前支付部分资金	生产风险和交易风险	投资者
采购制	创意完成后购买	交易风险	购买者 出售者

（四）创意组织形式分化的原因

文化创意产业内部之所以并存形态各异的生产交易方式，主要是两个方面的原因造成的：一个重要原因是产业以外的因素，如政府干预。20世纪50年代在美国发生的针对五大综合性电影公司（同时掌控制片、发行、院线）的诉讼，使得综合性电影公司被肢解，导致电影创意组织模式发生重大变化①。这次产业组织结构的变化直接导致了美国电影业企业家角色和能力的变化，他们的主要角色从把关人转变为中介人，主要能力也从资源转化能力变为资源整合能力（Lampel & Shamsie，2003）。

另一个重要原因是"新工艺经济"生产方式发展的不平衡性造成的。文化创意产品是该经济模式下文化艺术资源的投入占比最高的产品，但在这些产品内部，文化资源与技术、资金的投入比例又有不同，也即技术密集程度和资本密集程度不同。在最简单的创意活动中，一个创意个体可以完成创意到价值实现的全过程，这正是下一节的Throsby模型所描述的；而除此以外的创意活动往往需要

---

① 关于美国电影产业的这一组织模式剧变参见巴里·利特曼著．大电影时代．尹鸿等译．清华大学出版社，2005．巴里·利特曼，亚当斯，布罗克编．美国产业结构．封建新等译．中国人民大学出版社，2003．

较大的技术和资金投入，其投入比重、资源属性、艺术资源与技术和资金的结合方式也各不相同。

而且，在现代文化创意活动中，技术资源和艺术资源在很大程度上具有替代性，美国的动画电影以三维电脑动画为主，技术含量很高，几个主要动画工作室都集聚了大量的技术人员，而日本的动画制作厂商很多仍然采用二维手绘制作，对尖端技术的需求很有限，对动画形象的临摹工作有许多都外包给劳动力价格低廉亚洲的其他国家。但不同的工艺组合并没有明显地影响动画电影的质量。这样的情况在其他文化创意部门也普遍存在，所以生产交易方式的各异也就不足为奇了。

当然这只是针对内容和形式一次性结合的单一文化产品而言的，在一种合理版权制度的基础上，同样的原创文化内容可以在不同的生产阶段形成不同的产品。最简单的例子是一本小说可以在销售一段时间后，将拍摄版权转给其他创意组织，通过电影或电视剧的形式再次销售，此前小说的内容体现在一种形式简单的创意产品中，其后又体现在一种形式相对复杂的创意产品中，这两种内容相同或相似的创意产品就是通过不同的组织模式生产的。即使是同一个作者的小说可能也会经历不同的生产模式，《哈利·波特》的第一部是采购制的，在第一部得到良好的市场反响后，此后写作时便采取了签约制。

同样是世界领先的动画电影制作机构，皮克斯动画工作室是一个商业化色彩很浓重的创意组织，一方面它有世界一流的创意团队，另一方面它通过自身的非创意资源以及与迪斯尼公司协议分享的资源成功地实现了创意产品的市场化推广。与皮克斯相比，日本动画大师宫崎骏领衔的吉卜力（Ghibli）工作室则近乎一个"自娱自乐"的创意组织，迄今为止该工作室还没有一个官方英文网站，吉卜力的许多获奖大作并没有取得预期的市场业绩。

如第二章所述，现代文化创意产业和传统文化工业的主要区别就在于创新的密度较高，同样是表演艺术企业，在不同的时期就会采取不同的组织形式。英国阿库·汉姆舞蹈团曾被伦敦商学院写成教学案例，这是一个创新频率和创新水平都很高的小型创意组织，却享有世界级的声誉并获得了丰厚的商业利益。该舞蹈团只有六名核心成员,包括创意人员和经营人员,这种组织兼顾了艺术和商业目标:一方面维持对实验性表演的必要投入,这是艺术创新的源泉;另一方面通过对成功作品的重复性商业演出确保利润,这就使得该舞蹈团可以凭借全英国最高的薪酬吸引"临时演员",甚至在合作结束后还能够为这些舞蹈家提供"一个作品过渡到另一个作品之间的空闲期"中的资助①。阿库·汉姆舞蹈团的组织和运行与传统表演艺术团体迥然不同,但却的的确确适应了现代文化创意的要求。

综上所述,不仅一个创意组织可以通过各种方式生产文化创意产品,同一种文化内容也可以通过不同的组织方式来生产和再加工。而且这种多样化的生产方式,不仅遵循简单(个体创意)到复杂(组织创意)的发展轨迹,也可能出现复杂到简单的发展轨迹。如有报道显示,有相当多的中国小说之所以被翻译成外文出版,都得益于同名作品或同一作者的其他作品被改编成电影或电视剧先期在海外上映。

(五)文化企业家的人性设定

笔者认为,从文化企业家的行为特征看,一方面,参与商业创意活动的文化企业家不可避免地受到经济激励与约束的影响,特别在契约已经签订的情况下,他们不可能完全迁就自己的文化导向。另一方面,文化企业家的偏好也不同于古典经济学的"经济人"假设,他们的机会主义行为会倾向少一些。

凯夫斯(2004)强调创意产业人员(应该是创意人员)关注自己的产品,经济学家们通常认为,雇用工人并不关心他所生产的产品的特点性能。他们所考虑的只有工资、工作条件以及所需要花费的精力,而不会考虑到产品的式样、颜色或是特性。熟练的工人十分关注并为自己的工作质量以及所生产的产品而自豪,但是经济学家们却很少认为这些因素会影响组织结构。

然而,在创意行为中,创造者(艺术家、演员、作家)却非常注重产品的原创性、卓越的艺术表现以及艺术的和谐统一。这些对艺术成就的关心与顾客对

---

① 参见李邑兰."我从负债累累的穷人走到了今天"——阿库·汉姆舞蹈团的生意经.南方周末,2011-03-03.

产品的接受程度不无关系，虽然它们之间的关系不一定很密切。音乐家们可能会注重取得演奏的细腻性，这一点那些常去音乐会的人可能不会注意到，但他们的音乐同行们对这一点会一目了然。但凯夫斯过于强调了艺术家的想象、热情、品位等特征，强调其与理智和习俗的区别，而且他并没有对创意行为和创意的组织做模型化的处理，在讨论创意产业中的组织与合同时，文化企业家的上述属性又有缺位之嫌。

Throsby（2001）也认为，文化企业家本身会自发地关心自己（或所在组织）的创意结果，而不像其他行业的企业家那样只关心薪酬和利润。对艺术过程本身的追求（表现为 Throsby 效用函数中的 w）会从内部提供一种努力工作的激励，在绝大多数情况下，这种激励有助于创意产品文化价值和市场价值的实现。McBreen（2004）也讲道："软件工艺带来了另一种隐喻：拥有技术的软件开发者抱定决心要掌握自己所从事的工艺，对自己的劳动成果负责并以之为荣。"

以上所讨论的文化企业家的"人性"既不同于"经济人"，也不同于"社会人"，因为有一部分激励来自自身，而非薪酬、制度或其他人。苏东水（2001）针对西方理论关于人性假设的片面性和机械性所提出的"主体人"假设有助于理解这种人性。"主体人"假设的最基本含义是"管理中的人是而且只能是管理的主体，也就是人在现代管理中，无论分工和的职位的差别，在管理中都一律平等地处于平等的地位"。

根据"主体人假设"，人在组织中无论分工和职位的差别，在管理中都一律平等地处于主体地位，不存在谁依附谁、谁掌控谁的关系。然而，只有当人们在组织活动中具有主体意识、主体能力和主体素质并现实地作用于客体的时候，人才能成为现实的"主体人"。这一要求暂时在某些行业和组织中尚不具备实现条件，但文化创意产业和各类创意组织无疑最具发挥"主体人"功能的条件，各类文化企业家和创意团队是最纯粹、最现实的"主体人"。

"主体人"假设的核心是强调人的自我激励意识和能力，这对于分析创意主体的行为特征很有启发。一方面，文化创意人员和其他的生产者不同，他们的职业往往和个人兴趣结合得更加紧密，他们的自我管理能力比较强，因此经济激励与约束只是影响其行为的一部分因素；另一方面，在"新工艺经济"的背景下，由于文化生产的技术、资金密度比较高，文化创意个体和团队在绝大多数情况处于投资者或管理者的管理监督之下，这些管理协调者在设计管理制度时，也必须重视文化创意人员的"主体人"特征，从"以人为本"、"人为为人"的角度对待创意人员，争取激发他们最大的创造力，实现更大的文化价值和经济价值。

创意组织中的非创意人员虽然和文化企业家在一起工作，但一般来说他们和其他产业部门的工作人员一样，并不具备"主体人"的特征，可以用"经济人"假设来看待他们。如此一来，创意组织中便存在了"主体人"和"经济人"的人性冲突。如何解决这种冲突，对于一个文化创意组织管理者来说，是不能回避的问题。尤其在创意组织的最高管理者也是"经济人"时——现代经济体系下，大型文化企业往往是资本当家，组织领导人经常不具备文化企业家的特征，问题会很微妙，文化企业家可能会感到自己处于尴尬的位置。

克兰（2001）列举了许多这一方面的研究和描述，来说明"这些工业中的艺术决策受到高层管理人员的密切监督……这些管理人员有力地控制选择艺术工作人员和界定文化产品自身"，如 Cantor（1971）发现，资助电视连续剧的决策是委员会做出的，管理人员甚至会介入创造过程本身，而作为管理部门与文化生产者中间人的大公司的经理们从来就没弄明白艺术能力究竟为何物，或什么人应该具有这种能力；Faulkner（1983）发现电影背景音乐作曲家的自主权经常受到威胁，而且影片监制人的音乐知识很有限；Thurston（1987）则指出，有的出版社的编辑为作者提供近200页的有关情节性质、人物和篇幅的特殊指导原则①。

笔者认为，克兰等学者还是将文化产业中的职位和角色混同了，并过于夸大了经营者对创意者的影响。如前文所述，很多投资者、经营者都可能是不折不扣的文化企业家，一些艺术家或创意者反而可能不是。只有当决策者不是文化企业家而创意者是文化企业家时，上述问题才能成为"主体人"自由作为的限制条件。

---

① 黛安娜·克兰著. 文化生产. 赵国新译. 译林出版社，2001.

二、雇佣制与签约制下的文化企业家决策

本节以下主要对上文所归纳的雇佣制、签约制、采购制所涉及的组织与契约进行数学描述和分析。创意活动中的签约行为,在西方艺术商业化的最初阶段就已经出现了。考恩(2005)回顾,在文艺复兴时期的佛罗伦萨,艺术家与客户在达成交易时签订具有明确规定的协议,客户要求艺术家在承担制作期间不能从事新的项目,不能将项目整体分配给助手,拉斐尔曾经承诺要亲自动手画出一幅画中的全部人物,佩鲁吉诺和西尼奥雷利曾经承诺要画出人物腰部以上的全部画面。而在流行小幅风景画和静物画的荷兰,画家通常先完成作品,然后卖给普通顾客。

前者一般是由经过深思熟虑的委托定制者提供资金的艺术创作,这是典型的签约制,后者则是典型的采购制。显然,契约形式和产品特征关系密切。

(一) 基于静态委托代理的组织内管理与决策

1. 模型设计思路

在这一模型中,文化企业家被抽象为投资者,此外另有一批专门做创意的艺术家①。作为委托人的投资者当然可能熟悉文化创意活动,但他们并不介入具体的文化创意过程,只是在一段时间后观察到最终绩效,而艺术家们不能够(通常也不需要)为产品的市场绩效承担最终责任,在这种情况下,典型的委托代理关系便产生了②。为了激励和约束艺术家,投资者必须寻找一种有效率的签约方

---

① 受雇于创意组织的艺术家和独立艺术家的行为倾向并不完全相同,如保罗·杜盖伊等(2003)在研究索尼随身听的研究过程时提出:设计者和艺术家不同,他们设计的主要目的是使人工制品能够吸引人,卖得出去。笔者认为,对于"产业文化化"的行业,二者有一定差别,但对于"文化产业化"的行业,二者差别很小。

② 投资人有时也会掌握艺术家所不掌握的信息,如产品的市场前景,但笔者不认为这种信息不对称是最重要的和最典型的,故并没有考虑由此导致的委托代理问题。

式。显然，现实中的契约还远远不够理想。2007年底，美国剧作家工会和制片商的版税分成谈判破裂，导致了旷日持久的罢工，给劳资双方都带来了严重的经济损失；现实中还存在一种相反的情况，许多投入巨资的艺术作品市场反应平平，无法收回成本。可以认为，前者是由于激励不足造成的，后者则是一种激励过度，两者都是低效率的表现。

对于中国的文化创意产业，契约和激励更是一个基础性课题。虽然我国有非常丰富的文化艺术资源，但文化创意产业的竞争力却难与之相称，其症结之一便是文化资源所有者和资本提供者之间缺乏有效联结，以至于影响整个行业的效率（邓晓辉，2006）。

一般意义上，委托人与代理人签订激励契约的原因有二：第一，信息不对称情况下，代理人的机会主义心理导致懈怠行为；第二，代理人所追求的目标与委托人不一致引发行为偏差，如经理人对短期利益的过度追求（米尔格罗姆等，2004）。现有委托代理模型一般都是将以上两种情况合并处理的，即通过一种合理的激励契约，让消极的代理人更努力地工作，并矫正那些偏离委托人目标的代理行为。

现有研究表明，在文化创意过程中，更常见的应该是上述第二种情况。这种提法的依据最早来自文化创意产业的研究文献之外——对一般专业技术人员行为特征的研究。熊彼特（1990）在《经济发展理论》中讨论过企业中技术人员和商业人员（而企业的所有者和经营者归根结底都是商业人员）的冲突，工程师的"技术理想"是"臻于完善"，但这种强烈的自我激励往往被商业领导人的经济理性所修正，因为"在技术上低劣的方法可能仍然最适合于给定的经济条件"。

罗宾斯和库尔特（2004）也认为，虽然专业人员对自己的专业技术领域有着强烈和持久的承诺，但他们在更多时候是对自己的专业忠诚，而不是对雇主忠诚。以上两种观点说明，专业技术人员会有一种做好工作的自我激励，但由于他们对组织的财务绩效不承担最终责任，因此这种自我激励一方面有助于改善产品或服务，并进而提高企业的财务绩效；另一方面，却有可能偏离企业组织的经济目标，最直接的表现就是过于追求技术完美或同行圈内的美誉，对成本——收益的权衡有所忽略。所以管理者对于专业技术人员的管理主要在于行为倾向的矫正。其实文化企业家们不见得就真的是"唯利是图",只不过他们的角色使得其必须比艺术家多考虑市场和财务。

熊彼特时代还是传统工业生产主导经济的时期,这使他没有深入探讨"技术上使生产工具臻于完善所带来的半艺术性的快乐",自然更不会考虑"纯艺术性"的文化创意和生产。显而易见,艺术家和一般专业技术人员的共同特征是对工作本身就有兴趣和偏好,而且他们是比一般技术人员更关注自身感受,从而也更富有自我激励能力的专业人员。凯夫斯和Throsby的研究特别强调:创意者会自觉地关注自己的产品,而不像其他行业的工人那样只关心薪酬高低。这种关心是一种自我激励力量,该自我激励可以在很大程度上削减懈怠行为,但却不能保证其努力目标与委托人的目标完全一致。

但凯夫斯和Throsby等学者都没有阐明,创意者自觉关心产品质量的自我激励怎样影响该创意产品的市场表现,以及作为投资者的文化企业家们应该如何调控这种委托代理过程中的自我激励力量。其实在委托代理关系产生后,作为代理人的艺术家面临两种类型的激励,考恩(2005)对这两种激励定义为"内部力量"和"外部力量","内部力量包括艺术家对创造活动的热爱、对金钱和名誉的追求,以及构成新风格、实现审美追求、解决前人作品遗留下来的问题的欲望。外部力量包括可供使用的艺术材料和艺术方式、赞助条件、销售网络,以及获得收入的机会"。

根据考恩的分类,如果艺术家依赖外部投资从事创意,那么"外部力量"将主要由投资者提供,而"内部力量"则来自他自身。笔者基本认同考恩的观点,但为了强调创意人员与经营管理人员的主要区别,下文的分析中将创意人员在经济利益方面的"内部力量"剔除了。

在有关契约的研究文献中,Chisholm(1997)用标准的委托代理方法分析了美国电影产业的利润分享契约,他的研究基于好莱坞导演、剧作家、演员的《雇用协议指南》和有关实际契约。其中,《演员雇佣协议指南》中指出,演员的工作是"特殊的、唯一的、不同凡响的智力劳动",据此Chisholm认为演员是难以监督的，为了分散风险，激励和约束演员，制片人有必要和演员签订利润分享契约。Weinstein（1998）进一步区别了不同类型的艺术家在签约过程中的不同谈判力量，并且强调声誉机制会约束艺术家的懈怠行为。Chisholm 和 Weinstein 都把代理问题的焦点集中于代理人的懈怠行为，因此他们的研究并没有揭示文化创意过程中代理人激励自我追求文化价值的核心特征，后者提到的声誉机制也是关于艺术家是否有怠工行为的声誉，没有反映出艺术家在艺术界和商业界可能获得两种不尽一致的评价。

Gibbons 和 Murphy（1992）最早把代理人的自我激励因素引入委托代理模型，Andersson（2002）推动了这一方面的研究。他们所讨论的自我激励来自代理人对职业发展的关心（Career Concern），某些专业人士为了积累职业声誉，在职业生涯的前期会有加倍努力工作的内在动力，委托人可以根据这一特征分阶段设计不同的激励契约。显然，Gibbons、Murphy 和 Andersson 研究的是跨时期、单一目标和单一激励的工作过程，而本书将要探讨的是共时的、双重目标和双重激励的工作过程。

现代文化创意产品一般是由一个完备的市场组织来完成。这些组织既可以是法人企业（长期组织），也可以是专为创作某一复杂文化产品设立的项目组（一次性组织），组织中不仅有文化创意人员，同时还必须有市场人员。创意组织的存在目标是实现创意成果的经济价值，而不是创意成果本身，但其在实现创意结果经济价值的同时，也贡献出文化价值①。所以，作为组织领导者的文化企业家们必须把注意力放在经济价值上。

在创意组织中，出资人和创意组织经营者之间的委托代理关系与其他经营性组织并无明显不同，但创意组织中的创意人员却与为市场绩效担最终责任的文化企业家不尽相同，由此产生了特殊的委托代理关系。这主要是因为，一个创意人员的目标并非只有经济目标，还有文化目标，而且绝大多数创意人员不对创意组

---

① 显然，本书研究的情境是商业化的文化创意活动，并没有包括不以利润为目标的文化创意活动（如奥运会开幕式），但即使是非商业化的创意活动，也存在由于委托人和代理人目标冲突而产生的委托代理问题。

织的最终经济绩效负责。经济目标和文化目标之间存在一定程度的替代性。一些艺术家可以仅满足同行的肯定,而不去理会经济利益。不过,虽然代理人事实上在投入两种努力,但这并不会构成多任务委托代理关系,因为对文化价值的追求不是委托人直接追求的目标。

由于创意组织的终极目标是实现创意产品的市场价值,因此可以把该价值的最终受益者投资人和负责实现这一市场目标的经营者合二为一为委托人。创意者的创意活动是实现市场价值的核心环节,但他们又不需要为市场价值承担最终责任,可以视为代理人。在此基础上,本书建立了文化创意活动的委托代理模型。模型的基本形式借鉴了张维迎(1996)改造的 Holmstrom 和 Milgrom 的简单委托代理模型。

2. 基本假定

(1) 假定在一个完备的文化创意组织中,创意者的行为既是商业导向的,也是文化导向的,前者是在投资人与经营人员的指导下进行的,后者则出于对艺术的自主追求,两种导向的强弱表现为创意者在两类活动上的投力比重。

(2) 假定投资人和经营者只关注最终市场价值,他们不会直接参与其中。在委托人和代理人之间存在信息不对称,委托人只能通过财务绩效来推断代理人的努力水平和投力结构。

(3) 对于经济价值,假定委托人是风险中性的,代理人是风险规避的,因为代理人没有能力承受太大的市场风险;但这并不影响代理人在文化创意过程中异想天开、大胆创新,他们对于文化价值是风险中性的[①]。

(4) 设代理人的效用函数为 $U = \omega U_{v_c} + (1-\omega) U_{v_e}$,该函数为 Throsby 文化创意者效用函数的显性化。假定代理人创意者能够用一个等价单位来衡量一切成本、收益和效用,即文化价值和经济价值、自我激励的效用和外部激励的效用都

---

① Weinstein(1998)认为,和艺术家签订契约的往往不是投资者本人,而是他们的商业代理人(如制片人),而这些制片人作为代理人并不比艺术家更加偏好经济风险,如在《阿甘正传》的拍摄过程中,导演和主演财力雄厚,不但没有底薪,反而垫付了大量资金。但这只是特例。Chisholm(1997)认为制片人的绩效衡量完全依据市场表现,易于观察和控制,他们和终极投资者的利益更加一致。因此,可以近似地认为投资者和其商业代理人作为一个整体是经济风险中性的。

是可以进行加减处理的。

3. 模型设计

(1) 收益函数与分享契约。设线性总收益函数为：

$$\pi = (1-\omega)a + \delta\omega a + \theta_1 + \theta_2 \quad (5-1)$$

式中，π 代表文化创意活动的总经济收益；a 是一维变量，代表创意周期内创意者的努力水平，该努力水平根据创意者的文化偏好系数进行分配，ω 的比重投向基于自我激励的纯粹文化价值创造，其创造的结果以折算系数 δ ($\delta \geq 0$) 转化为经济价值，剩余 $1-\omega$ 的比重投向商业导向的创意活动，假定这些活动可以直接产生经济价值①；θ_1 是均值为 e_n、方差为 σ_1^2 的正态分布随机变量，代表不确定的创意者禀赋；θ_2 是均值为 0、方差为 σ_2^2 的正态分布随机变量，代表外生的不确定因素，主要是市场风险；θ_1 和 θ_2 是相互独立的。

因此，$E(\pi) = (1-\omega)a + \delta\omega a + e_n$，$\text{Var}(\pi) = \sigma_1^2 + \sigma_2^2$

设定一个线性收益分享契约：

$$s(\pi) = \alpha + \beta\pi \quad (5-2)$$

式中，α 为委托人支付给代理人的固定薪酬或使创意能够完成的一次性投资，其金额很大程度上依赖对创意者禀赋的先验判断；$\beta\pi$ 代表与当期创意产品市场绩效相关联的利润分享，β 是创意者的分享系数。委托人获得的收益是全部收益减去代理人分享的部分：

$$\pi_P = \pi - s(\pi) = -\alpha + (1-\beta)[(1-\omega)a + \delta\omega a + \theta_1 + \theta_2] \quad (5-3)$$

(2) 委托代理双方的效用函数。设委托人的效用函数为 V，因为委托人是风险中性的，其期望效用等价于期望收益：

$$EV(\pi_P) = E(\pi_P) = -\alpha + (1-\beta)[(1-\omega)a + \delta\omega a + e_n] \quad (5-4)$$

设代理人创意者的效用为：

$$U = \omega U_{v_c} + (1-\omega)U_{v_e} \quad (5-5)$$

---

① 本书设定 $\delta \geq 0$，现实中某些特殊情况下也会发生 $\delta < 0$ 的情况，也即创意者创造出来的文化价值甚至对组织的经济绩效产生了负面作用。但这种现象不具有普遍性，因为在委托代理关系之前，有经验的委托人通过某些筛选机制就可以基本排除掉那些可能造成损失的危险分子。不过，对于新生的文化创意或技术创新活动，委托人的识别能力有限，可能需要考虑到 $\delta < 0$ 的情况。

此处，U_{v_c}、U_{v_e}分别是文化价值、经济价值给创意者带来的效用。ω（$0 \leq \omega \leq 1$）是代理人对文化价值的偏好系数。如上文所述，代理人对文化价值的追求源于自我激励，对经济价值的追求源于委托人给予的外部激励，因此ω也可以视为代理人现实投力的权重。代理人效用函数的两个构成部分分别设定如下：

第一，设

$$U_{v_c} = \theta_1 a \quad (5-6)$$

随机变量θ_1代表创意者的禀赋，反映了创意者实现文化价值的实际能力，但由于文化价值和经济价值可能存在背离，故不直接代表其创造经济价值的能力①。此外，由于假定创意者对于文化价值是风险中性的，故文化价值给代理人带来的期望效用可以表示为：

$$E(U_{v_c}) = e_n a \quad (5-7)$$

第二，设

$$U_{v_e} = -e^{-\rho v_e} \quad (5-8)$$

代理人在追求经济价值时是风险规避的，为不失一般性，设定U_{v_e}具有不变绝对风险规避特征，也即其绝对风险规避度为常数ρ，$\rho = -\dfrac{u''_{v_e}}{u'_{v_e}} < 0$。

v_e即代理人获得的经济收入π_A

$$v_e = \pi_A = s(\pi) - c(a) = \alpha + \beta[(1-\omega)a + \delta\omega a + \theta_1 + \theta_2] - \frac{c}{2}a^2 \quad (5-9)$$

式中，$c(a) = \dfrac{c}{2}a^2$是代理人可货币化的成本函数②。由于θ_1和θ_2的存在，π_A的均值与方差分别是：$E(\pi_A) = \alpha + \beta[(1-\omega)a + \delta\omega a + e_n] - \dfrac{c}{2}a^2$；$\text{Var}(\pi_A) = \beta^2(\sigma_1^2 + \sigma_2^2)$。

风险规避的代理人在不确定性条件下经济收入的确定性等价为：

---

① 根据 Throsby（2001）的设定，文化价值不仅是由非商业导向的创意努力ωa贡献的，商业导向创意努力$(1-\omega)a$也对其有贡献，故此处没有细化其作用机制，只是笼统地以一个系数表示。

② 由于代理人所从事的两种价值创造活动其实是一个不可分割的过程，而且他们对于文化价值的追求是源于自我激励的，故此处将成本（负效用）仅置于经济价值带来的效用之中。

$$CE = E(\pi_A) - \frac{1}{2}\rho \mathrm{Var}(\pi_A) = \alpha + \beta[(1-\omega)a + \delta\omega a + e_n]$$

$$- \frac{1}{2}\rho\beta^2(\sigma_1^2 + \sigma_2^2) - \frac{c}{2}a^2 \qquad (5-10)$$

式中，$\frac{1}{2}\rho\beta^2(\sigma_1^2 + \sigma_2^2)$是代理人的风险升水。代理人最大化期望效用等价于最大化上述确定性等价收入，将式（5-7）和式（5-10）代入式（5-5）中，可得代理人的总确定性等价收入为：

$$CE_T = \omega(e_n a) + (1-\omega)\left\{\alpha + \beta[(1-\omega)a + \delta\omega a]\right.$$

$$\left. - \frac{1}{2}\rho\beta^2(\sigma_1^2 + \sigma_2^2) - \frac{c}{2}a^2\right]\bigg\} \qquad (5-11)$$

（3）模型求解。根据以上两部分的设定，文化创意过程中的委托代理问题可以归结为以下目标函数、参与约束条件和激励相容约束条件。

$$\max EV = -\alpha + (1-\beta)[(1-\omega)a + \delta\omega a + e_n]$$

$$s.t.\ (IR)\ \omega(e_n a) + (1-\omega)\{\alpha + \beta[(1-\omega)a + \delta\omega a] - \frac{1}{2}\rho\beta^2(\sigma_1^2+\sigma_2^2) - \frac{c}{2}a^2\} \geq \overline{U}$$

$$s.t.\ (IC)\ a = \frac{\frac{e_n\omega}{1-\omega} + (1-\omega+\delta\omega)\beta}{c} \qquad (5-12)$$

式（5-12）的联立方程中，$\overline{U}$是代理人的保留效用，激励相容条件是式（5-11）的一阶最优条件。解方程组可得委托人对代理人的最优激励系数β^*：

$$\beta^* = \frac{1}{1 + \frac{c\rho(\sigma_1^2+\sigma_2^2)}{(1-\omega+\delta\omega)^2}} \qquad (5-13)$$

4. 对模型结果的分析

（1）影响代理人最优努力水平的因素。将式（5-13）中的最优激励水平β^*代入式（5-12）中的激励相容条件，即可得代理人的最优努力水平。

由于代数式过于复杂，此处引入两个复合变量：第一，文化价值相对偏好系数，$x = \frac{\omega}{1-\omega} > 0$，该系数越大，表示代理人对文化价值的偏好越大；第二，经济价值实现系数，$y=1-\omega+\delta\omega>0$，该系数越大，表示代理人的行为实际创造的经济价值越大。引入 x，y 后，代理人的最优努力水平可以表示为：

$$a^* = \frac{1}{c}\left(e_n x + \frac{y^3}{y^2 + c\rho(\sigma_1^2 + \sigma_2^2)}\right)$$

显然，a^* 与成本系数 c、风险规避程度 ρ、两类随机风险的方差 σ_1^2 和 σ_2^2 都呈负相关关系，这是非常直观的逻辑。

此处，我们重点考察 a^* 与变量 e_n 和 y 的关系，前者是代理人的期望禀赋，表示价值实现的可能性；后者是经济价值实现系数，可以表示价值创造的水平。通过运算可得，$\partial a/\partial e_n > 0$ 且 $\partial a/\partial y > 0$。也即代理人的努力水平和价值实现的可能性及其水平都是呈正相关关系的，这一关系恰好符合弗洛姆对于员工自我动机影响因素的经典论断。①

$\partial a/\partial y > 0$ 说明经济激励对于代理人具有一定影响力，但另一个影响代理人努力水平的因素 e_n 却是委托人无法控制的，只能通过一种特殊的筛选机制（如好莱坞的制片商利用 Dual-process 剧本介绍会对剧作家及其作品进行筛选，Elsbach et al.，2003），或者多时期的考察来选择合适的创意者。

（2）影响委托人最优激励水平的因素。首先，β^* 与成本系数 c、风险规避程度 ρ、随机风险的方差 σ_1^2 和 σ_2^2 都呈负相关关系，这一关系与一般委托代理模型是一致的。

根据以上模型设定与分析，文化创意组织财务绩效的高低取决于两个因素：一个是代理人的投力分配系数 ω；另一个是文化价值转化为经济价值的折算率 δ。所以，如果创意结果的市场价值不理想，不仅仅是因为代理人为追求文化价值投入了过多精力，也是因为文化价值不能有效地转化为经济价值。

式（5-13）中最优激励水平 β^* 的特殊性主要由系数 $1-\omega+\delta\omega$ 体现出来，在 $0 \leq \delta \leq 1$ 时，可得 $0 \leq 1-\omega+\delta\omega \leq 1$。此时，$\beta^*$ 低于米尔格罗姆和罗伯茨（2004）所确定的一般最优激励水平，也即一般情况下文化创意活动的委托人只

---

① 美国行为科学家弗洛姆在其著作《工作与激励》中提出，个人在工作中的努力是以他所期冀取得的成绩以及实现这一成绩的先验概率为基础的，即 M（激励力量）$=V$（目标效价）$\times E$（期望值）。转引自陈传明主编.西方管理学经典命题.江西人民出版社，2007.

需向代理人提供更低水平的经济激励。具体结论可以归纳为以下两组命题：

命题 5 – 1：$\frac{\partial \beta}{\partial \delta} > 0$，即代理人创造的文化价值可转化为经济价值的比重 δ ($\delta \geq 0$) 越大，代理人应该为他们提供更高的经济激励。

这是一个比较直观的命题，因为委托人的终极目标是经济收益，且模型设定 $\delta \geq 0$。但 $\frac{\partial \beta}{\partial \omega}$ 的关系不确定，依赖于 δ 值的大小，有三种情况：

命题 5 – 2a：当 $\delta = 1$，β 与 ω 无关。当代理人创造出来的文化价值可以同比例地转化为经济价值，即代理人的不同投力比例不会影响经济价值产出，此时委托人对代理人的激励原则与一般委托代理模型并无差异。

命题 5 – 2b：当 $0 \leq \delta < 1$，$\partial \beta / \partial \omega < 0$。这是现实中普遍存在的一种典型状况。当代理人创造出来的文化价值不能完全转为经济价值，即代理人的自我激励方向和委托人所期冀的目标产生了偏差，此时代理人对文化价值的偏好系数 ω 越大，委托人可能获得的经济收益越小，故委托人愿意对代理人支付的绩效激励系数 β 也就越小。

命题 5 – 2b 说明，创意活动的出资人没有必要迁就那些不能有效率地为组织带来经济收益的创意者：一方面，文化偏好系数 ω 和绩效激励系数 β 的负相关性可能使得一部分此类创意者收敛自己对纯粹文化价值的偏执追求，更多地响应外在经济激励的规范，服从创意组织者的领导；另一方面，即使有一部分创意者不愿意放弃对纯粹文化价值的追求，因为他们可以从自我激励中获得效用补偿，所以也不会因为经济激励的降低而降低努力水平，现实中那些失意潦倒却非常执着的艺术家许多都是这种情况。

命题 5 – 2c：当 $\delta > 1$，$\partial \beta / \partial \omega > 0$。这是一种可遇而不可求的情况。此时，代理人创造出来的文化价值转化为经济价值时产生了"放大效应"。在这种情况下，委托人乐得为代理人的文化价值偏好支付更多报酬，文化偏好系数 ω 和绩效激励系数 β 有正相关性。

命题 5 – 2c 的含义是，虽然从文化价值到经济价值有一个转化过程，但并非只有那些商业导向的艺术创作才会有好的市场绩效，只要创意好且后期推广措施到位，一些初衷纯粹的创新型文化产品可能释放出更大的市场价值。Elsbach 和 Kramer（2003）的实证研究发现，那些创作熟手、富于商业头脑的生意人式的剧作家至多只能拿出平庸之作，那些木讷、乖张、不善交际的人却被发现最具有创意潜力，而文化创意企业的高额利润往往来自原创性的作品。其实，在技术创新领域，也存在相似的规律。

从以上两组命题可以看出，虽然文化创意活动的委托代理过程纷繁复杂，但委托人不需要了解代理人的内在偏好，只需根据观察到的财务绩效对代理人实施奖惩，就可以在一定程度上调节代理人的努力投向，而且还会降低激励成本。如果代理人不愿意接受调整，其在自我激励的驱动下也不会降低努力水平。

5. 结论与展望

现代文化创意产业中普遍存在着委托代理关系，这一委托代理关系的特殊性在于作为代理人的艺术家有着强烈的自我激励，这种自我激励有助于克服懈怠行为，却可能偏离委托人的经济目标。本书通过改造 Throsby 创意者效用函数和简单委托代理模型，得出了一种简洁的判断：虽然艺术家的动机和目标具有一些特殊性和复杂性，但委托人对其进行经济激励仍然是奏效的，而且激励水平的确定只需参考产品的市场绩效，无须迁就其他方面的成就。自我激励会影响代理人的精力投向，因此在设计契约时要意识到内部激励和外部激励的替代关系，在不影响代理人积极性的前提下，最大限度地节约激励成本。

把上述规律套用于现实，之所以存在许多导致过度激励的契约，一方面是因为忽略了自我激励的补偿作用，把艺术家"低估"为普通的劳动者；另一方面则是因为投资者"高看"了艺术家，他们往往根据创意者的艺术造诣或知名度来为其定价，却并没有考虑到这些艺术资源有多少可以转化为经济价值。如此一来，投资回报不佳也就在所难免了。

在文化创意过程中，艺术家们可能做了许多与委托人的利益无关甚至相悖的努力，这完全是一种对艺术的自发追求使然。对于这些努力，投资人当然没有必要给予经济激励。但由于 $\delta > 1$ 的情况时有发生，故投资人也不应该对艺术家的创作自由过多干预。因此在文化创意产业中，较低的底薪加宽松的工作环境被普遍采纳。宽松的工作环境主要是为了让代理人的自我激励能够有发挥作用的必要空间。而较低的底薪只是作为外部激励的一部分，底薪之外的激励必须在市场价值实现后给予兑现。美国剧作家之所以罢工，就是因为他们希望把影视作品DVD销售利润的分成从0.3%提高到0.6%，并且分享影视作品网络下载利润的0.6%。这些都是已经实现的经济价值，应该在新的契约中得到确认。

以上结论不仅对文化创意活动适用，对于一般的创新活动也具有一定解释力。许多企业对研发人员采取了类似的激励措施，如3M公司有一个"15%规定"，即研究人员可以利用他们上班时间的15%来做自己的自由选题。这一规定的缘起就是该公司发现许多重要的研发成果都是研究人员自主研究的结果，并没有列入公司选题。当然，公司不会对"15%规定"时间的无效工作提供专门的奖励，因为宽松的工作环境本身就是一种激励了。

本书模型的解释力还存在一定局限性。在前面的分析中，委托人只是通过调整激励水平来调控代理人的努力水平和投力方向，这是模型假设条件限定的。现实中，投资人或市场人员经常会直接干预文化创意过程。对此，过去的研究认为这是一种"外行领导内行"的不合理现象。但随着文化产品商业化程度的提高，市场人员较早介入，有时反而有助于更好地实现产品的价值①。毕竟，一种大众文化产品只有在保证一定市场表现（如销量和票房）的前提下，其文化价值才更有可能被发现或承认。一旦艺术家认同了这个逻辑，那就有必要建立更复杂的效用函数和契约形式来解释。

（二）基于动态委托代理的组织内管理与决策

上一部分的静态委托代理模型有两个问题没有解决：

首先，委托人如何识别代理人的创意禀赋，出于简化的目的，模型把禀赋 e_n 设定为常数，其实即便对那些经验丰富的文化企业家来说，创意者的禀赋也是一

---

① 目前尚没有这方面的系统实证研究，但一些案例支持这一趋势。如中国导演张艺谋在投资人张伟平的资助下共拍摄了8部电影，从艺术片到商业片，随着张伟平介入程度的加深，盈利状况愈佳。特别是在《满城尽带黄金甲》的制作过程中，张伟平凭借其敏锐的商业嗅觉直接干预了片名策划、剧本改变和角色安排等核心环节，使该片获得了空前的票房成功。

个随机变量,这在客观上增加了投资人的决策难度。

其次,由于文化创意活动的不确定性,代理人很容易将创意产品的失败归因于随机因素的干扰,既然如此,为什么文化创意产业中仍然存在那么多的一次性契约,即本书所说的签约式的生产方式,特别是在电影、唱片等复杂文化产品的生产活动中。

福克纳发现,各种富有创造力的电影工作人员,如果以前经常被选用,就更有可能被选用参加某一特定的电影拍摄项目。但福克纳的结论只是经验性的,声誉机制究竟如何发挥作用,他没有提供解释。下面,将引入一个两阶段声誉模型,来补充说明以上两个问题。

1. 模型描述

假定只有两个时期,$t=1$,2,每一时期的创意产出函数为:

$$\pi_t = a_t + \varepsilon + \theta_t, \ t=1, 2,$$

上式中,a_t 是创意者在 t 期的努力水平;随机变量 ε 代表创意者的禀赋,服从均值为 e_n、方差为 σ_ε^2 的正态分布,ε 在两期中不发生变化;随机变量 θ_t 代表外界因素对创意结果的扰动,服从均值为 0、方差为 σ^2 的正态分布,每一期都不同。设 $\mathrm{cov}(\varepsilon, \theta)=0$ 且 $\mathrm{cov}(\theta_1, \theta_2)=0$。

该模型只为补充说明上述两个问题,因此做出最简单的假设:创意者风险中性,并且贴现率为 0。因此将其效用函数设定为:

$$u = (1-w)v_{e1} - c(a_1) + wv_{c2} + (1-w)v_{e2} - c(a_2) + wv_c$$

仍然将成本函数设定为 $C(a) = \dfrac{n}{2}a^2$,故上式可以表述为:

$$u = (1-w)v_{e1} - \dfrac{n}{2}a_1^2 + wv_{c2} + (1-w)v_{e2} - \dfrac{n}{2}a_2^2 + wv_c$$

因为博弈只有两期,当 $t=2$ 时,理性的创意者会选择 $a_2=0$。

但 $t=1$ 时,创意者并不会因为博弈次数有限选择 $a_1=0$,因为在第一期后还有一个创意周期,创意者如果想在第二期获得投资人的资助,必须在第一阶段付出一定的努力。

为简化起见,设资本市场是完全竞争的,投资者获得平均正常利润,创意收益全部被代理人占有：

$$v_{e1} = E(\pi_1) = E(a_t + \varepsilon + \theta_t) = \bar{a}_1 + e_n$$
$$v_{e2} = E(\pi_2/\pi_1)$$

此处，$\bar{a}_1$ 代表创意者市场对代理人在时期 1 努力水平的预期，$v_{e2} = E(\pi_2/\pi_1)$ 时给定时期 1 创意产出情况下市场对时期 2 产出的预期，同时也是代理人在第二个创意周期里的预期收入。

根据模型假设：

$$E(\pi_2/\pi_1) = E(a_2/\pi_1) + E(\varepsilon/\pi_1) + E(\theta_2/\pi_1) = E(\varepsilon/\pi_1)$$

如果创意者市场有理性预期（Rational Expectation），那么均衡状态下创意者会在第一期自动选择 $\bar{a}_1$ 的努力水平。所以，当观察到创意者第 1 期的创意产出 π_1 时，创意者市场上的投资者可以知道 $\varepsilon + \theta_1 = \pi_1 - \bar{a}_1 - e_n$，但却无法区分 ε 和 θ_1 两个随机变量对第一期创意产出的影响。由于 θ_1 在每一期是不同的，而每一个创意者的禀赋 ε 是相对稳定的，ε 在很大程度上决定了创意是否成功。所以投资者在投资创意项目前都会努力判断 ε 的真实水平。

此处，引入一个修正因子 τ，τ 为 ε 的方差和 π_1 的方差的比率：

$$\tau = \frac{\mathrm{Var}(\varepsilon)}{\mathrm{Var}(\varepsilon) + \mathrm{Var}(\theta_1)} = \frac{\sigma_\varepsilon^2}{\sigma_\varepsilon^2 + \sigma_{\theta_1}^2}$$

根据理性预期公式，投资者可以借助修正因子 τ 和第一期的创意产出来修正对创意者禀赋 ε 的认识。τ 越大，说明创意者禀赋的不确定性越大，因此越要进行修正。由此：

$$E(\varepsilon/\pi_1) = (1-\tau)E(\varepsilon) + \tau(\pi_1 - \bar{a}_1 - e_n)$$

这样，创意者在两个创意期内的创意函数可以重新写作：

$$u = (1-w)(\bar{a}_1 + e_n) - \frac{n}{2}a_1^2 + wma_1 + (1-w)[(1-\tau)e_n$$
$$+ \tau(a_t + \varepsilon + \theta_t - \bar{a}_1 - e_n)] - \frac{n}{2}a_2^2 + wma_2$$

创意者最大化其两阶段总效用的努力水平为：

$$a_1^* = \frac{wm + (1-w)\tau}{n}$$

2. 结论分析

上述结果显示,努力程度与成本系数呈反向关系;与文化价值的收益系数呈正向关系;与创意者对文化价值偏好的关系不确定。

从经济现实看,m 和 τ 都反映了创意者的禀赋,前者从收益系数的角度,后者则从创意的不稳定性的角度。因为 $\partial a_1/\partial w = m - \tau$,即文化价值收益系数相对较大时,创意的不确定性较小时,$\partial a_1/\partial w > 0$,创意者对文化价值越偏好,越有动力在第一阶段提高努力水平;当文化价值收益系数相对较小时,创意的不确定性较大时,可能出现相反的情况。但因为 $m>0$,而 $0<\tau<1$,故第一种结果是普遍的。

(三) 有关多任务委托代理的延伸讨论

上文从静态、动态两个视角对雇佣制和签约制下文化企业家的管理决策进行了描述,但这两个视角有一个共同缺陷,就是把文化创意组织内部的工作情境简单化了,真实的情况是,几乎所有的创意组织都在同时做创意与非创意两种工作。

一般来说,创意组织可以通过两种方式提高产品的经济价值。其一是通过非文化创意活动;其二是通过文化产品的内容创意本身。在既定投入的前提下,二者是有冲突的。在一个完备的创意组织内部,核心创意团队的效用结构与创意个体是相似的,即同时追求文化价值和经济价值;非创意人员的目标是纯粹追求经济价值。在两类人员之上,是创意组织的经营者,在小型创意组织中,最高经营者可能是一个很接近创意人员的角色,此时几乎可以回归到 Throsby 模型。更多情况下,即便经营者是典型的文化企业家,他们有着强烈的文化导向,但其他行为导向以及管理一个大型组织的责任也会迫使他将注意力投向经济价值目标。在这种情况下,创意组织的总体目标是单一的,但创意组织内部,有两种分歧的目标,即核心创意团队同时追求经济价值和文化价值,但侧重文化价值,而经营者和非创意人员虽然要兼顾文化价值,但主要追求经济价值。

创意组织与创意者的最大区别在前文中已经有阐述,他们面临两项主要任务：一项是文化产品的市场推广，另一项是文化产品的内容创意。Throsby（2001）将市场价值与文化价值相分离的做法，笔者是不同意的。因此，前文中提出了文化价值在绝大多数情况下是可以按照一定比率、在一段时间里转化成经济价值的假设。

在此，我们进一步假设，创意组织的唯一目标是实现经济价值，它们的非创意行为直接为组织带来经济价值，而文化创意行为间接为组织带来经济价值，这种间接性是通过一个折现率来体现。两项活动中，前者的效果容易在短期内得以呈现，如电影和表演艺术的票房收入、图书的首次印刷与销售册书、当期报刊发行数量等；后者的效果需要一个比较长的考察期，如第一轮放映或表演后磁带、碟片的销量、图书再版重印次数、衍生产品如同名书籍、有形产品的销量、定期出版物未来几个经营期的发行数量等。文化企业家的主要职责就是要处理好两种经济价值来源的关系。

在前文的委托代理分析中，代理人都是不承担经济绩效责任的纯粹创意者，在更切合产业实践的委托代理关系中，投资人的特征没有发生本质变化，代理人却变成了主要追求经济价值的创意组织。投资者向创意组织投资而不直接向创意者投资，可能基于以下几点考虑：一是将外部风险内部化，通过一个长期契约锁定创意者禀赋和创意过程本身的不确定性；二是看重创意组织以营利为目标的组织特征，这样使得投资者投资创意活动的经济目标更容易实现。

这种目标的基本一致性并没有从根本上摆脱信息不对称的委托代理特征。因为，在一般情况下，作为委托人的投资者希望自己的投资能够获得最大化的回报，这种回报包括当期回报和远期回报。马歇尔（1964）讲过："艺术和文学上最粗糙和最可笑的风尚，因为社会上有势力的人之提倡，虽然一时会为人们所接受，但只有真正的艺术的优美才能使一首短歌或曲子，一种服装的式样，或一种家具的式样，在全国之中接连许多代盛行不衰。"在文化产业化的今天，"有势力的人"正是掌握资金和其他社会资源的投资者，这些投资者虽然没有耐心期待"许多代"的盈利，但仍然不希望自己投入大量资金的创意结果昙花一现。而代理人也即创意组织的经营管理者则相对短视，希望在当期或者比较短的时间内让投入资金产生更高的收益，提高自己的薪酬和职业声望。

根据我们的假设，代理人面临两项任务，在这两项任务上投入的成本可能是互补的，也可能是完全替代的。如果互补，那么代理人有动机同时重视对创意活动和非创意活动的投入，以争取最大化的回报。即使通过创意组织来开展创意更符合经济利益，创意行为本身的不确定性还是很强的，因为在现代文化创意产业中，内容过剩已经成为一个普遍现象，"酒香不怕巷子深"的时代已经过去，文化产业中的市场推广和渠道建设等非创意活动已经具有很强的独立性。

与内容创意收益的不确定性和长期性相比，通过非创意行为赢得收益更为务实和直接。但由于文化产品是体验商品或信任商品（Kretschmer et al., 1999），所以主要以市场推广带来的销售量不能长期保持，而且不利于创意组织的声誉积累，代理人的这种短期逐利倾向显然有悖于委托人长期利益最大化的目标。虽然熊彼特（1990）讲"我们不考虑在技术上使生产工具臻于完善所带来的半艺术性的快乐"，但文化创意并不是完善工具，而是生产文化产品本身，所以从获得长期利益的角度出发，投资者希望委托人能够保证在创意方面的一定投入，使得创意产品具有经得起市场考验的长期文化价值，在这一点上，投资者和创意组织中的核心创意团队倒是一致的。

现实中不排除有的员工同时从事创意工作和非创意工作。最明显的例子，许多文化企业的管理者都是从业务岗位提拔起来的，一些新兴的中小型文化创意企业管理者更是普遍存在白天跑市场、晚上搞创作的情况，这些都是典型的文化企业家。投资者对创意组织在不同任务上的激励不仅仅停留在创意组织经营者个人身上，更具体落实到核心创意团队和非创意人员。在信息不对称的情况下，无论对创意人员还是非创意人员采取固定工资制都是不现实的。所以投资者与创意组织签约（即投资于文化创意企业）的生产方式有其局限性，只适用某一些文化创意行业，特别是那些经营周期长、产品周期短的行业，最典型的是报纸、杂志等连续出版物和每天播出内容不同的电视新闻节目等。

一个解决办法是为不易做内部评价的创意活动寻找社会评价指标，如各类权威文化奖项、图书和唱片的"排行榜"等。现实中的一个例子来自《中国文化产业发展报告》（2005）。长沙广播电视集团在改革前存在"一流记者拉广告，二流记者收红包，三流记者写优稿"的尴尬局面，就是没有处理好"多任务委托代理"的问题。后来集团为创意的文化价值确定了社会化的评价标准：获省局一等奖奖励4000元，获中国电视奖一等奖奖励3万元，获中国新闻奖一等奖奖励4万元，获全国"五个一"工程奖奖励5万元。

正如前文所说的，在追求文化价值和长期利益方面，投资者和创意者的利益是一致的，所以奖金由集团出而非各中心或频道出。这一改革取得了良好的效果，使得长沙广电集团这个地市级文化企业在短短几年里推出了在全国有重大影响的《雍正王朝》、《走向共和》等电视剧和其他综艺节目，成为同类企业中的"领头羊"。依据评奖来判断文化价值，并给予经济激励已成为国内文化领域的管用手段，如广东省规定获得茅盾文学奖每部20万元，中国作家协会鲁迅文学奖、中宣部"五个一"工程奖每项10万元，省级文学奖一等奖每部1万~3万元等。

现实中还有一些较好地处理了创意活动与非创意活动的企业，前文提到了美国皮克斯动画工作室便是一例，又如近年来在电影制作方面取得异乎寻常成功的中国企业——华谊兄弟公司，该公司如今已经成为中国电影业最响亮的一个品牌。电影业本是个很难保障收益状况的高风险行业，有着"20%赚钱80%赔钱"的行业规则，况且中国电影受盗版音像冲击严重，票房更是黯淡，但华谊兄弟公司近年来屡有大手笔，其投资拍摄的《手机》、《大腕》、《甲方乙方》、《不见不散》、《没完没了》、《可可西里》、《天下无贼》、《功夫》等，无一不掀起了较大的市场轰动。

虽然几年来该公司的利润都很高，但华谊兄弟董事长王中军表示自己更看重未来的版权市场，他认为有2/3以上的收入将来自那里，这一利益取向和本小节模型对投资者的偏好设定是一致的。作为投资人，王中军自己不去具体参与创意层面的事：一方面，华谊兄弟有一个阵容华丽的核心创意团队，包括冯小刚、张国立、陆川、黄磊等著名导演；另一方面，他们也有一个务实高效的经营班子，只要能拍出来，就能卖好。

通常多任务委托代理分析适用于分析一个公司在一个创意周期里做一个创意项目的情况。现实中许多雇用较多员工的创意组织可能同时开展多个创意项目。如金山公司目前有三个专攻不同题材的网游研发工作室：珠海的西山居负责中国武侠题材的研发，是《剑侠情缘》的研发者；北京的烈火工作室负责魔幻题材的研发，已经推出《封神榜》；成都的亚丁工作室负责Q版卡通题材的研发，已经研发出《幻想春秋》且即将面世①。这种情况下，"锦标制度"可能是一个非常有助于设计激励约束机制的方法，限于篇幅，本书就不予展开讨论了。

三、采购制下的文化企业家决策

（一）基于优先购买权的组织间资源整合管理与决策

采购制也是现代文化创意的组织方式之一，现实中许多创意项目是通过若干个创意个体或者组织依照某一创作规律的要求依次投入，最终投放市场。这一过程往往要经历多次采购。优先购买权契约是文化创意产业中很常见的采购方式，特别适用于创意周期较长，且各阶段可以分割的文化产品生产。

优先购买权协议的签约双方往往都是具备创意能力的主体，可以是创意者和创意组织，也可以是创意组织和创意组织。优先购买权的意义是可以让承担创意活动后期风险的创意主体通过拒绝行使优先购买权来锁定创意风险，进而停止创意过程或更换合作伙伴。如电影发行商可以与制片商签订一个优先购买权协议，当看过样片感觉有市场价值时便按照协议价格购买，并进行市场推广活动；如果不合意，便可以拒绝购买，规避进一步可能发生的市场损失，代价只是优先购买权的价格。同样，电影制片商可以和剧本创作团队签订优先购买权协议，唱片公司可以和独立的音乐工作室签订优先购买权协议。

---

① 华谊兄弟公司和金山公司两个例子整理自吴阿仑等．创意经济挑战商业霸权．商业文化，2005（9）．

优先购买权是"采购制"创意生产的最典型模式,其之所以流行主要是因为现代文化创意产品市场前景的不确定性,这种不确定性被凯夫斯(2004)认为是创意产业最为典型的特征之一。数字可以说明问题,在电视出现之前,10部电影之中有9部盈利,20世纪80年代只有10%的美国电影盈利,在所有唱片中,只有一小部分(大约10%)能够保本。在一些创意周期长的文化产品生产过程中,前期创意活动的价值(最后表现为经济价值)要很长时间以后才能被证实,而且一个多环节的创意活动,如果只签订一次性的线性契约,那么事后可能会发现,其实创意的失败就发生在创意链条的前端,无论是采取雇佣制还是签约制都会出现这种问题。

优先购买权协议提供了一种相对低成本的创意风险规避方式,在整个创意过程的绝大多数阶段,拒绝执行优先购买权并非意味着创意的停止,而可能只是换一个合作伙伴,而新的合作伙伴还可以从过去被否决的创意中获得有益的启发,这种多次、多方向的尝试非常有助于复杂文化产品的生产。

(二)模型描述

以下截取创意过程的两个阶段,用一个两阶段博弈来说明优先购买权的价值。博弈的设定思路受到 Demski 和 Sappington(1991)与 Noldeke 和 Schmidt(1998)工作的启发,在模型形式上则参考了前者,但其与本节的模型有一点明显不同:他们设计的是一个卖出期权,下面的模型是一个买入期权。

设在创意阶段 t_1,创意者 f 的努力程度是 e^f,在创意阶段 t_2,创意者 l 的努力程度是 e^l。两个阶段的创意共同决定一个总收益,因为创意的不确定性,这个总收益是分布在 $[\underline{R}, \overline{R}]$ 上的随机变量 R,R 由 e^f 和 e^l 共同决定。$f(R \mid e^f, e^l)$ 是 R 的概率密度函数,$F(R \mid e^f, e^l)$ 是概率分布函数。

博弈的时间线如下:①创意者 f 和创意者 l 签订优先购买权协议 (p, b),后者先支付购买权价格 p,双方协议如果购买,(阶段性)创意结果的价格为 b;②创意者 f 根据协议选定自己的努力水平 e^f;③因为创意产品的价值在此时并不能被证实,所以创意者 l 只能认为前者的努力程度 e^f 越高,随机变量 R 越大,并

第五章 文化企业家的组织管理与决策

以此为依据决定是否执行购买权;④如果执行优先购买权,创意者 l 会进而选择努力水平 e^l,继续创意,直至完成第二阶段的创意,产出 R。

在均衡状态下,两个阶段的净收益表示如下:

$$NR = \int Rf(R|e^f, e^l) dR - e^f - e^l$$

当创意者 l 选择执行优先购买权时,他的收益是 $\int Rf(R|e^f, e^l) dR - p - b - e^l$,即最终总收益减去购买权价格、(阶段性)创意产品价格和他付出的努力。此时创意者 f 的收益是 $p + b - e^f$,即期权价格加售出的(阶段性)创意产品价格,减去他付出的努力。

创意者 l 选择不执行优先购买权时,他的收益是 $-p$,即付出的购买权价格;此时创意者 f 的收益是 $p + R - e^f$,即在期初获得的购买权价格,加未售出的阶段性创意产品的价值,减去他付出的努力。

设创意者 f 是风险规避者,他的效用函数为 $U(p+b-e^f)$ 或 $U(p+R-e^f)$;设创意者 l 是风险中性的,他的效用函数为 $V = \int Rf(R|e^f, e^l) dR - p - b - e^l$ 或 $V = -p$。创意者 l 选择是否执行优先购买权的依据如下:

$$r(e^f, e^l, b, p) = \begin{cases} 1 & if \\ 0 & otherwise \end{cases} \int Rf(R|e^f, e^l) dR - p - b - e^l \geq -p$$

即只有在购买阶段性创意产品的收益大于不购买的收益时,他才会购买。

考虑创意者 l 的选择条件,给定 p、b 和 e^f,最大化 $V(p, b, e^f)$ 的条件是:

$$\max_{e \geq 0} r(e^f, e, b, p) \left[\int Rf(R|e^f, e) dR - p - b - e \right] + [1 - r(e^f, e, b, p)](-p)$$

此时创意者 l 的任务是选择一个最优的 e^l,用 $\hat{e}^l(p, b, e^f)$ 表示。

如果预计到创意者 l 在第二阶段的选择,创意者 f 也会选择一个最优的努力水平来最大化他的效用 $U(p, b)$,其条件是:

$$\max_{e \geq 0} \{1 - r[e^f, \hat{e}^l(p,b,e), b, p]\} \left[\int U(R+p-e) f(R|e, \hat{e}^l) dR \right]$$
$$+ [1 - r(e, \hat{e}^l, b, p)] U(p+b-e^f)$$

如要在期初让创意者 f 接受优先购买权契约 (p, b)，必须保证 $U(p, b) \geq \overline{U}$，这是参与约束条件。

从创意者 l 的利益视角看，一个有效的优先购买权契约应该促生两个创意者的最优努力水平 e^{f^*} 和 e^{l^*}，(e^{f^*}, e^{l^*}) 满足两阶段净收益 NR 的最大化：

$$(e^{f^*}, e^{l^*}) \in \mathop{\mathrm{argmax}}_{e^f, e^l} \int Rf(R|e^f, e^l) dR - e^f - e^l$$

当满足下述两个条件，

即 $b = \int Rf(R | e^{f^*}, e^{l^*}) dR - e^{l^*}$

且 $U(p + b - e^{f^*}) = \overline{U}$ 时，

(e^{f^*}, e^{l^*}) 是可以实现的。

也即当阶段性创意产品的协议价格等于总收益 $R(e^{f^*}, e^{l^*})$ 减去创意者 l 的最优努力成本，且创意者 f 的效用水平等于保留效用时，有最优均衡结果。

证明如下：

第一种情况，当创意者 l 观察到创意者 f 已经选择了努力水平 e^{f^*}，此时创意者 l 依照以下逻辑最大化其效用：

$$\max\left\{\int Rf(R|e^{f^*}, e) dR - p - b - e; -p\right\} \leq \max\left\{\int Rf(R|e^{f^*}, e^{l^*}) dR - p - b - e^{l^*}; -p\right\} = -p$$

上式使用了条件 $b = \int Rf(R|e^{f^*}, e^{l^*}) dR - e^{l^*}$。

也即如果创意者 l 观察到创意者 f 已经选择了努力水平 e^{f^*}，他的最优选择便是努力水平 e^{l^*}。

第二种情况，当创意者 l 观察到创意者 f 已经选择了努力水平 $e^f > e^{f^*}$，此时，

$$\max_{e \geq 0}\left\{\int Rf(R|e^f, e) dR - p - b - e\right\} \geq \max_{e \geq 0}\left\{\int Rf(R|e^{f^*}, e) dR - p - b - e\right\} = -p$$

创意者 l 会愿意执行优先购买权，并根据 e^f 选择一个 e^l，使得

$$\int Rf(R|e^f, e^l) dR - p - b - e^l \geq -p$$

但创意者 f 的效用 $U(p+b-e^f)<U(p+b-e^{f^*})=\overline{U}$，所以理性创意者 f 是不会选择高于 e^{f^*} 的努力水平的。

第三种情况，当创意者 l 观察到创意者 f 已经选择了努力水平 $e^f<e^{f^*}$，此时，若他执行优先购买权，会出现以下结果：

$$\max_{e\geq 0}\left\{\int Rf(R|e^f,e)dR-p-b-e\right\}\leq \max_{e\geq 0}\left\{\int Rf(R|e^{f^*},e)dR-p-b-e;-p\right\}=-p$$

即创意者 l 的损失超过了购买权价格，故他的最优选择是拒绝执行优先购买权，将损失锁定在 $-p$。在此情况下，创意者 f 的效用为

$$U(p,b,e^f)=\int U(R+p-e^f)f(R|e,0)dR\leq U\left[\int Rf(R|e,0)dR+p-e^f\right]$$

因为 $b=\int Rf(R|e^{f^*},e^{l^*})dR-e^{l^*}$ 且 $(e^{f^*},e^{l^*})\in \underset{e^f,e^l}{\operatorname{argmax}}\int Rf(R|e^f,e^l)dR-e^f-e^l$

所以

$$U\left[\int Rf(R|e,0)dR-e^f+p\right]<U\left[\int Rf(R|e^{f^*},e^{l^*})dR-e^{f^*}-e^{l^*}+p\right]$$

$$=U(p+b-e^{f^*})=\overline{U}$$

这说明，创意者 f 在第一阶段的懈怠会导致创意者 l 拒绝执行优先购买权，并使得自身的保留效用得不到实现。理性的创意者 f 不会有如此愚蠢的选择。

以上三种情况都说明，在假设条件成立的情况下，一个优先购买权协议能够保证两个阶段的创意者选择各自的最优努力水平（e^{f^*}，e^{l^*}），并使得两阶段创意的产出最大化。进一步推广，一个可分的多阶段创意，如果在每一阶段采取优先购买权协议的方式，可以保证创意活动风险的最小化。

（三）模型结论分析与讨论

优先购买权针对的是创意"成品"或"半成品"，这就降低了文化企业家承担风险的必要性，但正是这种可以被拒绝行使的权利给创意产业链前期的参与者施加了足够的压力，使得他们能够做出高水平的创意与创新。降低了风险，并不是没有风险，因为文化企业家不可能仅仅通过"购买"就实现利润，必须在此基础上再加工并销售或仅仅是销售，这一过程仍然对他们的知识和才干提出了很

高的要求。

优先购买权契约是采购制中最能够体现新工艺经济时代合作生产特征的一种合同安排，签署优先购买权的创意组织之间往往已经有一定的合作或交易经历，优先购买权一般多用于投资大、周期长的文化创意活动。在其他领域，采购制是随机搜索式的，最典型的是音乐产业。因为"新思想和新形象往往始自于核心领域之外的边缘和地方领域，其中少数会被核心领域吸收"（克兰，2001）。

许多对文化内容的原创创意都来自文化组织的外围，如来自非洲的音乐革命，资本主义世界与非洲的文化交流对音乐的发展产生了决定性的作用。奴隶制度对其受害者来说是一场灾难，但是却为音乐界带来了革命性变化。当代流行音乐的大多数形式——布鲁斯、节奏布鲁斯、摇滚音乐、爵士乐、摇摆乐、桑巴、说唱——要么是由生活在新大陆的非洲人创造的，要么源于非洲的影响。非洲音乐的扩散，只是一个侧面，由于对流行音乐最有影响力的消费者是青少年，当青少年中新的同龄人群体进入唱片市场，创新的幅度就会摇摆不定，新的音乐潮流往往转瞬即逝，单一的唱片公司根本无法预测。唱片公司要想与潜在的消费者保持联系，就不得不在主要城市和城市周围的夜总会和会堂演奏的几千家小型摇滚乐队中发掘人才。在这种零散的、高频率的、低成本的交易模式中，优先购买权的优势无从发挥，随机购买就足够了。

现实中的采购制有多种重要的实现机制，以下仅讨论其中两种：

1. 依托文化产业园区实现有效采购

优先购买权协议的一个很强的假设是，后继创意者能够判断前期创意者的努力水平及其阶段性创意产品的或有价值。这一假设在现实中的合理性可以解释为同行之间的默会知识流动，这种流动既有行业的因素，也越来越表现为地域的集中。一般而言，美术、设计、造型艺术等文化产品的创意更多地集中在少数中心城市。凯夫斯（2004）和考恩（2005）都持这一观点，后者还专门回顾了佛罗伦萨、阿姆斯特丹、巴黎、纽约依次发展成为资本主义世界的艺术中心的经济社会因素，中心城市的富有买家、技术与物质材料的供给、社会评论的发达都是创意者乐于聚居于大城市的原因。

从采购制的角度看，作为产业集群的好莱坞首先必须是一个创意产品（含阶段性产品）的交易中心，包括电影、电视、电视游戏以及音乐录音等。派恩（2000）描述了这一状态的形成，在20世纪20~50年代电影生产的黄金时期，它完全基于大规模生产模式，少数垂直集成的公司控制电影生产和放映的全过程，被称为"制片厂模式"。该模式采用标准程式和（表面上看是）可以互换的演员，生产了一部又一部的电影，按照预先安排，一部又一部地推向等待中的大规模市场。电视的冲击和高级法院的裁决迫使制片厂放弃了院线，电影产品的市场前景变得更加不确定。电影现在很少由一个制片公司制作……取而代之的是主制片厂担任投资者，由一个独立的制作公司来组织制作，该公司可能仅制作一部电影；制作投入——前期制作服务、布景设计制作、电子工作、声音合成等，其中有一些工序可能外包给专业公司来做。主制片厂和独立制作公司之间的协议就是典型的购买制的例子。

创意产业园区不仅交换产品，也交换思想。环顾世界，有不少地区被看作是能够启发灵感的，所以被誉为时尚中心。早在100多年前，马歇尔（1964）便指出，"法国的设计师觉得最好住在巴黎：如果他们长久不与时式的主要变动接触，他们就似乎落后了"。在这些所谓的时尚中心里，无论是创意的数量还是质量都是比较高的。现在国内正如火如荼地建设各类创意产业园区，也正是对这一规律的承认。特别是在新技术的平台上，有时还需要不同文化产业部门之间的合作，如此一来，企业间、产业部门间建立一种利益分享、合作共赢的竞争观便显得尤为重要。①

2. 通过"文化产业系统"实现有效采购

文化创意企业间一连串的采购协议就构成了组织社会学所研究的"文化产业系统"（Cultural Industry Set, Hirsch, 1972）。这一系统中最重要的是文化生产部门（出版社、唱片公司、电影厂等）、大众传播部门（报纸、广播、电视）、分销部门。文化产业系统可以分为技术子系统、制度子系统和管理子系统三个部

---

① "人为为人"的竞争观参见苏东水. 产业经济学. 高等教育出版社，2000.

分，其主要功能是让最初的创意成为可以交易的文化产品和服务，这一功能不仅表现为生产和交易，更重要的是其筛选机制，筛选机制中最重要的是把关人（Gatekeeper）和把关组织。

在这一链条里，在前一阶段创意成果供给充分且不具有明显专用性的情况下，不需要优先购买权协议，否则，优先购买权就显得非常重要。因为（优先）购买协议可以因为下家对中间创意产品的价值判断而随时中止，所以"文化产业系统"的主要功能是通过其筛选机制，让那些可行的最初创意成为可以交易的文化产品和服务。

Hirsch 在 2000 年又撰文重新考察了文化产业的新现象。但他的研究虽然反映了文化产业生产交易链条的许多特性，但归根结底是一篇组织社会学论文，只是借用了产业经济学的一些概念，对技术和组织创新、市场的绩效等经济问题并没有太多讨论。从系统或链条的角度来解析文化产业的学者还有安迪·普拉特提出的文化产业生产体系（CIPS），这一体系包括创意、生产输入、再生产和交易四个链环。

文化产业系统建构了一种"漏斗式"研发，如在电影工作室里，先是有许多创造性的想法，最终只有一部分想法得到许可和施行，"我们一天能得到 2 个或 3 个提议，同样地可能会有 30 个或 40 个电影项目在进展之中，最后投入制作的有 12 个或 15 个"（帕夫利克，2005）。克兰（2001）把一本书从构思到出版、再到成为经典的过程归纳如下：

书稿→编辑→委员会→一般书评→专门讨论

这一筛选过程中，决定购买权是否实施的人起初就是交易活动的直接参与人，但文化创意产品越来越复杂的生产工艺和不确定性的市场前景使得当事人不敢相信自己的判断，而越来越倚重"专业人士"的意见。这些"专业人士"就是所谓的把关人。

把关人是典型的文化企业家角色，在西方国家指传媒信息在播出前把持选题、编辑、审稿各筛选环节的专业人士，这些专业人士的职业代码，如他们如何理解传媒的公正性、新闻性、个人及媒体的品位、媒体间的竞争等组成一道道关卡，决定传媒意义的生产（陆杨、王毅，2006）。

把关人的专业素养无疑使得市场的不确定性被降低了，文化创意产品（含阶段性创意产品）的选择有了更充分的依据，但也并未完全消除不确定性。甚至连大文豪安德烈·纪德在当编辑时也犯下低级错误，他对另一位大文豪马赛尔·普鲁斯特的名著《追忆似水年华》做了退稿处理，普鲁斯特把书稿交给另外一家出版商并被接受，虽然他最初必须支付出版的部分费用，但后来很快得到更有利可图的报价，撰写后面几卷①。而纪德供职的出版社此时才幡然醒悟，想尽办法争取出版权。

纪德的失误不是偶然的，因为把关人是"有限理性"的，而且其取舍标准是多元的，正如在一个创意组织内部存在文化价值取向和经济价值取向的分歧，一些独立于创意组织之外的把关人也存在这个问题。有研究显示，广告上投入最大的文化创意产品得到把关人的评论版面最多（克兰，2001），而且还存在创意组织向把关人或把关组织贿赂的情形（Hirsch，1972）。

---

① 这一过程是典型的从采购制向签约制的过渡。

第六章 文化产业化背景下的企业家成长案例

> 拉斯基说：制片人必须既是一个预言家又是个将军，既是个外交家又是个和平缔造者，既是个守财奴又是个败家子，他必须有吸取教训的能力，有谨慎控制一切的能力，有天使般的耐心和克伦威尔式的铁腕……除非情况改变，他的决定必须明确、果断和得到快速执行，由于电影业的风向瞬息万变……没有任何意外情况能阻止他们寻找新的明星、像超级保姆那样抚慰导演等制片厂资源，或者穿着衬衣、抽着雪茄整夜开会，或者"用他们自己的创造力审查和修改剧本"……他们掌控着构成一部影片的所有元素，各种有形和无形的元素，除了控制影片中角色的性格、影片的整体形态、人们娱乐时所需要获取的知识，还控制着电影创作者和他们所用的材料。
>
> ——理查德·麦克白
> 《好莱坞电影：1891年以来的美国电影工业发展史》

从产业实践看，企业家对文化创意活动不同方式、不同程度的介入由来已久（如 Peterson & Berger, 1971；Hirsch, 1972），所以文化产业化的过程其实正是企业家介入文化生产益深的过程。对企业家在文化创意过程中究竟能够并应该发挥什么作用，不同学科的文献做了许多探索。但受学科交叉的限制，研究视角零散，不够系统和深入，未能完整描述企业家介入文化创意活动的过程，在一些基本问题上还存在分歧。本章和下一章，将分别立足文化产业化和产业文化化的背景，选择若干典型案例，还原文化生产的完整情境，据此研究文化企业家的成长过程。

一、案例研究的文献基础

(一) 企业家介入文化创意的研究

1. 外围介入

文化创意活动具有一定的知识壁垒，资源条件无法超越知识壁垒的企业家只能在外围定位角色。Burroughs 等（2011）将企业家对于创意可能发挥的外围作用归结为两个方面：支持（Facilitating）和奖励（Rewarding）。文化产业中企业家的支持性角色包括提供资助（如考恩，2005）、管理协调（如 Cohendet & Simon，2007）、市场开发（如 Bilton & Leary，2002；Perry – Smith，2006）等。企业家的奖励性角色则主要是根据创意结果进行奖惩（如 Chisholm，1997；邓晓辉，2010），理论文献对这类奖惩的作用有质疑，如凯夫斯（2004）和 Thorsby（2001）都认为艺术家会自觉地关注自己的产品，而不仅关心薪酬高低，实证文献的分歧也很大（如 Amabile，1985；Deci et al., 1999；Eisenberger et al., 1999）。

2. 核心环节介入

当资源条件具备或产业实践客观需要，企业家也会介入文化创意的核心环节，最常见的形式是扮演把关人角色（Gatekeeper），筛选创意素材或评价创意结果（如 Hirsch，1972；Kretschmer et al., 1999；克兰，2001；Elsbach & Kramer，2003），知识资源具备的企业家甚至会直接干预或参与文化创意过程（如 Spicer，2010）。对于这类深度介入，不同学科的文献有分歧：文化社会学者克兰（2001）认为这破坏了文化创意规律；组织社会学者 Hirsch（1972）、管理学者 Elsbach 和 Kramer（2003）的观点是中性的，认为这可以改善效率。

（二）资源与角色视角的研究

1. 企业家资源和角色的基本关系

Baker 和 Faulkner（1991）提出了"角色即资源"（Role as Resource）的理论——各类参与者凭借其角色获得与文化生产有关的各类资源，即角色先于资源。基于该理论，他们研究了好莱坞商业大片的生产过程。其分析重于电影产业参与者之间的角色关系，而角色就是电影业中的职能角色，如制片人、投资人、导演、演员等，并没有提炼和抽象。

Jones（2001）明确将企业家职业（Entrepreneurial Careers）作为早期美国电影产业（1895～1920 年）兴起的核心推力之一，而企业家职业发挥其功能的依据有两点：一是创业精神，这使得他们能够识别并充分利用各种机会；二是资源，Jones 强调的资源是知识和社会网络。因此，他认为企业家的能力或资源先于角色。

资源和角色的关系是研究文化创意的重要线索，同时从资源和角色视角切入文化创意的代表性文献还有 Lampel 和 Shamsie（2003）、Delmestri 等（2005）。但文献对于二者的关系并没有一致意见。

2. 文化产业中的资源

资源在管理学中有着非常广的外延，战略文献对企业资源典型定义是有价值、稀有、难以模仿、不可替代的一切东西（Barney，1991）。

Baker 和 Faulkner（1991）所言资源包括了与电影生产有关的社会、文化和物质资本，覆盖面大却比较抽象。Miller 和 Shamsie（1996，2001）从两个维度对电影制片公司的资源做了分类：财产性资源与知识性资源、独立资源与系统资源。其中财产性资源指那些可以通过契约明确产权的优势资产，如签约明星、独占院线等，知识性资源则是竞争对手难以模仿的技能。财产性资源在稳定的环境中作用显著，知识性资源在动荡的环境中作用显著。而且，系统资源比独立资源更难以模仿。

薛靖（2006），阿尔维斯、丁琳、席酉民（2008）认为个人的社会资本（如关系）也是影响团队创造力的重要资源。除此之外，组织行为文献在论及群体或团队的资源时，一般会把个体的人格特点也作为一种资源单列（罗宾斯，2005），至少个性因素对于协作性的创意行为是很关键的因素（Fleming, Mingo & Chen, 2007）。现有文献表明，参与文化生产的两大类主体艺术家和企业家的人格特点明显相异（Thorsby, 2001；凯夫斯, 2004），故人格特点也应该成为文化创意企业的资源。

总体上，文献呈现出重企业家的知识资源而轻财产性资源的趋势，如 Jones（2001）强调的资源是知识和社会网络，Yamada 和 Yamashita（2006）强调知识资源，Sorenson 和 Waguespack（2006）、Lorenzen 和 Täube（2008）等强调社会网络资源。国内学者薛靖（2006）研究了广告行业创意团队成员个人创新行为的影响因素，特别是"个人知识转换能力"和"外部关系资源"。

3. 文化产业中的企业家角色

企业家的现实角色可能是多样的，但各类角色的本质却都是企业家精神和企业家才能，具体表现为自主性、创新性、冒险性、先动性、侵略性等（Lumpkin & Dess, 1996），具备这些精神和才能的企业家角色才能对文化创意过程产生实质影响（Miller & Shamsie, 2001）；反之则不然，如 Davenport（2006）发现，英国电影业的组织和人员职能表面看都很正常，但其制度传统导致制片人缺乏企业家精神，因此该行业的创新性很不理想。目前，该领域大多数文献并没有回归企业家的基本特征来研究研究企业家角色。

4. 企业家资源与角色关系的动态变化

企业家资源和角色的关系并非一成不变，而是受到环境影响、动态变化的。以文献最为密集的美国电影业为例，在一体化的大制片公司时代，好莱坞电影产业的核心能力在于资源转化能力，即将企业拥有的资源有效投入到电影生产中去，此时企业家的典型角色是把关人（如 Hirsch, 1972；克兰, 2001；Elsbach & Kramer, 2003）。

大制片公司时代之后，好莱坞电影产业的核心能力在于资源整合，即将各类参与主体的资源有效整合到电影生产中去（Lampel & Shamsie, 2003）。近年的文献都极为关注电影业的社会网络，社会网络本身即为资源，同时它还是粘连整合其他资源的载体，更可能形成系统资源（如 Sorenson & Waguespack, 2006；Cattani & Ferriani, 2008；Lorenzen & Täube, 2008）。基于网络资源，文献对企业家角色开始有新的理解,如中介人(Long Lingo & O' Mahony, 2010)。

(三) 企业家介入对文化创意绩效的影响

文化创意绩效主要体现为文化产品或服务的绩效,对此文献有一定共识。文化产品的价值形态可以划分为经济价值和文化价值(Throsby, 2001),以电影业为例,经济价值就是票房和衍生品收入,文化价值体现在影评和奖项上(Miller & Shamsie, 1996; Lampel & Shamsie, 2000; Yamada & Yamashita, 2006)。

企业家的介入对文化生产的绩效必然产生影响,然而具体的影响尚未有全面、系统的文献支持。在有关电影生产的研究中,Miller 和 Shamsie (1996) 建立了不同类型资源和创意绩效的关系,却未涉及企业家个人层面;Miller 和 Shamsie (2001) 建立了企业家职业生命周期与市场绩效的关系,但却没有涉及企业家的具体资源和介入角色;Yamada 和 Yamashita (2006) 则重在分析企业家与艺术家的角色关系如何影响绩效,而角色关系的形成与各角色的资源(主要是知识性资源)有关。

(四) 文献评述与解释视角

1. 现有文献的问题

(1) 现有研究在一些基本问题上存在较大分歧,如企业家是否应该介入文化创意核心环节,又如企业家的奖惩是否对艺术家的创意活动产生激励或约束,这在一定程度上说明本领域尚处于理论发展的初级阶段。

(2) 来自社会学、文化学、传播学等学科的文献较多,这些研究虽然很早就论及企业家(或企业家精神)的影响(如 Peterson & Berger, 1971),但对企业家的敢为人先、勇于冒险、锐意创新等特性很少观照,只有 Davenport (2006) 从反面强调了这一点,这就使得对企业家介入行为的理解不够完整和深刻。

(3) 因素分析较多,很少有过程研究,破坏了创意情境和创意过程的完整性和连贯性,也影响了现有文献对企业家介入行为的理论解释力。

(4) 虽然对企业家介入行为和文化创意绩效分别有不同学科的文献涉及，但二者的关系却很少被探讨，使得文化创意管理的基本策略没有实证支持。

(5) 目前各学科有关中国情境中企业家介入文化创意的微观过程研究非常少，这和当前我国文化产业实践不断推进的现实要求极不相符。

本章的案例研究就是针对以上不足之处而展开的。虽不能完全解决现有观点的抵牾，但至少对典型个案中的相关问题进行深入挖掘；通过还原企业家介入文化创意的原始情景，分析企业家和艺术家的真实关系而非套用现成框架；强调企业家的主动性和创新性，并借助研究对象历时较长的职业经历全面分析介入的完整过程及其结果。

2. 解释视角的提炼

综合以上文献，可以梳理出一个有关企业家资源、角色和创意绩效的模糊关系。第一，企业家原本是文化生产的旁路人，之所以成为现代文化创意产业的核心角色，就在于其资源的不可替代性。第二，企业家的资源要嵌入文化创意过程，其本人必须在这一过程中扮演实际角色，如投资人、经营者等。以上正是资源和角色的互生，但并不能如 Baker 和 Faulkner（1991）断定角色先于资源。第三，企业家的资源和角色在介入文化创意过程后，必将对创意绩效产生影响，这种影响也是企业家介入文化创意的动力和目标所在，但具体影响并不清楚，有待于探索。第四，环境因素对资源、角色、绩效的相互关系有重要影响，特别是研究中国情境中的案例必须考虑环境因素。这一关系如图 6-1 所示。

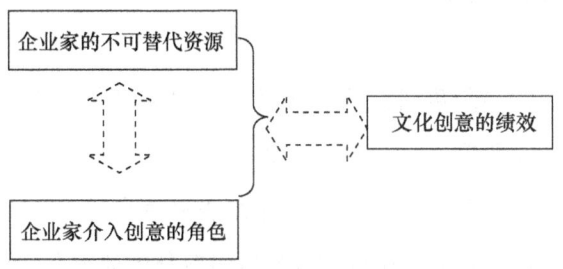

图 6-1 企业家资源、角色与文化创意绩效的模糊关系

二、主案例：中国电影制片人张伟平

（一）案例选择与研究方法

1. 案例选择的依据

我们选定的研究对象是中国电影制片人张伟平，张伟平进入电影界前是一个与文化产业毫无关联的"纯粹企业家"，曾担任药剂师和外资企业管理人员，创业后主要投资于房地产、航空食品等行业。张伟平和张艺谋1989年相识，1996年第一次投资了张艺谋的电影。1997年，张伟平成立北京新画面影业有限公司（以下简称新画面公司），自任董事长，张艺谋担任艺术总监。1996～2011年，张伟平和新画面公司共投资拍摄了11部电影，全部由张艺谋执导。2012年，两人终止合作。

选择依据有三点：第一，电影业是现代文化产业中最具有代表性的大规模生产部门之一；第二，张伟平身兼投资人、制片人和经营者，几乎覆盖了电影业企业家的所有职责；第三，他长期的主要合作者是知名导演张艺谋，1996～2012年间，二人在电影生产方面彼此互为唯一合作者，这就使得本案例不仅有典型意义，还有精练的人事背景，便于分析和讨论。

2. 研究方法

（1）案例研究法与叙事研究法。本书是单案例研究，其最重要的价值在于突出情境、展示过程和揭示关系，这与研究企业家介入文化创意的需要是契合的。由于案例取材的特殊性，具体分析方法采用叙事研究法（Narrative Research）。叙事研究指"任何运用或者分析叙事资料的研究"，而叙事资料来自访谈、文学作品、田野札记、个人信件等。近年来针对企业家叙事素材的相关研究逐渐增加，说明基于叙事研究的管理理论建构是可行的。叙事研究既可以做内容

第六章 文化产业化背景下的企业家成长案例

分析,也可以做形式分析,或者二者结合。内容分析重在对叙事素材语义的理解,从中归纳出陈述人对相关问题的意见,后文的案例描述与讨论主要依托于此;形式分析则主要从陈述人的语气、语调、语速、语篇长短、重复次数等着手,后文中有多处关于张伟平对特定人、事态度的推断依托了形式分析。

(2)素材筛选与分析过程。为了确保企业家的亲口陈述,本书所用素材以访谈视频为主,辅以少量权威平面媒体的文字素材。通过筛选最终保留了包含张伟平本人亲口叙事的主证视频26段共438分钟,时间分布2005~2012年(见表6-1)。部分视频(10段共270分钟)是综合性陈述,其中张伟平或主动或应采访要求较为完整地回顾了他和张艺谋从1989年起认识、交往、合作的全过程以及与其他合作者的故事,覆盖了他进入电影界后的主要事件。这10段视频的内容虽有重复,但因叙事角度和采访时间的差异亦有很多互补之处。另外16段视频都是针对特定影片和事件的陈述。由于研究者并未介入对研究对象的访谈,只是从公开渠道搜集素材,因此研究对象不了解我们的研究意图,他的所有陈述对本研究而言都是自由陈述,这类素材的优点在于研究对象未受到干扰,真实表意的可能性更大。

表6-1 视频素材一览

编号	时间	内容	来源	长度	分类
1	2005	张伟平专访	第一财经财富人生	45分钟	综合
2	2006	张伟平纪录片	CCTV-5电影人物	30分钟	综合
3	2006	张伟平评巩俐	东方卫视新娱乐在线	5分钟	专题
4	2006	张伟平评周润发	BTV-2每日文娱播报	6分钟	专题
5	2006	张伟平回应"欺行霸市"	BTV-2每日文娱播报	5分钟	专题
6	2007	中国电影投资人张伟平	CCTV-10人物	46分钟	综合
7	2007	张伟平的冒险经历	重庆卫视人文天下	37分钟	综合
8	2007	金牌推手张伟平	BTV文艺天天影视圈	6分钟	综合
9	2009	张伟平澄清《三枪》传言	BTV文艺每日文娱播报	5分钟	专题
10	2009	新画面第三枪	新浪专访	31分钟	专题
11	2009	张伟平谈《三枪》	东方新闻娱乐频道可凡倾听	24分钟	专题
12	2009	张伟平现场互动	第一财经波士堂	44分钟	综合
13	2009	张伟平、张艺谋现场互动	BTV五星夜话	45分钟	专题

续表

编号	时间	内 容	来 源	长度	分类
14	2009	张伟平《三枪》专访	BTV 文艺天天影视圈	6 分钟	专题
15	2010	张伟平谈《山楂树之恋》	CCTV-6 中国电影报道	6 分钟	专题
16	2010	张伟平谈《山楂树之恋》营销	BTV 文艺每日文娱播报	5 分钟	专题
17	2010	对话张伟平	网易专访	28 分钟	综合
18	2011	《金陵十三钗》宣传	CNSTV 新闻	2 分钟	专题
19	2011	张伟平回应票价风波	东方卫视新娱乐在线	8 分钟	专题
20	2011	张伟平回应分账风波	CCTV-13 新闻	3 分钟	专题
21	2011	张伟平戛纳专访	凤凰娱乐专访	15 分钟	综合
22	2011	张伟平谈《金陵十三钗》激情戏	新浪娱乐专访	6 分钟	专题
23	2011	张伟平谈院线排片	新浪娱乐专访	6 分钟	专题
24	2011	张伟平谈不用大牌栽新苗	上海卫视娱乐星天地	5 分钟	专题
25	2012	张伟平张艺谋分手综合报道	东方卫视新娱乐在线	7 分钟	综合
26	2012	张伟平谈与张艺谋分手	新浪专访	12 分钟	综合

注：内容完全重复的视频只保留一种；经剪辑拼搭的视频，除非语境完整（如有记者的完整提问）且当事人的表意非常明确，否则都予以剔除。

在收集一定数量视频素材后，研究者开始一边观看已收集到的视频，一边充实新的视频素材。全部视频都被观看三遍或以上：第一遍，了解视频的基本内容；第二遍，根据研究主题"企业家资源、角色及其介入文化创意的绩效"对张伟平的有关陈述进行记录；第三遍，在对原始记录资料做初步整理的基础上，重复观看以查漏补缺。案例描述部分主要参考视频观看记录撰写。撰写期间，又对多段视频做了有选择的重复观看。以上过程中，不断充实新的视频，直至认为视频素材足够支撑案例分析。视频以外的素材对撰写案例描述仅发挥了背景交代、事件串联等辅助作用。在分析过程中，对照视频素材中张伟平的亲口陈述，我们发现了其他素材中的不少讹误之处，这也从侧面体现了一手叙事素材的独特价值。

为了验证本研究有关概念和命题的稳健性，在研究的设计、实施和定稿阶段分别征求了电影专业学者、研究生和各类文化创意企业（含影视公司）从业人员的意见。他们的意见对研究有一定启发和帮助，但本章的有关新概念、新命题和研究结论都是研究者独立探索并最终确定的。

(二) 案例描述

1. 支持保障阶段 (1996~2000年)

1996年之前,张伟平和张艺谋积累了深厚的私人情谊,但并无工作关系,1996年出资2600万元拍摄《有话好好说》,主要是朋友间的帮忙救急。张伟平认为张艺谋的电影得不到投资的主要原因有两个:其一,张艺谋与巩俐的合作中止,电影丧失了明星效应;其二,题材较以往跨度大,令投资人缺乏信心。特别是前一个原因,让商业嗅觉敏感的张伟平初步萌发了打造张艺谋导演品牌的想法。但打造导演品牌有一个过程,此后张艺谋仍然在自主选题方面探索,相继拍摄了《一个都不能少》(1998)、《我的父亲母亲》(1999)、《幸福时光》(2000)。张伟平1997年成立新画面公司,为这三部电影提供了资金。

从财务角度看,前四部电影的绩效并不理想,《有话好好说》虽最终获得票房4600万元,但张伟平仅以800万元出售了该片的发行权,所以亏损约1800万元;后三部电影也未能赚到钱。从同行评价看,《一个都不能少》和《我的父亲母亲》分别荣获威尼斯国际电影节金狮奖、柏林国际电影节银熊奖等重要奖项。这两部电影都没有知名演员参演,它们的获奖说明张艺谋本人的导演品牌已经建立起来。

2. 全面营销阶段 (2001~2005年)

出于对电影关注的加深,也出于企业家的营利驱动和好胜本能,张伟平不断反思为何前几部电影不赚钱的问题。通过和张艺谋沟通,二者达成共识,他们参照好莱坞商业大片的模式,推出了商业武侠片《英雄》。张伟平公开宣称《英雄》的投资额为2.6亿元。新画面公司无力独立承担这项投资,资金主要来自境外金融机构的贷款。这一方面体现了张伟平的资源整合能力,另一方面也反映了张艺谋品牌的市场感召力,这正是张伟平在第一阶段刻意打造的。除了融资,张伟平的市场创新能力也得到全面发挥,具体体现在以下几个方面:第一,包租商务飞机巡回宣传,并在人民大会堂举办首映式;第二,影片点映时采取了极端严格的防盗版措施,既确保了自身权益,也吸引了公众眼球;第三,公开拍卖影片音像版权，拍出1780万元的天价，而此前电影音像版权的售价都不超过50万元；第四，首次将制片方和院线的票房分账比例由3∶7提高至4∶6。最终，《英雄》在中国大陆的票房约为2.5亿元，全球票房约为1.77亿美元，远超投资额。虽然同行和公众对《英雄》的艺术水平没有达成一致，但普遍认为该片开创了中国的商业大片时代。

试水商业大片后，张伟平在电影业找到了成功者的感觉。2003年，他又推出了《十面埋伏》，该片复制了《英雄》的营销模式，国内票房为1.54亿元（制片方分账比例提升至41%），海外版权仍是一次买断，约2亿元，但相对于对外宣称的巨额投资，该片的财务绩效不如《英雄》，同行和公众评价也不理想。2004年，为了圆张艺谋和他本人与高仓健合作的梦，张伟平投资拍摄了《千里走单骑》，他继续创造性地发挥了营销优势，在旅游胜地丽江举办别开生面的"流水席"首映式。虽然最终只收获了3000万元的国内票房，但已经位列国产文艺片的前列。

3. 积极建议阶段（2006年）

2006年拍摄的《满城尽带黄金甲》是一个转折点。凭借此前的经验和体悟，张伟平自觉对电影业的运行规律有了较为全面的了解，他对电影拍摄全程的介入明显加深。在筹拍过程中，张伟平先是建议影片改名，《满城尽带黄金甲》的片名是由他敲定的，然后又建议引进周杰伦扮演重要角色。这些建议的出发点是"必须考虑观众的需求，必须考虑市场"（视频6）。对于他的建议，张艺谋虽然感到为难，最终都接受了。不仅对导演的工作提出明确的建议，张伟平面对表演艺术家时也变得更加自信。在电影拍摄、宣传和放映期间，张伟平多次点名或不点名地批评一些主要演员，虽有制造话题之嫌，但综合此后几年张伟平的言行，大多数表述都是他的真实观点。

张伟平的营销优势在《满城尽带黄金甲》中发挥得更加淋漓尽致：第一，针对国内外观众的差异，该片制作了两种预告片，北美预告片突出周润发和巩俐，国内预告片突出周杰伦；第二，第一次推出电影官方网站，实施互动式宣传；第三，凭借市场对影片的强烈期待，制片方对国内票房的分账比例进一步提高至43%；第四，为了精确监控票房，新画面公司在全国各地雇用了800个大学生监票。

《满城尽带黄金甲》的市场表现实现了张伟平的预期，国内票房3亿元，海外版权一次性出售给索尼公司，据张伟平说价格"比《英雄》好"（视频16）。从研究者收集的素材看，张伟平本人把《满城尽带黄金甲》视为继《英雄》后的又一次成功跃升，不厌其烦地反复陈述。

4. 深度干预阶段（2009～2011年）

2007～2009年，由于张艺谋执导奥运会开幕式和建国六十周年庆典，新画面公司只投资了一部电影《三枪拍案惊奇》，于2009年底上映。《三枪拍案惊奇》的剧本改编自好莱坞科恩兄弟的《血迷宫》，新画面公司购得改编权。从《满城尽带黄金甲》中获得成功体验的张伟平，继续以同样的形式介入电影拍摄，而且程度更深。小沈阳、闫妮等主要演员的选择，张伟平都表达了重要意见，而且在他的一再干预下，一部典型的惊悚片被拍成了喜剧片，可以说张伟平从根本上改变了影片的风格。

在宣传影片和回应各种质疑时，此时的张伟平俨如电影专家，对剧本、角色、影片风格、演员表演等都如数家珍、侃侃而谈。虽然观众和同行对《三枪拍案惊奇》褒贬不一，但它作为一部张艺谋执导的电影无疑是颠覆性的，最终在争议中获得了2.6亿元的国内票房，加上其他方面的收益，相对于8000万元的投资，该片盈利状况较好。

2010年的《山楂树之恋》是一部"文艺商业片"，改编自影响很大的网络小说，以"最干净的爱情故事"为卖点，通过全国范围海选男女主角造势，7000万元的投资获得1.47亿元的国内票房。仅从研究者搜集的素材看，张伟平对这部电影的介入并不是特别突出。

电影《金陵十三钗》缘起张艺谋2007年读到同名小说，剧本、选角和其他前期准备耗时两年多，2011年初开拍。张伟平宣称《金陵十三钗》的投资额是6亿元，且为新画面公司独家投资①。军人世家出身的张伟平一反以往的超脱姿

---

① 此前新画面公司一般都会选择与香港安乐影业等长期合作伙伴联合投资，一方面分散风险，另一方面也便于开发境外市场。

态，多次在不同场合对这部电影表达了强烈的个人感情，使用了"圆梦"、"最爱"等字眼（视频18）。

因此，无论是经济利益，还是个人感情，都使得张伟平对这部电影有深度介入。一是物质资源的大量投入，包括空前的250亩外景建设，由于是独家投资，张伟平为此承担了很大的风险；二是选角，男主角贝尔是张艺谋与张伟平共同选定的，至少他的票房感召力能够让张伟平满意，也有助于实现冲击美国奖项的目标，其他主要演员如佟大为和曹可凡，从他们的自述来看主要是张伟平的选择①；三是营销范围被拓展，张伟平第一次亲自做海外销售，此前的影片都是一次性出售海外版权，这充分反映了张伟平的市场信心，他希望能够分得更高比例的海外票房；四是再一次提高国内票房分账比例至45%，并提高了最低票价，引发院线公司的强烈反弹；五是张伟平在拍摄过程中还干预剧情，为了迎合观众，他建议增加男女主角的激情戏，男主角贝尔对此很排斥，导演张艺谋也有不同意见，但张艺谋最终还是听从了张伟平的建议，说服贝尔出演，这从侧面说明张伟平干预的强势。

《金陵十三钗》虽然获得了近6亿元的国内票房，但海外市场表现不佳，冲击国际奖项亦没有结果，对比巨额投资，它的综合表现并不理想。而且，张伟平对电影拍摄过程的深度干预使得他和张艺谋的矛盾有所激化，2012年8月，张伟平亲口证实二人合作关系终结。

（三）案例分析

基于对案例的系统描述，结合前文关于文化创意过程中企业家资源、角色和绩效的有关概念，可以将企业家介入文化创意的角色归纳为四种，以下将阐释这四种角色、其资源基础以及对文化创意绩效的影响。

1. 基于独立财产性资源的赞助者角色及其对文化创意绩效的影响

此时，介入文化创意的不是企业家本人，而是他们掌握的财产性资源。企业

---

① 佟大为和曹可凡的自述见访谈视频和《金陵十三钗：我们一起走过》一书。此外，娱乐圈传言张艺谋和张伟平在女主角的选定上有分歧，但这没有得到二人的口证。

家只是向文化创意活动提供物质支持,或者根本没有营利性目的,或者虽存有盈利期望但没有积极的行动介入,此时企业家扮演的就是赞助者角色。造成这一状况的主要原因是文化产业的市场化程度不高,企业家的参与出于兴趣或其他偶然因素,而不会把它当作"生意"来做。虽然赞助者投入的财产性资源对艺术家来说非常重要,但并无不可替代性,任何有资金的人都可以扮演这个角色,因此这些财产性资源是典型的独立资源,缺乏系统性的特征(见表6-2)。

表6-2 赞助者角色及其资源基础

赞助者角色	资源基础	代表性阐述
仅为文化创意提供物质支持的企业家角色	独立财产性资源	不看账本,是我对张艺谋人品的信任,不看剧本,其实是我对他的艺术创作上的认可(视频1)
		其实前面那几部影片,我们在营销上并没有做太多的事情(视频6)

资金问题是艺术家面临的基本约束之一,赞助者角色在很大程度上解决了这个问题,有助于实现创意结果。此时文化创意过程仍完全由艺术家掌控,他们除了受到预算限额的约束(有时只是"软约束"),其他方面都可以自由探索。创意结果的文化价值具有随机性,和艺术家的水平、状态以及同行评价标准等有密切关系。由于赞助者对经济价值并不刻意追求,也没有营销推广方面的积极作为,故创意结果的经济价值一般也没有保证。

不过,独立的财产性资源在介入文化创意的过程中与其他生产要素不断组合,逐渐形成了系统性特征。在张伟平个案中,主要表现为通过连续资助张艺谋的自由创作,巩固了张伟平及新画面公司和张艺谋的合作关系,并形成了张艺谋个人的导演品牌①。

命题6-1:独立财产性资源支持形成企业家的赞助者角色,赞助行为有助

---

① Miller和Shamsie(1996)视签约明星为独立财产性资源,虽然导演也是"明星",但笔者认为导演和演员相比有更强的资源整合能力,和导演的固定合作关系应属于系统财产性资源。

于实现创意结果，对创意结果的文化价值和经济价值无直接影响。

2. 基于系统财产性资源和商业知识性资源的辅佐者角色及其对文化创意绩效的影响

从专业分工看，企业家的优势在于其商业技能，具体包括融资、运营、营销等，这些技能都属于知识性资源的范畴。在文化产业市场化程度不高的情况下，商业知识性资源主要是企业家在其他行业积累形成的，一旦被引入文化产业中，至少在一定时间内同行难以模仿。当发挥这些资源的优势时，企业家并不介入内容和形式创作等核心创意环节，只是协助艺术家更好地开展文化创意活动，并实现相应绩效，所以我们将其界定为辅佐者角色。

企业家的不同商业知识性资源都会对文化创意过程产生影响：通过发挥融资技能可以获取更多的外源资金，避免自有资金的过多投入；加强运营管理有助于提高财产性资源的使用效率；营销技能则渗透在文化创意的全过程，既包括前期策划，也包括后期宣传以及衍生品经营。这些知识性资源的介入一方面进一步提高了财产性资源的系统性，另一方面实现了知识性资源对财产性资源的替代。商业知识性资源极大地改变了文化创意企业的运行模式，但文化创意过程不可能仅仅依靠商业知识，艺术知识性资源处在对等的、有时甚至更重要的地位，所以从大的系统看，单纯的商业知识还只是一种片面的独立知识性资源（见表6-3）。

表6-3　辅佐者角色及其资源基础

辅佐者角色	资源基础	代表性阐述
以商业技能辅助文化创意，但不介入文化创意核心过程的企业家角色	系统财产性资源 商业知识性资源	我在不断地跟艺谋同志进行沟通，我希望他能接受这个现实，什么现实？就是市场这个残酷的现实，艺术家的艺术是为观众服务的，不是自己欣赏的，不要那么自恋（视频8）
		中国电影要赚钱，光靠影片质量已经不能独立支撑，发行和销售同样重要（视频1）

辅佐者角色可以对文化创意活动产生更加广泛的影响。以营利为目标的大量

商业技能的介入,有助于提高文化创意结果的经济价值。但这种提升受到两个条件的限制:第一,市场环境限制,在文化产业市场化程度不高的环境下,经济价值提升效应相对显著,然而在各类商业介入行为泛滥的环境下,只会陷入恶性竞争,经济价值提升效应有限;第二,文化产品的选题限制,由于企业家此时还只是一个辅佐者,他们无力或无意介入文化创意的核心环节,故艺术家仍然保有几乎完整的创作自由,如果创作选题并不瞄准大众市场,那么企业家的辅佐行为作用有限[①]。虽然市场导向的企业家倾向于投资商业题材的作品,但他们作为辅佐者并未介入内容创作环节,所以不直接影响创意结果的文化价值。不过,典型的商业题材作品获得同行好评的机会终归少一些。

命题6-2:系统财产性资源和商业知识性资源支持形成企业家的辅佐者角色,在市场化程度不高且选题恰当的情况下,辅佐行为有助于提高创意产品的经济价值,但对文化价值无直接影响。

3. 基于系统财产性资源、商业兼艺术知识性资源的建议者角色及其对文化创意绩效的影响

建议者角色与辅佐者角色的资源基础在财产性资源方面并无明显区别,区别在于知识性资源的变化。此时,企业家借以介入文化创意的知识性资源仍以商业知识为主,但随着艺术知识性资源的积累,他们希望能够真正融入内容与形式的创作,而非仅仅做一些辅佐性工作。文化产业市场化程度提升导致的竞争压力也会刺激企业家深度介入的愿望。这种深度介入的要求最初表现为在尊重艺术家创作自由的前提下,对内容创作等环节提出独立的,且有一定专业性的建议,所以我们将其界定为建议者角色(见表6-4)。

从赞助者到辅佐者,企业家调动的主要是既有商业知识和技能,可以基本依主观愿望实现角色转变。而从辅佐者到建议者,新增的艺术知识和技能发挥着至关重要的作用。究竟多少新增知识和技能可以支持角色转变,受到许多因素的影响,如市场环境、企业家行事风格、企业家与艺术家的关系等。一个行为激进的企业家在面临较大市场竞争压力时,可能会凭借有限的艺术知识扮演建议者角

---

① 张艺谋回顾《英雄》成功的原因,总结了两点:第一,"恰巧赶上了中国商品经济在电影市场上的转型期";第二,选择了"市场类型的电影"(视频13)。

色，在处理与艺术家的关系时也会更加自信；反之，一个谨慎的企业家在同样情况下则会有所保留，不轻易提出建议。

表6-4 建议者角色及其资源基础

建议者角色	资源基础	代表性阐述
参与文化创意、局部介入核心创意过程的企业家角色	系统财产性资源 商业兼艺术知识性资源	因为电影市场的复杂性和这种激烈的竞争，我呢干预了一些在电影创作上演员的加入，比如周杰伦，因为艺谋他是纯艺术家，艺术家不能把过多的思路放在市场上，要是把市场了解得非常清楚，那就不是艺术家了，绝对就是一商人。那市场的把握一定是我要做的，我要多操心，多负责任（视频17）
		（我是）一个特殊观众向导演提出建议……与其说是建议，还不如说就是一个决定了（视频6）

建议者角色仍然较多关注创意产品的商业层面，虽然他们力争介入内容创作，但并非纯粹追求艺术合理性，而是为了让创意产品的内容与形式能够更好地为实现经济价值服务。商业技巧高明的企业家在具备一定艺术知识后，可能会更加专业而精准地捕捉到行业趋势和受众偏好，据此对艺术家的创作提出建议并实施有针对性的市场创新，这可以在更加激烈的市场竞争环境中实现经济价值的提升。但即便对商业题材的作品，艺术界的同行评价也不完全迁就市场反应，甚至会对商业技巧的提前介入有所抵触，所以企业家的建议者角色对创意结果文化价值的影响具有不确定性。不过，如果企业家的新增艺术知识和艺术家的既有知识能够互补且相洽，就有可能弥补艺术家独立创作的不足，提高创意结果的文化价值①。

命题6-3：原本具备系统财产性资源和商业知识性资源的企业家在充实了

---

① 《满城尽带黄金甲》的剧本改编自曹禺的《雷雨》，所以，除了情境转换，加入"杰王子"一角之前的电影剧本在角色、叙事、情节等方面几乎没有原始创新。张艺谋本人也承认自己的弱项："我有自知之明，我不善于自编自导，我的特点是我有好的视觉影像、好的视觉体现能力。我希望下一次再有运气碰上一个好剧本，碰上好编剧"。见李云灵．张艺谋：别叫我"国师"，招骂．东方早报，2011-01-03. 所以，倒是张伟平的建议弥补了张艺谋的弱项，最终导致了角色和剧情的颇多新意。从这一点讲，张伟平对《满城尽带黄金甲》的成功"建议"是有特定条件的。

一定的艺术知识后,可以扮演建议者角色,建议者有助于在竞争更加激烈的市场环境中提高创意产品的经济价值,对文化价值的影响具有不确定性。

4. 基于系统财产性资源和系统知识性资源的干预者角色及其对文化创意绩效的影响

同样,干预者角色与建议者角色的资源基础在财产性资源方面并无明显区别,区别在于知识性资源的变化。系统知识性资源是企业家具备的能够将商业技能和艺术品位有效融合的知识资源。这不仅是企业家自身努力提升的结果,也是文化市场竞争压力对企业家提出的新要求。但系统知识性资源只是针对企业家禀赋而言的,并非对艺术家知识资源的完全替代,因为绝大多数企业家都不能完全取代艺术家在创意过程中的地位。具备了系统知识性资源的企业家有能力更加深入地介入文化创意过程,经常性地对内容和形式的创作施加影响,有时甚至可能破坏艺术家的创作自由。所以,我们将此时企业家的角色界定为干预者(见表6-5)。

表6-5 干预者角色及其资源基础

干预者角色	资源基础	代表性阐述
全面介入文化创意过程的企业家角色	系统财产性资源 系统知识性资源	当时我说用小沈阳,艺谋一听就一激灵,说他怎么能演戏呢?那脑袋摇得和拨浪鼓似的……(张艺谋说)我这是惊悚悬疑呀!我说为什么惊悚悬疑里就不能加喜剧呢?你没发现今天好莱坞都热捧喜剧片吗?艺谋不置可否……一个礼拜以后跟我说,他准备跟赵本山谈用小沈阳的事(视频10)
		(被问及是否"艺术上归他(张艺谋)管,具体的商业操作上归您管"?)我们俩没这么明确的分工(视频12)

根据Baker和Faulkner(1991)的研究,在好莱坞进入大片时代后,制片人的职业化程度提高,并且和艺术家职业明显分野,倒是各类艺术家(最主要的是导演和编剧)的角色有融合的趋势。在这样的分工格局下,真正拥有系统知识性资源的企业家并不多。特别是原本就不具备艺术知识的企业家,积累并形成系统

知识性资源需要一个漫长的周期,最终是否能够形成还存有不确定性。但毫无疑问,对文化产业内的企业家来说,拥有系统知识性资源是一种理想状态。

系统的财产性资源和知识性资源使得企业家能够全面驾驭文化创意过程,在确保物质支持的前提下,既充分发挥艺术家的创意天赋以实现文化价值,同时又及时矫正他们的行为偏差以实现经济价值,故可以提高创意结果的总体绩效。但如上文所言,这只是一种理想状态。现实中,企业家不管是否真正具备了系统知识性资源,都有扮演干预者角色的冲动。在新增艺术知识的支持下,干预者角色比建议者角色更加强势。此时,企业家的行为目标趋于模糊,既有商业追求,又掺杂着艺术判断,这些艺术判断极有可能和职业艺术家不一致,难免给整个文化创意过程造成混乱。而且,如果企业家频繁深度介入艺术家的领地,势必激发艺术家的抵触和自我保护,影响两类角色的合作,而企业家毕竟只是文化创意过程中的一类参与者,他们只有与艺术家维持和谐的关系,才能确保创意顺利进行(Yamada & Yamashita,2006)。

命题 6 - 4a:系统的财产性资源和知识性资源支持形成企业家的干预者角色,干预者角色可能对创意产品的绩效产生全面推动。

命题 6 - 4b:如果企业家不具备系统知识性资源,他们扮演的干预者角色可能会对文化创意绩效造成负面影响。

(四)延伸讨论

企业家在文化创意过程中的角色演化本质上反映了企业家的成长,张伟平个案为中国文化产业企业家的成长提供了完整而典型的参照,以下将对照案例和文献,进一步探讨企业家资源、角色和文化创意绩效的关系,为文化产业内企业家的成长提供参考。

1. 支持企业家角色演化的两个条件

(1)资源积累。Jones(2001)将企业家职业(entrepreneurial careers)作为早期美国电影产业(1895~1920年)兴起的核心因素之一,而企业家职业发挥其功能的依据有两点:一是创业精神,这使得他们能够识别并充分利用各种机会；二是资源，Jones 强调的资源是知识和社会网络。在 1895~1910 年间，对企业家职业的主要能力诉求是生产效率，而 1910 年后，营销技巧成为最重要的能力诉求，具体表现在产业治理形式上，自 1895 年到 1930 年，先后经历了生产、发行、放映等价值链单一方面的竞争→战略网络竞争→纵向一体化→主要大制片公司的横向合作四个阶段。

张伟平个案大致在复制美国电影的历史，所以，本书倾向于认为企业家的资源是角色形成并发挥作用的先决条件。资源与角色的理想关系是完全匹配，但企业家对其资源的使用有一定的弹性空间，即允许出现角色落后于资源的情况。不过，这样肯定不能充分发挥既有资源的优势，如张伟平在扮演赞助者角色时，他的既有商业技能就无从发挥。反之，如果企业家角色超越资源条件即为"角色冒进"，这必然导致力不从心，不具有可持续性。

由于系统的资源更加难以复制，为了提高竞争力，企业家的各类资源都有从独立向系统发展的动力。赞助者角色所依托的财产性资源是典型的独立资源，极易被模仿和超越，如今许多企业家都致力于积累系统财产性资源，包括签约知名艺术家、自建实体场馆、积累版权、开发衍生产品等。张伟平对这一趋势有清醒的认识，但他除了打造张艺谋的导演品牌外，在其他系统财产性资源的积累上都相对保守，甚至多次明确表示不签明星、不做产业链（包括电影衍生品）、不上市融资，只拍张艺谋执导的电影，这种思路使得新画面公司从资产上看是一个规模不大的创意企业。即便如此，张伟平和新画面公司在中国电影市场上的影响力也很大，这得益于知识性资源的支持。在进入辅佐者角色以后的几个阶段，张伟平逐步实现了知识性资源对财产性资源一定程度的替代，轻装上阵，凭借其深厚的商业知识和发达的社会网络赢得了事业发展。

然而，企业家资源（特别是知识性资源）的积累不是线性的。Miller 和 Shamsie（2001）对 1936~1965 年的美国电影业高管进行了研究，他们发现企业家的职业周期呈现倒 U 形的三个阶段：第一阶段是学习阶段，此时绩效不理想、不稳定，但进步很快；第二阶段是收获阶段，此时充分的知识存量会保证稳定而优秀的业绩；第三阶段是衰退阶段，此时惰性、自满替代了学习和探索实验。20

世纪30年代起担任福克斯公司高管的Zanuck就是典型的例子,他早期勇于创新和实验,业绩优异,但随着企业家精神的衰退,好时光止于20世纪50年代初。张伟平是否进入第三阶段尚无法证实,但近年来他的确表现得更加偏激、孤立,对艺术家的态度更加强硬,与同行的关系更加紧张,经营策略上一方面更加激进,另一方面乐于对既往成功经验进行简单复制,在电影市场竞争日益激烈的环境下很难维持好的绩效。

(2)绩效确认。企业家每一次角色转化,前提是资源条件的变化,而绩效则是最重要的检验标准。如果角色转化后的绩效较好,就会支持和强化新的角色;反之,企业家必须做出角色调整。

在张伟平个案中,他的三次角色转变都在短期内取得了预期绩效,所以较为顺畅地实现了从赞助者到辅佐者、从辅佐者到建议者、从建议者再到干预者的角色演化过程。以上过程可以看作是企业家角色与绩效的积极循环,这种循环可以提高他们介入文化创意的积极性,并使得企业家特有的创新精神渗透到文化部门,感染和改变艺术家,提高企业乃至整个行业的创新性。反之,就会陷入一种消极循环,Davenport(2006)发现,英国的电影制片人回避风险,既没有意愿也没有能力成为真正的文化企业家,这直接阻碍了该行业的绩效提升,而较低的绩效又进一步遏制他们的冒险精神。不过,张伟平在干预者角色上未能维持好的绩效,而且干预者角色的负面效应也显现出来,此时角色与绩效的积极循环遇到梗阻,客观上提出了角色调整的要求。

大多数非艺术领域出身的企业家对文化创意绩效的关注是有偏差的,他们一般更重视产品的经济绩效。从《英雄》开始,在张伟平日益增进的影响下,张艺谋的作品主要都是商业电影,衡量这些作品绩效的标准就是票房,对同行评价和艺术奖项的关注逐渐退居其次。这种偏差正反映了企业家的艺术知识性资源还是有些欠缺,而在电影市场竞争日益激化的趋势下,企业家扮演干预者角色将成为一种必然要求,客观上需要企业家(特别是非艺术家出身的企业家)更加重视艺术知识性资源的积累,并全面地理解文化创意绩效。

2. 影响企业家角色与创意绩效关系的两个因素

(1)市场竞争环境是影响企业家资源和角色关系的重要调节变量。Miller和

Shamsie（1996）将电影产业的市场环境划分为稳定的和不确定的两种。中国电影产业作为文化产业的领先部门，近年来进入了加速发展的时期，属于典型的不确定市场。美国电影业的不确定时代始于20世纪50年代，一体化的寡头企业被拆分，竞争日益激烈，将各类参与主体的资源有效整合到电影生产中的资源整合能力成为核心能力（Lampel & Shamsie，2003）。资源整合能力的载体是电影业的社会网络，这些网络本身即为资源，同时它还是粘连其他资源的载体，更可能形成系统资源。

张伟平的前三个角色都扮演得很成功，就是因为他凭借娴熟的商业技能和发达的社会网络不自觉地扮演了资源整合者。得益于当时中国电影市场的不成熟，新画面公司的作品取得了较好的市场绩效。但支持前三种角色的资源仍然不是完全系统化的，在中国电影市场迅猛发展的大背景下，企业家的成长很快，张伟平的成功之道逐渐被同行效仿，好的绩效无法维持，这又推动他积累资源进入新的角色。因此，张伟平的角色冒进固然有他自身的原因，也有来自外部环境的压力。

（2）企业家—艺术家关系是影响企业家角色和创意绩效关系的重要中介变量。文化产品归根结底是艺术家创作出来的，企业家的所有介入和干预都要通过影响艺术家的行为发挥作用。制片人和导演的关系是一种典型的企业家—艺术家关系，DeFillippi 和 Arthur（1998）将其描绘为角色独立、职能两分，即导演致力于艺术目标，而制片人则关注财务问题，艺术团队与商业团队的组织也是分两条线进行的，他们举导演兼演员 Peter 和制片人 Paul（真实人物化名）为例，两人是15年的好友，有两次成功的合作，但他们的团队和社会网络却一直保持相对独立。如前文案例描述所示，张伟平在扮演赞助者、辅助者角色时与张艺谋维持了职能相对明晰的关系。

现实中电影制片人职责的外延非常宽广，他们的履责行为不可避免地与艺术家（主要是编剧和导演）行为发生诸多交集，形成形式各异的企业家—艺术家关系。文化产业具有其他产业少有的不明确性（Ambiguity），即产品质量好坏优劣的标准（市场标准和美学评价）、谁来掌控生产过程、具体的创意如何实施等都缺乏明确的规范（Long Lingo 和 O'Mahony，2010）。不明确性既有助于艺术家即兴发挥和自由创意，也为滋生企业家行为的随意提供了土壤。不明确性使企业家对自身的艺术知识极易发生误判，这一点是文化创意和技术创新的最大差异：一个理智的企业家很少介入或干预他不熟悉的技术问题，而频繁介入文化创意过程则是文化企业家难以抑制的冲动。起初，作为"外行"的张伟平主要凭财产性资源与艺术家保持均势，得益于文化创意过程的不明确性，他很快积累起一定的艺术知识，加上强势的性格，转而赢得了对艺术家的话语优势，出现角色冒进亦在所难免。

具体来说，建议者角色虽然已经介入艺术家的传统领地，但企业家对自身的知识性资源仍不够自信，所以还会在很大程度上尊重艺术家的创作自由，两者关系的平衡可得以维系；而一旦企业家进入干预者角色，不管其实际资源条件如何，他对自身知识性资源的极度自信必将外显为强势的干预行为，很有可能干扰艺术家的创作自由，并引发反感和抵触，打破企业家与艺术家原有的平衡关系。平衡关系的破坏对文化创意绩效有负面影响，又会进一步对角色产生反作用。

（五）案例研究结论

1. 研究结论

张伟平的叙事素材为本书提供了一个人事背景简练、资源与角色演化过程较为完整的真实情境。通过对该个案的研究，企业家资源、角色、创意绩效的关系及其演变规律得以明确和细化。基于不同资源组合，企业家的角色被归纳为赞助者、辅佐者、建议者、干预者四种类型，在资源与角色有效匹配的前提下，不同角色介入文化创意活动将产生可预见的绩效，但绩效反过来会对角色有确认或否定的作用。一切文化生产活动都是嵌入特定市场环境中的，市场环境因素对资源、角色和绩效三者的互动关系有调节作用。与此同时，企业家与艺术家关系的和谐性也对文化创意绩效有重要影响。

2. 研究展望

作为单案例研究，本书首先努力确保案例的典型性，并且在视角选定、概念运用和分析推理中努力做到从现有文献中寻找支撑，因此研究过程与结论是稳健的。中国文化创意产业内各部门、各类企业的发展状况并不均衡，即便在电影行业内也存在类似的问题，虽然张伟平个案较为完整地展示了企业家资源、角色及其介入绩效的演变过程，但仍然不能覆盖所有重要的产业实践。至少有以下三点值得进一步探究。

（1）张伟平个案反映的是企业家从完全不懂文化产业规律的"外行"逐步演化为"内行"的情况，中外文化产业中有不少企业家原本就长期供职文化部门，或者直接就是艺术家出身，他们不仅可能跳过赞助者、辅佐者角色直接进入建议者乃至干预者角色，甚至实现艺术家和企业家角色的合二为一。而且，他们的资源积累顺序与张伟平式企业家正好相反，即在艺术知识的基础上充实商业技能和财产性资源。

（2）张伟平的资源积累过程有一块"短板"，即系统的财产性资源，这使得财产性资源在企业家角色的演变过程中居于相对次要的地位。在中国电影产业，许多成功的企业（如华谊兄弟）通过积累系统财产性资源也取得了良好的绩效。而且，新画面公司从《山楂树之恋》后开始与演员签约，并有保留《金陵十三钗》外景地的计划，似乎开始着手积累系统财产性资源。新的资源形态必将催生新的角色和介入形式。

（3）为了凝练叙事线索，本书站在企业家角度进行单向度研究，与艺术家有关的素材仅提供了旁证，但产业实践中艺术家和企业家居于对等的地位，基于二者关系的双向研究或可提供更丰富的理论见解。

三、辅案例：英国电影制片人克林格

（一）选择依据与人物简介

纵观电影史，有两个非常接近文化企业家理想类型的人群：一是 20 世纪 70

年代好莱坞涌现出来的"电影神童"们——Francis Ford Coppola、Martin Scorsese、Brian De Palma、Steven Spielberg 和 George Lucas 等,他们都是导演或编剧出身,又逐渐承担了制片人的职能,由此兼具艺术与商业两项使命,作者理论(Auteur Theory)对此多有论述;二是制片人出身,他们从非创意角色逐渐转向身兼艺术与商业两项使命的"文化企业家",英国电影学者将其定义为制片人艺术家(Producer-artist)。这一群体得到的关注相对较少,但也非常有普遍性。这种制片人艺术家的职业经历正好与上一节主案例中的张伟平相似,也由此具备了可比性。

电影业和大多数文化产业部门一样,充满不明确性(Ambiguity)和不确定性(Uncertainty)。不明确性来自生产过程,从选题、选角、融资、组队拍摄直至剪辑成片,这个过程虽有常规可循,但更有许多需要相机抉择的环节;不确定性则来自市场反应,渠道商和观众的口味飘忽不定,很难把握。从经济学的角度看,电影业的利润率并非它们自己宣称的那样显著,从整体利润率看,它们甚至不及旅馆业、餐饮业、酿酒业和烟草业。恰如道格拉斯·戈梅里所说,"除了电影自身的魅力以外,电影业从来没被认为是一门成功的工业,它直接受到20世纪美国资本主义经济危机的周期性影响"①。

制片人的工作就是要同时应对不明确性和不确定性,这导致他们的职责很特殊,也很复杂。据雷电华公司和米高梅公司的制片人波曼所言,大多数制片人"是一个中介、一个包装者、一个组织者,或者一个财务人员⋯⋯放弃了他在结构中的创造者地位",但波曼本人的作用却不限于此,他要"找到故事素材,把它变成剧本、分派角色,然后拍摄电影"②(麦特白,2005)。由此可见,波曼的角色是接近文化企业家的。为了系统展示制片人出身的文化企业家的成长过程,下文将选择 Klinger 和张伟平两个典型个例进行对比研究。

Michae Klinger 是20世纪六七十年代英国最成功的电影制片人之一,如今已经几乎被公众淡忘,只有少量学术文献会提及他。由于英国电影业影响有限,他在中国电影界和中文电影学界更是几乎未留痕迹。作为"电影小国"的制片人,

---

①② 理查德·麦特白. 好莱坞电影. 华夏出版社, 2005.

他的故事却非常典型，与当代中国同行也颇有可比性。英国学者 Spicer（2010）总结，Klinger 的职业生涯一直在努力平衡市场绩效、艺术追求和创业理想三者的关系，具体表现为：他一方面关注影片的经济回报，另一方面又渴望推出真正有创意的佳作，同时他始终怀有凭借大制作影片挺进国际市场与美国电影一争高下的雄心。

故下文分别从市场绩效、艺术追求和创业理想三个方面对 Klinger 的成长进行分析，并与张伟平进行对比，揭示文化企业家的成长过程。

（二）文化企业家与市场绩效

张伟平进入电影界前是一个与文化产业毫无关联的"纯粹企业家"，曾担任药剂师和外资企业管理人员，创业后活跃于房地产、航空食品等行业。张伟平与张艺谋合作推出的前四部电影都是文艺片，全部亏损，这让充满营利驱动和好胜本能的张伟平感到困惑和不甘。在自我反思并与张艺谋沟通后，张伟平决定改弦易辙，学习好莱坞，用他本人的话说就是"创造我们自己的、国产的主流商业大片"。这催生了《英雄》，《英雄》走的是全明星、大制作、密集营销的路子，在国内外获得了空前的高票房（约1.8亿美元）。此后的《十面埋伏》复制了《英雄》的成功经验，但市场绩效差强人意。此时的张伟平主要还是在商业层面发挥自己的优势，虽然参与了选题等事务，但并没有完全进入"内圈"。2006年的《满城尽带黄金甲》则是一次飞跃，张伟平第一次全面介入了片名创意、角色与剧情设计（引入周杰伦便是张伟平的意见），并取得了良好的市场绩效，这种介入一致延续到2009年的《三枪拍案惊奇》，张伟平断言，"如果把小沈阳结合到张艺谋的电影中，就会起到当年周杰伦加入《满城尽带黄金甲》中的那个作用"，该片也取得了商业上的成功。从2008年就开始筹备的《金陵十三钗》是张伟平寄予厚望的影片，投入方面张伟平自称"倾注所有"，但市场绩效却不理想，国内票房6亿元，国外票房很有限，根本无法弥补制片方宣称的制作成本。

Klinger 是波裔犹太人的后代，1921年生于伦敦，"二战"后开始涉足文化产业，起先是投资并经营脱衣舞俱乐部和小型影院，影院以放映进口艳情片为主。

在此期间，他和一位在电影发行公司工作的犹太人 Tony Tenser 建立了伙伴关系。为了解决片源不足的问题，Klinger 和 Tenser 从 20 世纪 60 年代初开始自主拍摄低成本艳情片，并收购了新的影院，通过纵贯制作、发行和放映的多业态经营，一对合伙人取得了良好的经济收益。60 年代中期，Klinger 结识了初到英国的导演 Roman Polanski，此前他看过 Polanski 的《Kinfe in the Water》（1962），非常欣赏，所以给处于财务困境的 Polanski 提供了资助。与 Polanski 的合作让 Klinger 初尝制作低成本艳情片所没有的成就感，却也导致了他与 Tenser 的合作中止，后者坚持要专心做低成本且有市场保障的电影。

1967 年，Klinger 出售了影院，成立 Avton Films，从此聚焦于制片，其制片人生涯一直延续至去世前。Klinger 的作品类型跨度很大，质量也良莠不齐。他在文艺片、科幻片、惊悚悬疑片和大制作动作冒险片等领域都做了不懈探索，却也没有完全放弃市场回报稳定的艳情片，这可能是为了对冲探索型影片的市场风险。70 年代初，Klinger 推出的动作片《Get Carter》（1971）和《Pulp》（1972）取得了成功，这使得他有勇气和资源去做需要更大投入的动作冒险片。他先后推出了《Gold》（1974）和《Shout at the Devil》（1976），主攻国际市场。其中《Gold》堪称巅峰之作，成本 200 万美元，虽然未能在美国市场热映，但仍然取得了 1200 万美元的全球票房。

决定一部电影最终市场绩效的除了影片本身，制作过程的协调与管理也非常关键。对于制片人来说，有三项工作不可回避，前期是融资，后期是落实渠道，中间则是过程管理。Klinger 专心做制片以后，一直掣肘于资金和渠道。大制作影片在英国很难获得资金支持，而且英国国内市场狭小，影片必须主攻国际市场，又容易受制于海外发行商。如《Gold》一片，融资处处碰壁，最终从拍摄地南非争取到 200 万美元资金，拍摄完成后，该片在英国和美国都未能得到主流发行商的青睐，特别是在美国市场，由于发行商经验和市场力量不足，档期安排失策，很大程度上影响了票房水平。处于夹缝中的 Klinger，对于能够自主掌握的过程管理，几乎事事亲力亲为，确保了成本和进度。

相较之下，商人出身的张伟平在以上方面要更加游刃有余。当第一次给张艺谋的电影《有话好好说》投资时,他就敏锐地意识到张艺谋从别处筹不到钱的原因:第一,与巩俐停止合作,丧失了明星效应;第二,题材较以往跨度较大,令投资人缺乏信心。特别是第一个原因,使得他萌发了打造张艺谋个人导演品牌的想法,这一想法在《英雄》前就已经基本实现。《英雄》的投资额号称2.6亿元,主要靠境外金融机构的贷款,这很大程度上得益于张艺谋的个人品牌。此后,张伟平的制片活动很少受到资金限制,直到《金陵十三钗》,由于境外合作方对题材不认同,张伟平才不得不大量投入自有资金。和大多数发达国家相比,中国电影市场发育相对滞后,院线垄断力量不强,这使得张伟平能够凭借导演和影片的口碑,以极为强势的姿态与院线议价,《英雄》上映时制片商的分账比例从30%上调至40%,《十面埋伏》时上调至41%,《满城尽带黄金甲》时上调至43%,《金陵十三钗》时进一步上调至45%。在过程管理方面,张伟平虽也做了不少协调工作,但对进度和成本等核心问题并不是特别关注。他在和张艺谋合作初期便形成了"一不看剧本、二不看账本"的原则,"不看账本,是我对张艺谋人品的信任,不看剧本,其实是我对他的艺术创作上的认可"。

(三)文化企业家与艺术追求

制片人出身的文化企业家终究不是职业艺术家,他们的艺术追求并非独立、自足的,而是要通过导演和演员、通过影片来实现和体现,因此探讨制片人的艺术追求,很大程度上需要分析他们与艺术家(特别是导演)的关系。

张伟平从1996年开始涉入电影业,前十年只是扮演赞助者(出资)、辅佐者(做商业运营)的角色,不能算是真正的文化企业家。虽然早期作品《一个都不能少》(1998)、《我的父亲母亲》(1999)获得了颇有分量的国际奖项,但那都是张艺谋自由选题探索的成果。张伟平真正介入电影拍摄的"内圈",从《满城尽带黄金甲》才开始,这种介入的基础是他对电影艺术和电影业规律的日渐熟稔。在该片筹备和拍摄过程中,张伟平表现出充分的自信和独立见解,他力主更改片名以增进观众期待,又引进周杰伦担纲主角以吸引年轻人,对艺术家的评价也更加大胆直白。虽然如此,张伟平还是把自己的职能限定在"一个特殊观众向

文化企业家研究：产业背景、行为特征与案例

导演提出建议"。到拍摄《三枪拍案惊奇》时，张伟平的介入愈深，除了干预选角，还将张艺谋最初拟拍摄的惊悚悬疑片矫正为"惊悚悬疑喜剧片"。此时，在被问及是否"艺术上归他（张艺谋）管，具体的商业操作上归您管"时，他的回答很干脆，"我们俩没这么明确的分工"，这明显偏离"一不看剧本、二不看账本"的原则，可以看作是张伟平介入艺术创意的公开宣言。

在这样一种姿态下，张伟平高歌猛进，以更大的尺度介入了《金陵十三钗》，却导致了他和张艺谋矛盾的激化。此前，张伟平也承认二人不可避免有摩擦，"在争执的时候，他在形式上是让着我，但是内容上他不一定服气"。有关二人矛盾点的传言很多（如女主角的选定），但大都不能被核实，真正公开化的是剧情方面的争执——在《金陵十三钗》拍摄后期，张伟平建议修改剧本，增加男女主角的激情戏，"这种生死关头，接下吻，就了事了，我觉得这观众（会）太失望了，应该给观众一个交代，应该给力"，但男主角贝尔对张伟平的建议很排斥，张艺谋也有不同意见，"我自己没有想通，我觉得要慎重，我觉得这个作品的要点不在这里，其实我们大可不必拿所谓床戏来做这个点，实在不是这样的一个层次"。虽有争执，张艺谋最终还是听从了张伟平的建议，说服贝尔出演，这从侧面说明张伟平干预的强势，也是二人矛盾的过程反映。《金陵十三钗》不仅票房低于张伟平的预期，冲击国际奖项的努力也没有成功，催化了二人的正式决裂。

Klinger早期经营影院和拍摄低成本艳情片的经历谈不上艺术追求，他最初的艺术追求在与Polanski的两次合作中被激发出来。在Klinger的资助下，Polanski的 *Repulsion*（1965）和 *Cul - de - sac*（1966）分别获得柏林电影节的银熊奖和金熊奖。在决定专心做一名制片人后，Klinger就不再把市场绩效作为唯一目标。

首先，Klinger全程、全方位地参与了电影生产。以 *Get Carter*（1971）为例：他敏锐地发现Ted Lewis的小说 *Jack's Return Home* 颇具改编潜力，果断购下改编权；与此同时，他积极游说米高梅英国公司并获得资助；然后，将小说推荐给导演Mike Hodges，争取到Michael Caine担任主角。*Get Carter* 的市场反响很好，Klinger、Hodges和Caine随即组建了以三人名字命名的Three Michaels Film Productions，趁热打铁推出了 *Pulp*（1972）。

其次，由于 Klinger 的作品类型跨度很大，所以他在不同阶段和不同的知名艺术家合作过，正如当年大胆资助 Polanski 一样，Klinger 特别倾向于提携那些有才华却尚未被认可的年轻导演。他是多名优秀导演电影处女作的制片人，如 Peter Collinson 的 *The Penthouse*（1967），Alastair Reid 的 *Baby Love*（1968）以及上面提及的 Mike Hodges 的 *Get Carter*（1971），这些影片在艺术上都是得到同行认可的佳作，虽然一般被归因于年轻导演的才华，但慧眼识珠并全程参与的 Klinger 也是功不可没。又如在历尽艰辛落实了拍摄 *Gold* 的 200 万美元后，Klinger 竟希望由年仅 27 岁的 Steven Spielberg 来执导。如果成行，未尝不是一段佳话，但由于已经确认担纲主演的 Roger Moore（后来成为詹姆斯·邦德的第三任扮演者）极力反对，Klinger 才不得不作罢，改用 Peter Hunt 领衔的"007"班底。

综上，从商履历丰富的张伟平似乎没有"纯粹"的艺术追求，但他在参与电影生产的过程中习得了有关电影艺术的基本素养和技能，特别是对商业电影有独到的见解，他注重揣测观众心理、迎合观众，追求一种观众导向的艺术合理性和艺术吸引力，这种艺术追求主要还是服务于市场绩效目标。随着张伟平对电影生产过程介入程度的加深，张艺谋电影的市场绩效不断提升，却很少再获得重要艺术奖项。张伟平十余年来仅与张艺谋一个导演合作，原因很复杂，但毫无疑问，与名导演合作的市场风险是最低的，这也从一个侧面说明他并没有在艺术领域做全新尝试的主观愿望。相比张伟平，Klinger 的艺术追求有一定的独立性，并不完全与市场绩效挂钩，原因可能有两个：一方面，Klinger 在文化部门的从业时间较长，艺术素养的积淀更加深厚；另一方面，全程参与、亲力亲为的工作习惯也培养了 Klinger 较多的艺术家特质，使得他对艺术创新有更多的敏锐性和鉴别力，也更能够悦纳新艺术家。

（四）文化企业家与创业理想

在英文里，创业与企业家精神共享一个单词——Entrepreneurship。一般来说，将这个单词译为企业家精神，强调了创新的驱动源于自身而非外部刺激，因而具有持续性；将其译为创业，则强调了企业家行为的创新性和实践性。

张伟平放弃自己轻车熟驾的业务进入电影业，Klinger 出售盈利丰厚的影院并不惜与老搭档 Tenser 终止合作，专心做制片人，都是其企业家精神的外显。在这种内驱力的支持下，两人在各自的路径上勇于创新、不懈探索。如前文所述，张伟平侧重市场创新和市场绩效多一些，而 Klinger 的艺术追求更多一些，但两人有一个共同目标，那就是通过大制作电影进军国际市场，与好莱坞一决高低，这在彼时的中国和英国，都是极具挑战性的创业理想。

张伟平在中国电影界是一个争议颇多的"异类"，除了性格与处世方面的原因，很大程度上由于他毫不掩饰的商人做派。毋庸置疑，正是这种不讳言利益的做法极大地冲击了沉寂多年的中国电影市场，为之注入活力。张伟平虽然从《满城尽带黄金甲》时才开始介入电影生产的"内圈"，但他在市场层面的创新却从《英雄》时期就开始了，而且他也确实实现了推出主流商业大片的理想。在张艺谋执导奥运会开幕式和新中国成立 60 周年庆典的几年间，处在休息状态的张伟平做了一些反思，他开始意识到一味追加投入并非进军国际市场的唯一通途，"作为制片人，应该心里有个数，我觉得该换菜的时候就一定要换菜"，《三枪拍案惊奇》、《山楂树之恋》大概就是新口味的"菜"。

此后的《金陵十三钗》又重新回到大制作，至少从张伟平乃至张艺谋的角度，该片的方方面面都是为冲击海外市场和国际奖项而量身定做的。在电影未完成前，市场方面就对该片的题材和内容表示了不认同，甚至一些长期合作伙伴也选择退出（如安乐影业）。在这样一种情况下，张伟平仍然理想主义高涨，他一反常态，对影片做了许多情绪化的表述，如"拍战争戏……对我来说是一个梦想，而这次拍《金陵十三钗》……圆了我的一个梦，所以我觉得不管为这部电影做出任何的付出都值"，"毫无疑问，《金陵十三钗》是我的最爱……为了她的诞生，我第一次倾注所有"。虽然《金陵十三钗》并未达到张伟平预期的绩效，但却成为一个文化企业家的冒险精神和偏执心理的充分展示。

从较新的文献看，英国电影业的积弱与制片人缺乏企业家精神密切相关。再

第六章　文化产业化背景下的企业家成长案例

对照 Klinger 的职业经历，可见他在同行中也是一个"异类"。他是同时期少有的敢于做大额融资的英国制片人，这也可以解释为何他的融资在英国国内难以成功。与此同时，Klinger 还是一个犹太人。无论在英国还是美国，犹太制片人和导演都不鲜见，但 Klinger 却是较早尝试犹太人题材电影的，内在的民族主义精神也是其创业理想的重要支持。Klinger 真正面世的犹太题材电影只有 *Rachel's Man*（1974）一部平庸之作，但另一部酝酿了整整 20 年却未能投拍的 *Green Beach* 更值得一提。

1967 年，刚刚决定专注于制片的 Klinger 偶然读到犹太人 Jack Nissenthal 在迪耶普突袭（Dieppe raid）①中的非凡事迹，感到这个故事在艺术和商业方面都充满潜质，而且 Nissenthal 非常符合 Klinger 心目中的犹太平民英雄形象。Klinger 决定将其搬上银幕，希望这部电影可以成为自己在电影界登堂入室的跳板。他立刻和 Nissenthal 联络并建立了良好关系，随后组织剧作家根据原始传记撰写剧本，此后 20 年间先后聘用了七位剧作家。1975 年，第三任剧作家将 Nissenthal 的回忆录以 *Green Beach* 为名出版，并成为畅销书，特别是在加拿大获得空前的欢迎。此时，已经华丽转身的 Klinger 并不迫切需要通过该片提升职业声望，但却对剧本更加挑剔，而已经出版的书与 Klinger 的要求还是相去甚远。Klinger 心中隐约希望以 *The Dirty Dozen*（1967）为参照并超越之，但大多数剧作家都觉得这是难以实现的。

准备剧本的同时，Klinger 为该片积极融资。和《金陵十三钗》有点类似，*Green Beach* 也涉及历史争议和种族问题，融资过程极不顺利。最接近成功的一笔资金来自加拿大退伍军人开办的企业，但 Klinger 最初却无意接受，一方面因为加拿大企业没有发行渠道优势；另一方面，他希望电影能够集中表现犹太平民英雄的事迹与战争的残酷，而不想突出加拿大人的英勇与牺牲。后来几经周折，拍

---

① 迪耶普突袭发生于 1942 年 8 月 19 日，迪耶普位于法国北部海岸。盟军共有 6000 名士兵参加战斗，主要来自加拿大，突袭最终失败，士兵伤亡过半（见 http://en.wikipedia.org/wiki/Dieppe_Raid）。这是加拿大军队深度涉入"二战"的主要战役，所以 *Green Beach* 一书会在加拿大热销，而且加拿大企业愿意为影片投资。虽然突袭失败，但情报收集却取得了一些收获，犹太人 Nissenthal 承担的正是电子情报搜集工作。

摄计划最终搁浅，但20年的执着正是Klinger创业理想的真实写照。

不管是张伟平还是Klinger，其创业理想固然可贵，但挑战好莱坞霸权地位的目标都没有完全实现。他们的创业理想，不同程度地存在于美国以外许多国家的文化企业家身上，很有典型性。美国电影业除了自身生产能力的优势，更有雄厚的国内消费市场支持，这些都是大多数国家的电影业所不具备的。从这一点看，身处英国的Klinger几乎不可能实现其目标。张伟平此前17年的职业生涯，见证了（在某些方面还引导了）中国电影业的快速发展，随着各项资源的日渐积累和近年国内市场的急速膨胀，他和他的同行们倒是可能迎来更加现实的机会，把自己锻炼成世界水平的文化企业家，实现创业理想。

第七章　产业文化化背景下的企业家成长案例

> 作为911车型的设计者，布茨取得了绝对令人信服的业绩，理论上他应该是接班人。但是，在魄力和强硬程度上，他却不如小他5岁的彼得，这或许是他作为设计师的艺术家气质所决定的。
>
> ——费迪南德·皮耶希
> 《汽车和我》

按照英国学者拉什和卢瑞（2010）的观点，产业文化化的本质是"文化从经济基础上'上升'"，文化企业家的贡献就是为这种"上升"提供动力。原本这些产业并不必然地和文化有关联，技术可能是最重要的影响因素，然而文化因素正是作为"深厚感情"的载体亦步亦趋地进入了这些产业。

如果说文化企业家在产业文化化的进程中主要是凭商业技能参与文化生产并获得经济回报的，那么他们在产业文化化的进程中则凭借看似与文化生产无关的经济活动为社会创造新的文化形式和内容。此时，文化企业家的职业背景有了更大的覆盖面，他们可以在汽车产业，也可以在家具产业甚至可以在饮料、手机等任何行业，正如理查德·布兰森的观点———一切行业都是创意业，他本人投资并经营的企业就覆盖了航空、铁路、银行、保险等许多过去被认为与文化无关的行业。

产业文化化对企业家有什么影响呢？企业家的追求是多方面的，既有功利的层面，也有对意义和价值这些非功利的追求。

一、案例选择

（一）汽车产业发展概况

为了能够满足产业文化化研究的深度和广度，本书选择汽车产业的企业家作为案例研究对象。汽车产业被誉为工业文明之花。根据麦格劳（2000），汽车工业是第二次工业革命的代表性产业之一，二次工业革命的覆盖时间周期为1840～1950年；根据弗里曼和苏特（2004），汽车工业又是第四个康德拉季耶夫波的代表性产业之一，该波的时间周期为1940～1990年。早在20世纪前期，汽车工业就已经作为大规模生产的先行产业存在并获得了初步的发展，直至百年后的今日，由于汽车工业能够将钢铁、塑料、橡胶、石化、玻璃等行业有效整合，还是许多国家当仁不让的支柱产业。汽车工业的生命力不仅得益于持续的消费需求，更来自数十年源源不断的创新。德鲁克（中文2009）认为，自20世纪初以来，汽车产业的市场结构发生了多次重要变化，每一阶段都有凭创新脱颖而出的优胜者，也有止步不前的失败者。

"二战"后，汽车产业越来越呈现出典型的寡头垄断特征，而且是寡头垄断结构中竞争非常激烈的一类。汽车企业之间的竞争不再局限于特定区域和特定产品，而是一种全球化的、全产品线的竞争。不但发达国家的汽车企业频繁更新着排名次序，如日本、韩国在"二战"后陆续赶超老牌汽车强国，而且发展中国家的汽车企业也开始崭露头角，特别是最近十年，中国已经崛起为全球汽车产量最大的国家，中国汽车企业的竞争力也在不断提升，并涌现出一大批优秀的企业家。

就在传统能源企业汽车之间的竞争如火如荼之际,一批新兴的新能源汽车企业 Tesla、Fisker 崛起,以新的技术和产品与传统汽车企业竞争,并初具市场影响力,而传统汽车企业也通过积极转型应对挑战。

(二)汽车产业的文化意义

汽车产业历经百年积淀,无论在产品、企业还是企业家身上都透露出十足的文化特征。曾任法国雷诺汽车总裁和董事长的施伟泽①在其自传中,对各国汽车产业的文化特征做了比较全面的评价,他认为"汽车除了人们所期待的普遍技术特征之外,也被赋予了文化特征",如"德国汽车给人的印象是做工精细、经久耐用","法国、意大利车却总显得哪儿没造利落、易生锈、不坚固、不耐久","(日本企业可以)造出符合样车的轿车,但并不总能保证车的强壮和具有可感受的质量"。作为资深汽车工业家,施伟泽对德国汽车的评价首先是专业的,同时作为法国企业家,他的评价也是很客观的。这种专业而客观的评价反映了汽车业深厚的文化底蕴,这是汽车产业文化化的直接反映。但施伟泽的评价主要从产品角度阐述,其实汽车产业的文化除了产品文化,还有人的文化和消费文化等。

1. 汽车产业中的产品文化

汽车产业的创新最终落实在产品上,产品是汽车企业和消费者接触的桥梁。在百年历程中,各国汽车企业及其产品的地位也经历了深刻的变化:在大规模制造以前,法国车一度被认为是世界上最好的车(施伟泽,2009);随着福特公司在技术和大规模生产管理方面的重要创新,T 型车一度全球畅销②;随后,通用汽车又凭借其组织、市场和产品创新取代福特成为领先企业;20 世纪五六十年代仍是通用汽车领先的时期,但欧洲企业在技术和产品方面实现了赶超(三次工业革命中的成功者);进入 80 年代,全球汽车工业逐渐形成相对稳定的多寡头格

---

① 法国雷诺汽车公司如今大致处于汽车产业的第二阵营。在 20 世纪 80 年代,雷诺汽车作为一家转型尚不彻底的国有企业,各方面都面临严峻挑战。曾担任多年政府官员的路易·施伟泽临危受命,执掌雷诺汽车,他不负众望,带领雷诺汽车走出困境。施伟泽在任上还引进了卡洛斯·戈恩,戈恩后来主导建立了雷诺—日产联盟,并担任这两家企业的董事长和总裁。

② "二战"期间,英国劳斯莱斯公司曾与福特公司合作生产飞机发动机,两者之间在零部件的精确度、标准化程度以及大规模生产方面的差距仍然很大。

局,但产品方面的差异与差距仍是普遍现象。

不仅国与国之间存在产品文化的差别,甚至在一国内部,不同企业的产品也呈现出不同的风格,如施伟泽认为"法国汽车的形象就是在长时间内很杂,没有个统一形象",标致公司的企业文化是东部更资产阶级化、传统上保守并接近德国的一种文化,雪铁龙品牌有一种独特的大胆风格,它表现出创新甚至可以说是新颖,但也表现出脆弱,财务和技术上都如此,创始人安德烈·雪铁龙稍带莽勇的风格由公司的工程师传承了下来。雷诺则介于标致和雪铁龙之间。又如在德国,制造商越是位于北方,制造的汽车就越显得简朴。宝马公司位于巴伐利亚,它出产的车显得相对奢华;梅赛德斯公司在斯图加特,大众公司更在北方,它们的车就稍微逊色一些①。

2. 汽车产业中的人的文化

说起汽车产业中人的文化,人们可能更容易联想起汽车设计师。设计师当然是汽车产业中最有文化气质或艺术气质的人群,但如果说汽车产业的文化因素仅存在于少量的设计师身上,那就不足以成为汽车产业文化化的依据。事实上,早期汽车工业的创业者大都是工程师出身(或福特所言的"铁匠"),他们都亲自参与了零部件或整车的原始开发,如别克、福特、戴姆勒、本茨、雪铁龙、罗伊斯。此时,设计师文化和企业家精神是没有明显界限的。

随着市场与企业规模扩大,个人化的产品开发逐渐被组织化产品开发替代,美国通用汽车最早建立了多层次的产品研发机构,其他汽车企业纷纷效仿。此时,文化企业家对汽车产品文化的影响变得不直观,也缺乏系统、成熟的理论来描述该影响机制。对产品有着最直接影响的设计师越来越接近于专业人员,甚至被视为艺术家,他们对汽车企业经营全程的影响逐渐降低。正如皮耶希评价他的前辈的那段话,一个纯粹的艺术家是不能担当企业家重任的。虽然如此,皮耶希本人却从一名纯粹的设计师成长为行业领袖,下文将把他作为典型个案进行分析。无独有偶,现任韩国起亚汽车总裁彼得·希瑞尔(Peter Schreyer)也是设计师出身的文化企业家。

---

① 大众公司的皮耶希也曾经论及德国文化的区域差别,分界线就在巴伐利亚北部。

3. 汽车产业中的消费文化

汽车作为一种消费品，其产品文化和人的文化不仅仅是一种"供给文化"，同时也是一种"消费文化"，消费者的品位和偏好，也会对产业文化产生深远的影响，这就是前文所说的文化消费的生产性特征。美国是世界上汽车普及最早、也是普及率最高的国家，其汽车消费文化有着显著的特色。美国消费者喜欢气派的外观、丰富的配置、宽绰的乘坐空间，对汽车使用成本则不太在意，而且汽车更新频率很高，这些特点有些是被汽车企业的营销活动诱导出来的，但它们无一例外地又反过来影响了美国汽车企业的设计、生产的销售。

特别是自 20 世纪 20 年代中期开始由通用汽车公司发起并逐渐建立的年度车型制度成为汽车产品开发竞争的新载体，此后几乎所有的汽车企业都陆续被牵入其中。年度车型提高了汽车产品更新的频率，美国汽车企业沉溺其中，只能寻找核心技术以外的边际创新机会，这就导致了文化创意和技术创新之间产生了大量的模糊地带。在通用汽车致力于抗衡福特汽车的策略设计过程中，斯隆敏锐地找到了突破点，"我确信我们都已经认识到……外观和销售的关系；在所有车辆的机械状况都很不错的情况下，外观就成为了决定购买意愿的最关键因素"。T型车正是一款"机械状况很不错"的车，但斯隆大胆预测，"一段时期内产品吸引力将主要来自外观、自动传动和高压缩比发动机，并且吸引力的大小顺序也是如此"。在这样一种信念的支持下，他对通用汽车公司提出了一个基础性的问题，"从设计美观、线条和谐、配色方案魅力、设备整体轮廓等方面来看，我们是否足够先进？我们在这方面的优势能否和我们在工艺以及其他机械成分偏多的产品上的优势一样明显？"正是在解答这个问题的过程中，通用汽车全面赶超了行业龙头福特汽车。但美国汽车企业在迎合消费者需求偏好的路径上走得太远，以致忽略了汽车产品创新的基础技术支持，这使得它们后来被欧洲和日本同行反超。

（三）案例研究设计

1. 研究思路

本章的案例研究为多案例对比研究，研究尽量覆盖汽车产业文化化的各个方面。由于产品在汽车产业中的重要性,所以,将产品文化作为重点,兼顾人的文化和消费文化。以产品文化为例,除非直接参与,否则文化企业家对产品文化的影响是很不直观的,人的文化和消费文化也是如此。为了克服这一问题,下面对研究对象的筛选便注意到代表性,既有重视产品文化的企业家,也有重视消费文化的企业家。由于素材数量较大,分析素材时本章依托了前文对文化企业家个人行为导向的界定,即市场导向、创业导向、技术导向、文化导向,从行为导向切入梳理和分析素材。

2. 选择研究方法

由于现有文献的理论储备不足,本书采用了案例研究法。案例研究法在展示情境化、动态化过程方面有先天优势,正与本书的研究内容相契合。为了实现案例的典型性,并突破取材的时空限制,本书的案例素材主要来自企业家的叙事文本和其他公开资料。Pentland(1999)、Boje(2001)等较早论证了基于叙事方法的管理理论建构,近年来,这方面的管理学文献层出不穷,包括大量对企业家传记资料(包括 Autobiography,Biography,Life Story 等)的叙事研究(如 Sims,2003;Shamir & Eilam,2005;Watson,2009 等)。这类文献中虽未见有新产品开发领域的研究,但至少说明把传记作为管理案例的素材来源是可行的。

3. 研究对象与素材筛选

国外汽车工业已有百年历史,企业家传记的撰写和出版非常规范[①]。本书选择素材的标准有三个:①典型性,即选取能够代表汽车工业不同时期特点的文化企业家;②权威性,以自传为主;③互证性,优先选取在自传之外另有可靠旁证的素材。依照这三个标准,本书选择了四个人物作为案例研究对象:亨利·福特、小阿尔弗雷德·斯隆、费迪南德·皮耶希、卡洛斯·戈恩,与四人相关的主要叙事素材如表 7-1 所示。

---

① 根据西方国家传记撰写与出版规则,自传未必是传主亲身独立完成,可以有协助者或代笔者。如本书选作主证素材的《我的生活与工作》和《我在通用汽车的岁月》都是传主聘用专职作家和研究人员代为完成的,但传主署名出版就是为内容的可靠性做了背书。因此,自传不仅是传主个人思想的重要素材,而且对有关事件而言也是最原始、可靠的素材之一。

第七章　产业文化化背景下的企业家成长案例

表 7-1　研究对象与案例素材

研究对象	个人履历	主证素材	主要旁证素材
亨利·福特 (1863~1947年)	1903年创办福特汽车公司；1906年控股公司；1919年让位于儿子，但仍干预经营；1943年，儿子逝世，重新执掌公司	《我的生活与工作》，编号 Z1	《亨利·福特、阿尔弗雷德·斯隆与市场营销三阶段》，编号 P1
小阿尔弗雷德·斯隆 (1875~1966年)	1916年以前在海厄特滚珠轴承公司，任总裁；1916年任联合汽车公司总裁；1918年起先后任通用汽车副总裁、总裁、董事长；1946年卸任总裁；1956年卸任董事长	《我在通用汽车的岁月》，编号 Z2	《杜兰特与斯隆——通用汽车两巨头传奇》，编号 P2
费迪南德·皮耶希 (生于1937年)	1963年任保时捷公司设计师；1972年进入奥迪公司，1988年任董事长；1993年任大众汽车集团董事长；2003年至今任大众汽车集团监事会主席	《汽车和我——费迪南德·皮耶希自传》，编号 Z3	前任卡尔·H.哈恩的自传：《我在大众汽车40年》，编号 P3
卡洛斯·戈恩 (生于1954年)	1978年加入米其林公司，先后任巴西公司和美国公司总裁；1996年任雷诺公司副总裁；1999年兼任日产公司首席运营官，2001年升任总裁；2005年任雷诺公司总裁；现任雷诺、日产两公司的董事长和总裁	《极度驾驭：日产的"文艺复兴"》，编号 Z4-1；《一个成本杀手的管理自白》，编号 Z4-2	前任路易·施伟泽的自传：《我的雷诺岁月》，编号 P4

注：对主证素材和旁证素材的引用直接以该表中的编号注明。

表 7-1 中所列的素材，除 P1 和 P2 外，皆为企业家自传①。选择企业家自传作为案例素材，可以还原完整的企业家成长情境，不仅能够充分展示四个研

---

① P1 截取于哈佛商学院的企业史著作 *Creating Modern Capitalism: How Entrepreneurs, Companies, and Countries Triumphed in Three Industrial Revolutions*，该书也是案例研究著作，本书引文来自中译本；P2 的作者佩尔弗雷曾任通用汽车新闻总管，写作时主要引证通用汽车图书馆等机构的一手文档。

究对象个人的成长过程,而且也提供了研究对象以外的其他文化企业家的情况。

4. 素材分析步骤

(1) 通读主证素材和旁证素材的所有文本。

(2) 以多种行为导向及其内部维度为线索,由笔者和研究助手分组对文本整体进行摘选,经汇总和讨论后,共保留文本约5万字作为分析素材。

(3) 对保留后的文本进行多角度的保守解读,与相关行为导向的概念进行匹配。

(4) 对文本进行创造性解读,提炼新概念或现有概念无法覆盖的维度。

(5) 综合两轮文本分析的结果,提出汽车工业文化企业家影响新产品开发的概念模型。

所有分析素材被录入 Nvivo 10 程序,分析过程由该程序辅助完成。

二、案例描述

本节将依托文化、技术、市场、创业四种行为导向分析四位研究对象在汽车产业文化化过程中的观念、行为及其影响。

(一) 文化企业家的文化导向及其影响

文化导向是文化企业家对所从事事业拥有的一种超出具体产品、利润乃至企业的追求,这是一种饱含感情的内在驱动。文化导向可能和文化企业家的性格特征、家庭背景、教育与职业经历、特定人物与事件等因素有关。

企业家与一个产业的交集,有偶然性,也有必然性。斯隆感叹"汽车代表了当代最伟大的工业机遇之一"(Z2),但这个机遇对不同的企业家有着不同的含义,如表7-2所示。

第七章 产业文化化背景下的企业家成长案例

表7-2 文化企业家的文化导向

人物	代表性阐述	概念提炼
福特	那时候在农场里,有太多艰苦的体力活要做。在很小的时候,我就觉得也许可以用某种更好的方式来做这些事。正是由于这个想法,才使我对机械产生了兴趣(Z1) 从12岁的孩童时代第一次见到路用蒸汽机到今天,我最大的兴趣仍然是制造能够在道路上行驶的机器(Z1)	感情投入
	在找到令你满意的最好的用法和设计之前,千万不要试图制造某种产品,从结果看,这是更为聪明的方式(Z1)	完美主义
	商业最令人吃惊的地方是,商人们往往把大量的注意力放在金钱上,只把少量的注意力关注于服务,这在我看来是违反了自然程序的(Z1)	特立独行
斯隆	通用汽车的最大长项之一就是它从最初设计的时候就定位于一个客观的公司,这一点和许多湮没在历史长河里的个人主观至上的企业形成了鲜明的对比(Z2) 通用汽车采用的是由才华横溢的个人构成的团队管理模式。我经常说"我们"而不是"我";有时当我说"我"的时候,我其实说的是"我们"(Z2)	包容性
	不过,还有一点遗憾。杜邦先生对汽车业务的了解不是很深入,偏偏我又是那种认为精湛的业务知识是成功管理的必要条件的老派作风人士(Z2)	完美主义
	当选公司总裁对我而言是一项巨大的责任,也是一个机遇。我决定将为此付出个人牺牲,我将用我全部的经历、经验和知识来帮助这个公司取得卓越的成就。从那以后,对我而言,通用汽车就成了我献身的对象(Z2)	感情投入
皮耶希	我外公确实是个天才,于是我总是会听到或看到关于这个天才的描述,而我也就不可避免地要在他的影子下生活,甚至有可能最终会有某些情结(Z3) 我最初对技术的热爱,可能是在沃尔特湖边外公那间氛围特殊的设计室里萌生的……我16岁开始驾驶机动车(Z3)	感情投入
	对我的疯狂之举的职责不绝于耳,可是那些指责对我毫无影响。在我的头脑里,"917"项目从一开始就是可以无限向上发展的,只要技术上符合规章,只要这个世界上还有两个可以驾驶它的赛车手就可行(Z3)	特立独行
	一个研发部负责人所掌握的技术秘诀,不应该比其所在的部门的平均知识水平高出5个百分点。每个团队在发展和研究上都有其独特的工作方式,所以,即使没有领航员,船也不会马上偏离航线(Z3)	包容性
	令人吃惊的是,让我们日常使用中的汽车显得好一些还是差一些的因素,常常是琐碎的细节。我个人的偏好使人们用"缝隙狂"来形容我(Z3)	完美主义

· 163 ·

续表

人物	代表性阐述	概念提炼
戈恩	是什么原因吸引我到雷诺汽车？首先是"汽车"。当你开始为汽车工作，你的一生就会一直为汽车工作……汽车工业令人陶醉，因为他的产品非比寻常，那是一种兼具理性与感性的作品（Z4-2）	感情投入
	我们无法将情感与喜好从汽车中抽离出来。汽车本身具有美学内涵，是依附在商品、地位、个人与汽车特质相契合上的一种独立情感；是一种强烈的爱恋关系（Z4-2）	
	我并不是一个"科技狂"，或是为发展科技而发展科技的"迷"，而且我拒绝成为这样的人。有人指责我不信任复合（动力）技术，会因此错失良机（Z4-2）	特立独行

就介入途径而言，福特和皮耶希具有相似性，而斯隆和戈恩具有相似性。由于个人和家庭的原因，福特和皮耶希在少年时代就对汽车产生了浓厚兴趣，早年的认知和经历使得两人即便在担任文化企业家后，仍然能够以参与者的角色介入新产品开发，甚至还都曾冒险性地试开新车。福特不但是现代汽车工业的奠基人，他可能也是最早对汽车产业文化化有着清醒认识的企业家之一，他明确表示，"我不认为那些以我的名字命名的机器仅仅只是一堆机器而已——如果真是如此，我宁愿另辟蹊径。我把它们当作是源于一种商业理论的具体例证，而且我希望这远远不只是一种商业理论，而是对能把这个世界变得更适合生活而起作用的理论"（Z1）。皮耶希则是一位文化导向最为完整的企业家，他出身汽车世家，对汽车既有着强烈的感情投入和完美主义倾向，并且随着年龄增长和职业历练兼容了特立独行和包容性两个看似矛盾的导向。

斯隆和戈恩都是工程师出身，也都曾长期任职于汽车配件供应商，中年后才进入整车企业，虽然他们跻身汽车企业高管时都流露出成就感，但这主要因为职业提升而非汽车本身，此后他们在新产品开发过程中主要扮演旁观者角色。所以，文化企业家接触汽车工业的途径提供了他们与汽车产品关系的初始线索，在很大程度上影响他们对新产品开发的参与程度。通过生活体验较早接触汽车的文化企业家，比因工作需要较晚接触汽车的文化企业家对新产品开发的参与度更高。斯隆是一个性格温润的人，即便如此，他在获任通用汽车总裁时也抒发了为企业献身的决心。戈恩同样如此，他接受复兴日产公司的使命后，真正向这家陌生的日本企业投入了很深的感情，他广泛征集员工的意见，在几百条意见中，有一条给他很深的刺激，"日本的其他日车公司都有独具个性的领导人，比如说丰田，一眼就可以看到创业者和整个家族打造出的丰田特色；再说本田，也可以处处看到创始人本田宗一郎的强烈个性；但日产却没有一个可以令所有员工都敬仰的人物"（Z4-1）。戈恩自此就把成为员工敬仰的人物作为目标，他在很大程度上实现了这一目标。

包容性是文化导向的重要方面，其他三种导向一般不涉及包容性，只在有关创业导向的文献中，Lumpkin 和 Dess（1996）提到自主性可以属于个人，也可以属于团队，萨思（2008）格外强调产品创新过程中企业家团队精神的重要性。我们发现，团队精神在斯隆、皮耶希和戈恩身上都有显著反映，仅福特是个例外。福特被评价为"朴实的个人主义者和感情冲动的企业家"（P1），他在自传中几乎不提伙伴和助手，T型车的空前成功加剧了他的自负，晚年后更趋于固执和自闭。斯隆曾被一位副手比作"自动润滑、平滑流畅、消除摩擦、负重力强"的轴承（P1），他坚持分权和集体领导，有效地调动了团队的积极性，通过组织化而非天才式的新产品开发确立了企业优势①。皮耶希虽不擅长人际交往，但他坚信核心小团队的力量，有意识地通过团队成员的优势来约束自己的冲动，继任者毕睿德和文德恩都发挥过这样的作用（Z3）。戈恩的团队精神得益于家庭、教育、职业背景所塑造的跨文化沟通能力，他不可思议地完成了文化整合使命，使得雷诺—日产联盟逐步实现了共享平台，产品开发的成本有效降低。

（二）文化企业家的技术导向及其影响

技术导向是企业竭力研发新技术并在新产品中充分运用领先技术的一种行为导向（Gatignon & Xuereb，1997）。对于汽车这样一种复杂机电产品，技术问题肯定是新产品开发的基本问题。四位文化企业家都是工程师出身，也都做过纯技

---

① 斯隆在总结通用汽车的成功之道时说"它从最初设计的时候就定位于一个客观的公司，这一点和许多湮没在历史长河里的个人主观至上的企业形成了鲜明的对比"（Z2）。

术性工作，但并没有在技术问题上形成统一的观念与行为，我们根据素材将其提炼为新技术偏好、技术理性和技术保守，并在此基础上细分，具体如表7-3所示。

表7-3 文化企业家的技术导向

人物	代表性阐述	概念提炼
福特	在T型车之前，我总共设计了8种车型……每一个细节都经过了实践的检验……包含了那时候我能用于汽车的一切，包括材料（Z1）	新技术偏好
	我的野心是让每一部车……都非常坚固，制造精良，任何人买了一辆便不用再买第二辆……像一块好手表一样，有很长的使用寿命（Z1）	技术理性
	（T型车）的重要之处在于它的简单。它们可以通过五金商店出售，就像钉子和带子一样。我想我作为设计师，应该把车造得非常简单（Z1）	
	一旦某项产品获得成功，有一种随波逐流的倾向，那就是把一件好端端的产品进行改变，进而毁了它（Z1）	技术保守
斯隆	1923年，我在建立综合技术委员会时提出了一个方针：在通用汽车，研究和工程技术与公司业务应该处于同一个组织层次上（Z2）	技术理性
	如果我们的车型在设计上能够和竞争对手同价位的最佳车型至少相当的话，我们就会认为这一政策是有效的，因为这样就不必领先设计潮流或者在一些没有先例的实验上冒险（Z2）	技术保守
	由于大家都可以获得科技发展的最新动态，因此从营销的角度看，将来技术对销售的影响将不会很明显（Z2）	
皮耶希	对我来说，设计一款重达358公斤的保时捷山地赛车是一种巨大的技术享受（Z3）；我只想搞技术。不花钱是造不出漂亮新车的（Z3）	新技术偏好
	我与那些具有不凡创造力的技术人才有争执……因为有时他们的那些想法在现实中实施起来有困难……（他们）对技术的了解远胜于对实际工作的了解（Z3）	技术理性
	一个汽车公司的总裁……必须有技术根基，这样才能进一步发挥相应的想象和构思（Z3）	
戈恩	我并不是一个"科技狂"，或是为发展科技而发展科技的"迷"，而且我拒绝成为这样的人……我们愿意冒险，但是拒绝投入完全无利可图或即使有也只是蝇头小利的技术市场，那只是在浪费时间与挥霍珍贵的资金（Z4-2）	技术理性和保守

福特的技术态度在 T 型车诞生前后有明显变化。T 型车诞生前，福特表现出执着的技术偏好和虚心的学习态度，如 1905 年时的福特，在棕榈滩赛车场捡到一辆报废法国汽车的阀门杆，很轻也很有韧性，感到"这正是该用在我们车上的那种材料"，回去后选择了 20 种不同的钢铁进行比较，其中约有 10 种都是钒钢，尝试将它们用于制造不同的钢铁零部件。然后在短短几年后，福特汽车使用的钒钢就超过了法国企业。为了研制 T 型车，仅被他编了号的测试车型就有 8 种，最终 T 型车达到了稳定和简单的技术要求。此后 20 年间，T 型车一路畅销，但福特并未对其进行实质性技术改善，表现出显著的技术保守。T 型车最终被淘汰，表面上因为样式、颜色等缺陷，背后却是其技术性能已经不能满足普通消费者的基本要求。首先，样式老旧是个技术问题，敞篷车的底盘单薄以至于无法承载新型封闭车身的重量，福特公司因此错失了封闭车身汽车市场最初的机遇（Z2）；其次，颜色单一也是一个技术问题，黑色漆一度是干得最快的汽车漆，能够确保装配线快速工作（P1），福特公司在新油漆涂料的引进方面远远落后于通用汽车，不具备色彩多样化的技术能力（Z2）。

斯隆和戈恩的技术态度都是一以贯之的理性和保守，二人所处时代不同，具体表现有所差异。

斯隆很早就意识到汽车产业的竞争压力日趋紧张，产品的卖点也很多，但日趋集中到"外观或风格、技术水平、价格和品牌声誉"等几个方面。在这几个方面中，斯隆一度是轻视技术的，他甚至认为技术对产品和销售的影响不会很明显，但他很快认识到自己"完全错了"（Z2）。斯隆面临的主要技术问题是为响应顾客需求而实施设计多元化，这离不开对大规模技术活动的有效组织。斯隆本人虽从未参与技术开发，但铜冷发动机的研发失败①促使他反省如何有效协调设计工作与其他工作、区别产品改良与长期研究，并合理定位事业部研发和公司层面研发等技术组织问题（Z2），为此他建立了一系列分工错位的工程技术部门，

---

① 铜冷发动机项目（1919~1923 年）由斯隆的挚友凯特林领衔，由于技术本身和部门间协调等原因最终失败。德鲁克批评斯隆在自传中给铜冷发动机分配了太多的篇幅（Z2），足以见得斯隆对此事耿耿于怀。

并随通用汽车组织架构的调整而不断优化，最终形成了同行中规模最大，也最具实力的研发机构，而且他还特别强调了研发机构在通用汽车组织体系中的地位。

而且，斯隆本人虽然没有技术理想，但他在强大的研发组织支持下，对汽车产品和汽车技术的大势做出了较为准确的判断。20世纪20年代中后期，是福特T型车最后的辉煌时期，扭转趋势的是封闭车体汽车的兴起。封闭车体汽车是汽车的机械可靠性得以解决之后汽车发展史上最重要的一次跨越，由此汽车才真正成为一种全天候的舒适的交通工具。而当时最畅销的T型车是一种敞篷车，较轻的底盘使它不适于承载较重的封闭车身的重量。因此，在不到两年的时间里，封闭车身的发展使得T型车的设计彻底过时了，虽然福特汽车后来也转向生产封闭车身汽车，但进度远远落后于通用汽车，1927年福特汽车中封闭车身汽车的比例仅为58%，而同一时期雪佛兰封闭车身的相应数据已经上升到82%（Z2）。

戈恩虽然早年领导过米其林的拉杜研发中心，但进入雷诺和日产后，主要扮演的是改进经营效率的角色，这促使他致力于降低成本，把技术排在第二位，不愿意从事过于冒险的技术与产品开发。

皮耶希在职业生涯中表现出不同特征的技术偏好。作为设计师的皮耶希追求的产品是"只要技术上符合规章，只要这个世界上还有两个可以驾驶它的赛车手就可行"（Z3），这种态度让他在同僚中获得了"疯狂"的坏名声①。随着年龄的增长和职位的提升，皮耶希越来越意识到"作为技术人员的创新精神与必须为量产做好各种准备的现实做法之间的矛盾"（Z3）。而且，在担任高层管理人员后，他感到自己的技术偏好甚至会影响下属员工，"在实际从事研发的工程师们与自身具备技术创造力的领导之间，存在着一种张力。一个总有新发明的上级，他手下员工的发展也许会受到阻碍。我越是发掘自己在连接不同线索方面的才能，就越发感觉自己发明创造的天分并不重要"（Z3）。

他开始有意控制个人主义的技术狂热，转向技术理性，着力于技术活动的组

---

① 大众集团前任董事长哈恩坦承，对于奥迪公司研发董事皮耶希，"我的沃尔夫斯堡的所有同事——温和点儿说——都不喜欢他"（P3）；皮耶希的技术狂热和奥迪公司的处境有关，20世纪70年代起奥迪的销售权被收归大众集团，此时"奥迪作为独立品牌幸存下来的唯一途径就只剩下真正意义上的'突破科技'了"，皮耶希的工作就是"以伟大的创造力为'突破科技'奠定了可靠的基础"（P3）。

织与协调,建立并维持团队。长期浸淫于汽车技术的皮耶希最终形成了技术自信,"这里我要自负地说一句,在规划和实施如此复杂而智慧的系统工程时,在公司最上层需要一个懂技术的人。因为一开始的时候,工程师们肯定七嘴八舌,相互反对。在想象力丰富的技术人员那里,相同零部件向来不受欢迎"(Z3)。在他看来,只有真正懂技术、爱汽车的管理者才能有效领导新产品开发,并领导整个汽车企业。皮耶希的两位继任者毕睿德和文德恩都是符合上述标准的人选(Z3),这使得他的技术偏好在大众集团内实现了代际传承。

(三)文化企业家的市场导向及其影响

市场导向是一种重视顾客、重视竞争对手的行为导向,为了更好地满足顾客并战胜竞争对手,市场导向还要求企业对内实施有效的部门间协作(Kohli & Jaworski,1990)。有关市场问题,我们没有提炼出新的概念,下面仅从顾客、竞争对手、部门间协作三个方面展开分析(见表7-4)。

表7-4 文化企业家的市场导向

人物	代表性阐述	概念匹配
福特	只要汽车是黑色的,任何顾客都可以给他的车喷上他想要的任何颜色(Z1)	顾客×
	1895年,我听说有一辆来自德国的奔驰车在纽约的摩西商店展览。我专门跑过去参观,结果发现它根本不值得一看(Z1)	竞争对手×
	为了一起工作,用不着彼此相爱,太多的良好关系也许是一件糟糕的事情,因为这可能导致一个人想包庇另一个人的错误(Z1)	部门间协作×
斯隆	在美国汽车行业中的生存之道就是去赢得每年新车购买者的好感。这一工作的一部分就是年度新车型的竞争,这是每个企业都必须重视的市场刺激工作(Z2)	顾客√
	最低价位的市场已经被福特垄断了。我们建议通用汽车不应该生产、销售与福特同等级的车……相反地,通用汽车应该销售一种比福特好得多的汽车(Z2)	竞争对手√
	20世纪20年代中期,产品工程师开始感受到销售部门的影响,尽管仍然主要从纯粹的工程设计出发,但是他也开始考虑市场相关的因素(Z2)	部门间协作√

文化企业家研究：产业背景、行为特征与案例

续表

人物	代表性阐述	概念匹配
皮耶希	大众汽车集团作为一个要在实力强大的五大汽车集团的竞争中存活下来的跨国公司，上马豪华车项目是别无选择的事情……由于顾客暂时不会计较高昂的价格，精明的汽车公司生产的豪华汽车，就算数量很少，仍然能带来滚滚收益（Z3）	顾客与竞争对手 -
	从70年代开始，大众汽车和奥迪两家公司的技术人员之间就开始了暗中的"较量"……我问心无愧地参与这场竞争……当我回头去看这个问题时，依然认为奥迪不能毫无反抗地放弃自己在技术上的领先优势（Z3）	部门间协作 -
戈恩	选择一辆车的标准在于品质、价格、实用性，同时也会考虑外形、设计及观感；汽车交易往往同时掺杂了理性与感性的因素……由于顾客的选择非常多元，所以一定要注重品牌形象……更要重视品质……还有车子的实用性，此外，产品的价格必须合理（Z4-2）	顾客√ 竞争对手√
	不论是哪个公司，其最大的能力都是隐藏在部门与部门之间的相互作用中的合作力量（Z4-1）	部门间协作√

注："×"表示不显著；"-"表示一般；"√"表示显著。

福特对顾客有一种"父爱主义"，他竭力给顾客"更好的东西"而不是"新奇玩意"，一旦他认为产品已经完美就拒绝因顾客而改变[①]；由于自信乃至自负，福特对竞争对手不屑一顾，后期甚至对整个行业的进步也视而不见；由于福特公司产品单一，对部门间协作的要求并不高，福特本人也疏于人际关系。所以，福特不具备通常意义上的市场导向。

同时代的斯隆却是一个市场导向极为显著的管理者。斯隆对此前的汽车产业发展史做出了正确的分期和展望。他认为：1908年以前是第一阶段，这个时期汽车价格昂贵，汽车市场完全属于上层社会；之后是1908年到20世纪20年代中期，大众汽车是其主要特点，福特汽车及其"低价位的基本交通功能"理念占据了主导地位；在此之后是第三个时期，出现了各种各样功能质量更好的汽车——这或许可以看作是多样性大众市场到来的标志。斯隆判断20世纪20年代

[①] 福特虽然不肯为迎合顾客而改变产品，但却一直致力于降低成本以吸引更多消费者。T型车1908年上市时售价850美元，1924年已经降至290美元（P3）。

中期以后汽车业将进入"多样性大众市场"（Z2）。为此，他努力建立符合第三阶段特征的理念。

重视并努力响应顾客的偏好，如成立艺术及色彩部、招募女性设计师以求表达女性的观点。斯隆格外重视对"领头羊"福特汽车的研究，寻找福特汽车覆盖面以外的市场机会，他将汽车市场划分为多个价格区间，并有针对性地开发新产品去填充。斯隆建立了基于多产品线的事业部制并不断完善，这使得通用汽车能够在大多数细分市场上给顾客提供更有竞争力的产品。由于斯隆的"市场偏好"，由通用汽车主导形成的重要产品开发模式——"年度新车型"顺理成章地出现了。年度新车型使得产品更新周期缩短，这反过来强化了外观、色彩、舒适配置等短期可改善的因素在新产品开发中的地位。为了将层出不穷的"新产品"卖出去，通用汽车又积极尝试了旧车置换、分期付款等福特所不屑的，却有助于新车销售的措施（P3）。

与市场偏好相应，斯隆对销售部门和销售人员的倚重程度非常高，"有人认为，我们的市场营销应该更为积极，更有闯劲。实际上这一问题牵扯很广。在我看来，通用汽车整体上的销售工作较弱。事实上，整个汽车工业都是以机械和技术人才——而不是商业人才——为核心建立起来的，我认为我们正开始意识到商业对汽车业的重要意义"（P3）。在斯隆的努力下，通用汽车的生产、研发部门和销售部门建立了良性的互动关系。直到20世纪20年代晚期，大多数汽车企业里，工程设计主导了汽车的设计过程，工程师通常居于主导地位，甚至会固执到要求不许更改他们的一字一句的地步。但是，到了20年代中期，产品工程师开始感受到销售部门的影响，从那时起，尽管仍然主要从纯粹的工程设计出发，但是他也开始考虑市场相关的因素。今天的消费者已经认识到了这一点，他们理所当然地认为不同的汽车在不同地方会有自己独特的优势，因此他们在购买的过程中会受到外观差异的强烈影响。"在汽车工业里，是通用汽车率先于20世纪20年代末期将外观设计作为一项有组织的活动开展起来的。1928年以来，公司的外观设计和工程设计在持续的互动中逐渐融合，并造就了现代通用汽车的风格"（Z3）。

麦格劳（2000）认为斯隆开创了市场营销的新阶段，这其实也是产品开发的新阶段,正是因为市场导向的新产品开发,使得通用汽车赶超福特汽车成为行业领先企业。

在当代汽车工业,斯隆首创并借以战胜福特汽车的许多市场技巧都已经成为教科书里的俗套。皮耶希和戈恩在对待顾客、竞争对手和部门间协调问题方面有比福特、斯隆更加系统、娴熟的技能,但二者的侧重明显不同。皮耶希有市场导向但并不突出,如上马超豪华车,从开发奥迪 A8 到收购宾利和布加迪,再到开发辉腾,固然有顺应顾客需要、抗衡竞争对手的动机,但皮耶希更大的兴趣在于将这些产品作为测试最前沿汽车技术的平台①。此外,由于历史原因,大众集团旗下公司关系复杂,皮耶希早期深受其扰,但他没有盲目追求"和谐",而是鼓吹并推动内部研发竞争,促进了各品牌产品的多变和创新(P3),堪称一种独到的内部协作理念。

戈恩的市场导向则比较显著,他首先进入的雷诺公司是尚未完全市场化的国有企业,随后进入的日产公司是技术精良却经营低效的企业,为此戈恩致力于引入市场意识,在研究顾客和竞争对手的基础上制定经营策略,其中产品策略是核心问题之一,因为他坚信"在汽车工业里,没有什么问题不能借由推出优良产品来解决"(Z4-2)。戈恩热衷于通过强化部门间协作来降低成本并提高产品竞争力,他把在米其林屡试不爽的跨功能小组(CFT)先后成功植入雷诺和日产。

(四)文化企业家的创业导向及其影响

从英文词源看,创业导向基于内隐的企业家精神。Miller(1983)最早提出了创业导向的三个维度:创新性(Innovativeness)、冒险性(Risk-taking)、先动性(Proactiveness)。Lumpkin 和 Dess(1996)进一步增补了两个:自主性(Autonomy)和侵略性(Competitive Aggressiveness)。这五个维度在学界已经形成共识。创业导向早期文献强调企业家个人特质,后转向组织层面,即综合研究文化企业家个性、偏好因素与组织制度、文化等因素对创新的影响(见表7-5)。

---

① 奥迪进军高档市场时瞄准奔驰和宝马,按照时任董事长哈恩的话说:"(我们)最终打破了数代人靠感情建立的业务关系,不是靠别的,而是'依靠技术领先'"(P3)。

表 7-5 文化企业家的创业导向

人物	代表性阐述	概念匹配与提炼
福特	经营的目的应该是让人们经常性地购买，那些试图制造能长久使用的产品的人是傻瓜……我们的经营宗旨与这是完全相反的（Z1）	自主性与先动性
	从工人或从购买者身上获得利润都不是好的经营管理，不要降低产品质量，不要减少工人工资，不要增加消费者负担。把脑子用在发现更好的方法上，多用脑子，再多用脑子——把事情做得比以前任何时候都好，用这种方式将使企业的各方面都受益（Z1）	
	让那些购买旧车的人把旧车扔掉又买一辆新的，这被认为是生财之道……这只是寻求新奇玩意，而不是更好的东西（Z1）	创新性
	一个从事工商业的人……可以直面损失并向前发展他的商业活动，他也可以停业不干……停业不干的损失一般来说要大于实际损失的金钱数额，因为在这段无所事事的日子里，恐惧会把积极性消耗掉（Z1）	冒险性
斯隆	我们的任务就是要找出适合我们公司的组织形式。这种组织形式还要能适应市场巨大而持续的变化。任何一个死板教条的汽车制造商，无论它的规模多么大，它的历史业绩多么好，都将受到市场严厉的惩罚（Z2）	创新性
	在现代市场形成期，在对生活标准持续提高这一问题重要性的理解上，我们和其他企业泾渭分明（Z2）	自主性与先动性
皮耶希	1968 年，我设计了一生中最为冒险的汽车，它就是 917，在后来的职业生涯中，我再也不敢有类似的举动（Z3）	冒险性
	作为一个工程师，我的创造性不在于发展自己的想法，而是善于将各不同领域的创造性设想结合在一起（Z3）	创新性
	我们为汽车未来的主流趋势做好了准备。我认为，柴油发动机将继续占据主导地位，至少在欧洲（Z3）	自主性与先动性
戈恩	我渐渐找到了导致雷诺效益差、发展慢的原因……由于害怕承担风险，竟设定了一些无关紧要的目标……这种保守主义与我的经营理念是完全对立的（Z4-1）	冒险性
	挑战！这是我进入雷诺的第二个原因。那是我所要加入的是一支正在艰苦奋战的团队，这支团队有许多机会可以做出不同于以往的尝试（Z4-2）	
	我并不是一个"科技狂"……而且我拒绝成为这样的人……在传统技术里，仍然有许多改进的空间（Z4-2）	自主性

注：Lumpkin 和 Dess（1996）将侵略性定义为企业竭力超越竞争对手的努力，这一维度在内容上与市场导向的竞争者维度有所重复。所以该表未摘取有关侵略性的语段，有关陈述可参考表 7-4。

自主性是指个人或团队基于某一判断或愿景采取独立行动并实现目标的行为。四位研究对象在新产品开发领域都有独到而坚定的观念：福特坚持他对消费者的"父爱主义"，反感唯利是图的产品策略①；斯隆理解、尊重并努力满足顾客提高生活质量、彰显个性的诉求；皮耶希始终坚信技术进步的力量；戈恩则坚持技术稳健、效益第一的原则。四人都表现出强烈的自主性，不同在于福特的自主性一度与先动性相关联，斯隆和皮耶希的自主性长期与先动性相关联，他们都基于前瞻性的判断推出了一度领先于同时期竞争者的产品或产品类型。

而戈恩的自主性却与相对保守的产品开发理念相关，即便在这一理念遭到外界质疑时也坚持己见，如拒绝为新能源汽车投入资源。这种区别也体现在创新性方面，由于技术偏好，福特在T型车面世前、皮耶希在整个职业生涯中都热衷于产品技术创新，斯隆的市场偏好则推动他进行车型和组织创新，而戈恩的技术保守态度使得他对产品技术创新并不热心，组织创新方面主要是移植米其林公司的经验。

四位文化企业家中，除了斯隆，其他三位的冒险性都非常突出。福特无论创办企业还是开发产品，都是从零开始，这种独特的经历磨砺了他的冒险精神；皮耶希的冒险性在早年的设计师生涯中表现最为突出，但随着职位上升，他开始有意克制自己的冒险精神；戈恩的冒险性较多体现在商业领域，平时深藏不露，在重大决策时往往发挥一锤定音的作用②。不过，三位企业家对冒险精神都没有放纵，福特和皮耶希固然热衷技术，但很少研发量产意义不大的赛车产品，戈恩的商业冒险也是以输入高效率的组织管理为保证的。

---

① 1908年，摩根财团曾召集四家主要汽车公司谈判，希望组建汽车业托拉斯以提高价格，当时尚没有行业领先优势的福特极力反对，据与会的杜兰特回忆，"他（福特）倾向于将价格尽可能地压下来，让大众享受到便宜的交通便利"（P3）。

② 雷诺前任董事长施伟泽评价戈恩"不论做什么，都能让那些认为成功是遥不可及的人们改变想法，他有一种扭转人心的力量"（Z4-1）。

三、基于绩效的对比分析

案例描述展示了文化企业家的行为导向对产业文化化的直接或间接影响，评价这些影响的当然标准是绩效。由于文化企业家对整个企业负责，他们的影响并不局限于特定开发项目或产品，因此，对其评价不能套用现有文献使用的绩效标准①。根据文化企业家影响的特征，我们提出长期性和综合性两方面考察绩效：①所谓长期性，指从文化企业家的行为导向到新产品开发，再到企业绩效，有一定的时滞，所以既要看文化企业家任职期间的业绩，也要看到后续影响；②所谓综合性，指好的产品开发应该导向好的企业绩效，而且每个产业都有超越单个企业的价值或文化，所以好的产品开发还应该有产业层面的积极贡献。以下将依照长期性和综合性，分共时和历时两个角度对四位文化企业家做全方位的对比分析。

（一）共时比较与分析

1. 对四位研究对象的共时比较

福特与斯隆、皮耶希与戈恩分别在汽车工业发展的不同历史时期有交集，因此具有共时可比性。福特亲历了T型车开发、生产和销售的始终，但福特对消费者的"父爱主义"只适合卖方市场，进入"多样性大众市场"后注定被抛弃。斯隆虽然没有亲身参与新产品开发，但他推动建立的产品开发体系更好地适应了

---

① 本章研究主要针对产品文化，兼顾人的文化和消费文化，即便是在产品层面，绩效也是不易客观评估的。根据Söderquist和Godener（2004）的梳理，文献对如何评价新产品绩效并没有统一的认识。Slater和Narver（1994）综合企业和产品两个层面来评价，此后的文献或使用两个层面的指标（如Zhou et al., 2005），或只用其一，产品层面如Atuahene-Gima和Ko（2001）、Im和Workman Jr.（2004），企业层面如Frishammar和Hörte（2007）。在细化指标中，既有新产品销售占比、研发投资回报率等客观指标，也有管理者自评等主观指标。

"多样性大众市场",最终在企业业绩上反超福特①。福特的贡献和不足在汽车工业史上已有定论,斯隆在职期间的成就毋庸置疑,但他的长期影响却存在争议。

从斯隆时代开始,美国汽车企业的产品呈现过度多样化(P1)。麦格劳和特德洛(2000)认为,在20世纪80年代计算机辅助技术进入汽车制造业之前的几十年间,汽车企业原本无力支撑过度多样化和频繁更新。由于资源被倾注于年度新车型竞争,美国汽车企业反而无暇顾及核心技术创新。就在20世纪五六十年代,欧洲汽车公司在技术上有了长足的进步,而美国汽车企业虽然市场份额最大,但技术上已经渐渐落后了。

据弗里曼和苏特(2004)的总结,20世纪六七十年代,西欧汽车制造商的主要技术创新包括前轮驱动、盘式制动、燃料喷射、车身一体化、五挡变速和高功率质量比,大都涉及核心技术,而美国公司的创新主要是助力转向、空调、立体声音响及自动变速箱,大都属于投顾客所好的舒适化革新。

斯隆曾坦言"公司的主要目标在于赚钱,而不仅仅是制造汽车"(Z2),在他的自传中,反复强调汽车外观与销量的关系②,这些都是市场导向(特别是顾客导向)走向极端的表现,以此为指导的新产品开发可以在一定时期内吸引更多顾客并战胜竞争对手,但一旦对手们竞相效仿,便陷入"创新者的窘境"③,从长期看却有可能阻碍产业发展。在过度的市场导向下,美国汽车企业的高管几乎是清一色的财经学科背景,他们对产品缺乏实质性的关注,而是凭借丰富的营销、消费信贷等手段把产品卖出去,以至于有一种评价认为,通用汽车与其说是汽车公司,不如说它是一个生产汽车的银行(梅纳德,2006)。

皮耶希和戈恩都是仍然在职的文化企业家,对他们的评价更无定论。戈恩自

---

① 福特的问题并非个例,同时期的工程师式企业家利兰和奥尔兹也都专注于一款汽车,他们倾向于停产不理想的车型,对畅销的车型则少有改进。斯隆对"多样性大众市场"的适应得益于前任比利·杜兰特的铺垫,杜兰特已经有对某一车型持续改进的理念并初步形成了多产品格局(P2)。

② 我们从《我在通用汽车的岁月》中共摘取1.2万字作为分析素材,"外观"的词频为19次,是与产品相关的实词中词频最高的。

③ 即过于关注消费者和眼前利润,在信息获取和知识学习上出现短视(克里斯滕森,2001)。其实,市场导向的三个维度可能对产品创新产生不一致的影响,如有人发现:顾客导向与突变性产品创新之间存在倒U型关系,而竞争者导向、内部协作导向与突变性产品创新之间存在显著的正相关关系。

1996年进入汽车工业，主要贡献是完善雷诺的经营体系、带领日产走出经营困境、强化雷诺—日产联盟，他从2005年起开始全面执掌雷诺—日产联盟，这两家公司目前的产品和经营风格非常稳健。皮耶希的情况比较复杂，他担任董事长（1993～2002年）期间，大众集团的业绩只能算稳中有升。皮耶希从2003年起担任监事会主席至今，他坚信自己获任此职的原因是大股东和其他重要人物都认为他"所决定的道路是正确的，并且应该沿着这个方向继续走下去"（Z3）。皮耶希的两位继任者毕睿德和文德恩基本维持了皮耶希在新产品开发领域构建的格局与规则。但文德恩2007年上任后，实施了更多市场导向的产品开发，如紧凑车"一车双型"等①，他在技术导向、文化导向方面和皮耶希相比并不显著。

综合比较大众集团与雷诺—日产联盟：2006年前，大众集团的产量一直略低于雷诺—日产联盟，2007年以后开始反超，且平均优势在60万辆以上②；就综合经营状况而言，2006年前的大众集团非常不稳定，但从2007年开始，销售收入和利润都远超雷诺与日产之和，2010～2012年更是连续三年名列汽车工业榜首③。由此可见，大众集团的优胜地位在2007年以后才凸显出来，这很大程度上得益于文德恩为皮耶希所奠定的新产品开发模式注入了更多的市场导向成分，实现了三种行为导向的有效互补。

2. 产业文化化中的领先之道

共时比较提供了分析文化企业家及其领导下的企业如何超越同时期竞争对手的依据。

福特早年的成功主要因为基于其技术导向和创业导向的T型车正好迎合了当时尚不成熟的汽车市场，那时还是产业文化化的初级阶段，侧重人的文化和产品

---

① "一车双型"，即同一款车有两种不同的悬挂系统，用高成本悬架保持技术优势，用低成本悬架扩张市场，比如六代速腾的低成本车型获得了远超五代速腾的销量，但却降低了大众产品高技术、高性能的美誉度。根据德国公司治理规则，作为监事会主席的皮耶希对董事长人选有重要影响。文德恩是皮耶希任职奥迪期间的得力助手，皮耶希很熟悉他，因此，文德恩获任董事长并做出行为导向调整应该也能反映皮耶希对市场态度的变化。

② 数据引自世界汽车组织网站（www.oica.net）。

③ 参照《福布斯》2000强榜单（www.forbes.com），该榜单覆盖了销售额、利润、资产、市值四项指标，综合性较好，每年的榜单都依照上一年度数据计算。

文化。

斯隆领导下的通用汽车之所以能够战胜福特公司，主要因为其在技术导向和创业导向方面不存在明显"短板"，同时又表现出更强的市场导向，把握住了"多样性大众市场"的宝贵机遇，而多样性大众市场正是产业文化化全面发展的阶段，侧重消费文化。

在当代汽车工业，各种市场化的竞争手段趋于雷同，此时只有回归技术和产品本身才有可能塑造实质性优势，也即汽车产业的文化化从消费文化重新回归人的文化和产品文化。

皮耶希拥有同时代汽车企业高管很少兼备的技术导向和文化导向，在创业导向的创新性、先动性等方面亦颇为突出，他奠定了大众集团在技术和产品方面的独到优势，但并没有带来好的绩效，直到市场导向更强的文德恩上任后，三种行为导向实现了平衡，大众集团的整体业绩方显著胜出，这足以说明均衡而全面的行为导向在新工艺经济竞争环境中的重要性。

同时期的戈恩及其领导下的雷诺—日产联盟，技术偏保守，文化导向、市场导向和创业导向亦不过中规中矩，其产品在同行中并无特别优势，仅靠高效率、低成本的经营管理维持在产业的第二阵营内①。

所以，我们推出，文化企业家行为导向与外部市场环境的匹配程度、文化企业家多种行为导向之间的平衡关系是决定企业能否在产业文化化背景下赢得领先的两个基本条件。

（二）历时比较与分析

1. 对四位研究的历时比较

如果突破时代限制，则可以从更广的视域展开对比。每个企业家都有独特的人格和经历。下面从这一角度对四位高管进行分组比较。

---

① 雷诺公司前任董事长施伟泽的谈话可以部分佐证本书的观点。仅就大众、雷诺、日产所代表的德、法、日三系而言：德系车"做工精细、经久耐用"；法系车"总显得哪儿没造利落"，但雷诺公司在20世纪90年代中期以后不断改善；日系车"加工精确、产品性价比最佳"，"但并不总能保证车的强壮和具有可感受的质量"（P4）。以上差别，首先是实际差别，但也因此形成观念上的差别并影响到消费者选择。

福特和皮耶希性格相似,而且都是少年时对汽车萌发兴趣,青年时期就进入汽车业,亲身参与和主持多个车型的开发。这种共同经历使得福特和皮耶希一度表现出相似的技术偏好,但后来二者产生了分化,福特变得偏执和自闭,直接影响产品更新换代,而皮耶希则能够保持积极的技术导向和创业导向,且善于团队领导,维持了新产品开发的优势。

我们认为,这种区别主要是组织内外部环境造成的:福特公司当时没有完备的研发体系和经营机构,再加上T型车的空前成功,使得福特的个人主义无限膨胀,他对产品和市场的偏见无人挑战,最终积重难返;而皮耶希无论在保时捷公司、奥迪公司还是大众集团,对内受到科层制的约束,对外面临激烈的市场竞争,强迫他向组织妥协并顺应市场要求,但他的个性在压制下又形成了强大张力,使得他的技术导向和创业导向深深影响了团队成员乃至整个企业。如在奥迪公司时,为了挑战大众集团的权威,皮耶希主导了独立研发,并进而形成整个集团内的良性研发竞争,成为大众集团技术与产品优势的重要来源(P3)。

斯隆和戈恩的性格颇为不同,斯隆偏内敛,而戈恩更为强势,但二者的职业经历非常相似。他们都是工程师出身,进入汽车工业之前都已经是成熟的管理者,都惯于把以往的成功经验做各种形式的移植,但职业经历的诸多相似点并没有给斯隆和戈恩带来相同的业绩,我们认为主要原因也在于组织内外部环境的差异性。在斯隆时代,大多数企业的组织架构都非常简单,而汽车工业正进入"多样性大众市场",客观上需要企业创新组织架构来适应市场扩张的要求。斯隆对市场趋势做了正确判断,并基于市场导向多次改造公司组织,产品开发体系也随之不断完善,这些工作都是领先于时代的创举,也带来了良好业绩。

戈恩进入汽车工业前的履历和业绩甚至好过斯隆,但他却不具备斯隆的历史机遇。戈恩最擅长的组织管理在一个成熟固化的行业中无法施展,虽然跨功能小组(CFT)等被引进雷诺和日产,但充其量发挥救急解困的作用。除了实现雷诺与日产的平台共享外,戈恩没有实质改善两家企业的产品开发体系,而且平台共享更多的是降低成本,对于塑造技术和产品优势并没有显著作用。

2. 文化企业家行为导向的持续影响

对于文化企业家个人来说,行为导向是一种相对稳定的特征,即便将视野放宽到商业史，也可以看到对这种导向的持续而稳定的影响，历时比较为此提供了证据。

历时比较的结果说明，文化企业家行为导向的形成及其对产业文化化的影响不仅与性格、职业经历等个人因素相关，也与组织内外环境相关。

职业经历内生于汽车工业的文化企业家，其行为导向也有内生性，他们关注技术和产品的动力更强，文化导向更突出，相关知识和技能也更高，如果组织内外环境能够对其观念和行为发挥规范、矫正等积极的调节作用，实现多种行为导向之间的关系平衡，就有助于产生好的绩效。

中途进入汽车工业的文化企业家，其行为导向外生于汽车工业，其文化导向以及相关知识和技能也不足以对新产品开发实施直接而深入的影响。此时，组织内外环境能否为其发挥外生于产业的个人优势提供足够的支持便显得尤为重要，当环境与个人优势匹配时，会产生有效率的企业绩效。

（三）延伸探讨

本章的案例对比分析凸显了组织内外环境对文化企业家行为导向与产业文化化之间关系的调节作用，这是本书研究与现有文献的重要差异。为了实现必要的样本规模，现有文献大都把情境因素抽象掉，内部组织环境（公司规模、组织结构等）与外部市场环境（需求不确定性、技术变化、竞争强度等）要么不被考虑，要么仅作为控制变量或调节变量（如 Slater & Narver，1994；Im & Workman Jr.，2004；Zhou et al.，2005；Frishammar & Hörte，2007；张婧、段艳玲，2010）。实证结果一般是组织与环境变量的调节作用不显著，只有 Matsuno 等（2002）确认了组织内部门分化因素对创业导向和市场导向的中介作用。

本书的案例选材纵贯了百年汽车工业史，较长的时间跨度放大了组织内外环境的差异，因此凸显了其调节作用。这种调节作用使得文化企业家及其行为导向和产业文化化之间不存在绝对的相关关系，同样的行为导向在不同的环境中可能导致不同的结果，由此解释了现有文献的分歧。

本章的案例研究引述了大量工业史上的素材，这是因为产业文化化本身就有着漫长的历史。而且虽然有些做法已经年代久远,但对于当代商业实践仍然有着重要的借鉴,因为近百年来产业文化化的基本趋势和特征没有变化,这一趋势对文化企业家的要求也没有变化。

斯隆在通用汽车内部建立和完善研发组织的工作非常有开创性,特别是他积极尝试去处理设计部门和生产经营部门的关系,直到现在这些工作都是那些致力于推动"产业文化化"的企业和企业家们不断重复的。日本索尼公司的随身听一度被认为是当代产业文化化最为典型的代表,索尼公司之所以在很长一段时间里,不断推出吸引消费者注意并真正改变社会生活的优秀产品,很大程度上得益于处理好了设计和经营的关系。根据杜盖伊(2003)等学者的研究,设计部门和设计师在索尼公司的地位强于同行企业,设计师们相对来说更容易升入管理层,同样设计师们也非常重视市场一线的反馈。正是这样一种技术、文化和商业的无缝对接,适应了新工艺经济的要求,实现了以"高技术、高情感"征服市场的目标。

而且,文化企业家的职能具有综合性,一个典型的文化企业家应该兼备市场导向、技术导向、创业导向和文化导向中的大多数维度,他们因此可以对企业和产品发挥全面的统率作用。如本章前文所述,皮耶希虽然很强调汽车企业的最高领导者应该懂技术,但并没有否认其他三种导向的重要性。如果缺乏行为导向齐备而均衡的领导人,企业的经营效率会大打折扣。杜盖伊(2003)对比了美日两国汽车企业在产品决策方面的差别:福特汽车的总工程师在他们的汽车项目上拥有绝对权威,而美国本土汽车企业虽然一再精简产品开发流程,但至少会指派三个不同的主管分别负责设计、技术和市场。显然,这种机械分割的形式不能适应新工艺经济的要求。

如前文所说,产业文化化的外延极大,可供研究的素材也非常丰富。格兰特·麦克拉肯(2012)认为,苹果公司的乔布斯、可口可乐公司的玛丽·明尼克、摩托罗拉公司的杰弗里·弗罗斯特都是善于从文化角度把握产品的企业家,但仅仅依靠天才式企业家是远远不够的,那些不具备此类禀赋的企业领导人应该延聘一位专司此职的首席文化官。所以,更多的普通管理者应该尽早认清产业文化化的大势，积极调整自身的行为导向，因为无论人之间的竞争还是企业之间的竞争都日趋综合化，只有真正融技术、文化和商业技能于一身，才能在激烈的竞争中立于不败之地。

第八章 研究结论与展望

一、主要研究结论

综合前七章的研究，本书得出了以下结论：

文化产业化和产业文化化是一对方向各异但密切关联的产业现象，二者共同构成文化企业家生成和发展的大背景。文化产业化表现为原本与经济价值无涉的文化作品的商品化、市场化，产业文化化表现为原本与文化价值无涉的商品与服务的艺术化、情感化，前者是文化企业家生成的基础，后者则为文化企业家发挥其职能提供了更加广阔的空间。随着技术进步与商业模式创新，文化产业化和产业文化化呈现出融合趋势。

在文化产业化和产业文化化的复杂背景下，文化企业家成为一个外延广泛的群体，但仍然可以从内涵上对他们做出界定。本书认为文化企业家首先是一群典型的企业家，他们有着企业家们普遍具备的技术导向、市场导向和创业导向，除此之外，他们还具备其他企业家所不具备的文化导向，文化导向分为完美主义、感情投入、特立独行、包容性四个维度。由此，判断一个企业家是否是文化企业家，不再以他的具体职位、职能、业绩为准，而是以他的行为导向是否符合条件为准。

文化企业家的四种行为导向并非平行关系,而是相互影响的。创业导向是企业家精神的集中表现,体现在企业家的动机、观念等层面,技术导向和市场导向一般有着明确具体的指向。对于所有的企业家,创业导向都对技术导向和市场导向有统率作用。本书提出的文化导向介于创业导向和技术导向、市场导向之间:一方面作为企业家一般创业导向的特定延伸;另一方面,会对技术导向和市场导向产生统率和引导的作用。一个兼备四种行为导向的文化企业家或文化企业家团队无论在文化产业化还是产业文化化的环境下,都更有可能获得好的绩效。

基于对产业文化化演变过程的研究,本书提出了一个新概念——新工艺经济,"工"为技术、"艺"为文化、"经济"为商业,"新"则说明技术、文化、商业的融合并非首次在历史上出现,只是一种复归。从宏观层面看,新工艺经济是指需要同时投入技术资源、文化资源与商业资源的商品产出占据国民经济总量较高比重的经济模式,从微观层面看,新工艺经济是指一种需要同时投入技术资源、文化资源与商业资源的企业盈利模式或商业模式。新工艺经济不仅是产业文化化的表现和结果,文化产业化(特别是现代文化创意产业)也受到新工艺经济的影响。

在新工艺经济背景下,文化创意活动的资源整合特征越发显著,文化企业家需要应对不同生产、交易模式下的决策问题。本书区分了雇佣制、采购制、签约制三种基本生产、交易模式,以风险态度为判别标准,对三种模式下的企业家角色做出界定,并为他们设定了"主体人"的行为假设。

在此基础上,用静态委托代理模型和动态委托代理模型描述了文化企业家在雇佣制和签约制下的决策,结果显示:文化企业家在设计契约时要意识到内部激励和外部激励的替代关系,在不影响代理人积极性的前提下,最大限度地节约激励成本;同时确保代理人的自我激励能够有发挥作用的必要空间。上述结论不仅对文化创意活动适用,对于一般的创新活动也具有一定解释力。

用一个两阶段的优先购买权模型描述文化企业家在采购制下的决策,论证了优先购买权协议可以作为一种降低过程风险的次优选择。

通过对张伟平和克林格两位制片人的对比研究,本书揭示了文化产业化情境下的文化企业家成长规律。张伟平案例的素材全部来自视频，是他本人的亲口陈述，此举是拓宽案例研究取材的重要尝试。对张伟平一例的研究遵循了"资源—角色互生性"的解释视角，从中提炼了企业家介入文化创意活动的四种基本角色：赞助者、辅佐者、建议者、干预者。这四种角色基于企业家的资源条件生成，但又与资源条件不完全匹配，而角色与资源匹配与否直接影响文化企业家行为的绩效。除了这一直接关系，影响企业家角色与创意绩效关系的还有另外两个因素：①市场竞争环境是影响企业家资源和角色关系的重要调节变量；②企业家—艺术家关系是影响企业家角色和创意绩效关系的重要中介变量。克林格一例是对张伟平一例的补充，因为克林格是一位成长路径与张伟平不同的文化企业家，他因此在处理市场绩效、艺术追求和创业理想三个问题时表现出与张伟平不尽相同的倾向。

通过对亨利·福特、小阿尔弗雷德·斯隆、费迪南德·皮耶希和卡洛斯·戈恩四位企业家的对比分析，本书揭示产业文化化情境下的文化企业家成长规律。这一组案例全部有企业家自传作为主证素材，另有其他权威的旁证素材，确保了稳健性，研究视角则依托第四章提出的四种行为导向。在系统描述四种行为导向及其影响的基础上，主要基于绩效做对比研究，并根据研究的实际需要设定了综合性和长期性两个标准。共时比较分析发现：文化企业家行为导向与外部市场环境的匹配程度、文化企业家多种行为导向之间的平衡关系是决定企业能否在产业文化化背景下赢得领先的两个基本条件；历时比较分析发现：文化企业家行为导向的形成及其对产业文化化的影响不仅与性格、职业经历等个人因素相关，也与组织内外环境相关。套用张瑞敏先生的名言，"没有成功的企业家，只有时代的企业家"。

二、研究展望

囿于学力和时间，本书的研究工作远未达到完美的程度。以下几个方面既是现有研究存在的不足，也是未来可以进一步推进的方向。

(一) 对"新工艺经济"这一概念的界定和延伸研究仍然很不充分

本书作者于 2006 年第一次提出这个概念,虽然现已将其纳入产业文化化的大趋势下做了进一步研究,但新工艺经济与产业文化化是否是同一现象?新工艺经济和文化产业化又是一种什么关系?新工艺经济能够覆盖文化产业化和产业文化化吗?新工艺经济对文化企业家及其行为产生了哪些实质性影响?……对于这些问题,本书只是做了非常有限的探讨,有些甚至选择了回避,这在很大程度上影响了对文化企业家成长背景的解读。

(二) 对文化企业家行为导向的研究更多来自直观的逻辑,缺乏系统的实证支持

虽然本书将文化导向与技术导向、市场导向和创业导向并列,并将其作为区别文化企业家和一般企业家的主要标准,但不得不承认,这一行为导向还远不如后三种行为导向扎实,特别是在维度设定上与后三种行为导向存在模糊地带。虽然在汽车产业案例研究中,四种行为导向并用作为解释视角取得了较好的效果,但不能说明文化导向及其维度已经完美。在今后的研究中,本书作者还将继续努力完善。

(三) 案例研究是本书的重要构成部分,对于佐证理论观点有重要支撑作用,但也因此受到案例研究固有缺陷的影响

(1) 案例取材主要来自企业家自述视频或访谈视频、自传文本,这不但突破了时空限制,还大大降低了研究成本,海量素材也为本书的定性研究提供了足够的取材空间,这是本书研究设计上的重要创新,但由于素材数量太大,形式各异,处理和分析的难度也比较大,一些标准化的研究方法无法全面使用,研究过程中不免掺入作者的主观好恶,影响到案例选择的典型性和研究结论的普适性。

(2) 在案例研究过程中,笔者在视角选定、概念运用和分析推理中努力做到从现有文献中寻找支撑,因此研究过程与结论总体上是稳健的,但对于多个案例之间的对比研究还比较直观,并没有严格遵循多案例研究路线对逐项复制和差

别复制的要求（殷，2004），而且由于缺乏定性问题定量化的方法，计划中的文化企业家行为与文化创意绩效的相关性研究未能开展，这些都导致案例研究的深度受到影响。

（3）文化产业化和产业文化化之间、中外文化产业之间、同一产业内部各部门之间都存在差异，有时差异还很大，本书的案例选择注意到了文化产业化和产业文化化的差别，也在局部做了中外比较，但对差异问题的总体观照还是不充分。

中国文化产业在经历了漫长的蛰伏期后，近年来得以初步发展，文化生产的规模以及资本密集程度都显著提升。《中共中央关于深化文化体制改的决定》明确提出了"推动文化产业成为国民经济支柱性产业"的目标。然而，"规模不大、结构不合理，束缚文化生产力发展的体制机制问题尚未根本解决……文化人才队伍建设急需加强"等问题严重制约着我国文化产业和文化企业的发展。

相对于产业和企业实践的迫切需要，学术界的反应相对滞后，迄今为止，对中国情境中文化企业家的研究非常之少，可以说尚处于理论发展的初级阶段（阶段划分参考 Edmondson & McManus，2007），本书在这方面只能说略有推进，远远不能满足管理实践的要求。从现在开始，我国将进入文化产业快速发展、文化企业家快速成长的关键阶段，这一方面对管理学界提出了新的、更高的要求，另一方面也必将对开展相关研究提供更加丰富的素材。本书作者将密切关注这一选题，不断完善自己的研究工作。

参考文献

[1] Abernathy, W. J., Clark, K. B. Innovation: Mapping the Winds of Creative Destruction, Research Policy, 1985, 14 (1).

[2] Akinola, Modupe, Wendy Berry Mendes. The Dark Side of Creativity: Biological Vulnerability and Hegative Emotions Lead to Greater Artistic Creativity, Personality and Social Psychology Bulletin, December, 2008, 34 (12).

[3] Alves, Jorge, Maria José Marques, Irina Saur, Pedro Marques. Creativity and Innovation through Multidisciplinary and Multi-sectoral Cooperation, Creativity and Innovation Management, 2007, 16 (1).

[4] Amabile, T. M. Motivation and Creativity: Effects of Motivational Orientation on Creative Writers, Journal of Personality and Social Psychology, 1985 (48).

[5] Anderson, Alistair R., Lorraine Warren. The Entrepreneur as Hero and Jester: Enacting the Entrepreneurial Discourse, International Small Business Journal, 2011, 29 (6).

[6] Atuahene-Gima, K., Ko., Anthony. An Empirical Investigation of the Effect of Market Orientation and Entrepreneurship Orientation Alignment on Product Innovation, Organization Science, 2001, 12 (1).

[7] Baines, S., Robson, L. Being Self-employed or Being Enterprising? The Case of Creative Work for the Media Industries, Journal of Small Business and Enter-

prise Development, 2001 (8).

[8] Baker, W. , Faulkner, R. Role as Resource in the Hollywood Film Industry, American Journal of Sociology, 1991 (97).

[9] Banks, Mark, David Calvey, Julia Owen, David Russell. Where the Art is: Defining and Managing Creativity in New Media SMEs, Creativity and Innovation Management, 2002, 11 (4).

[10] Barney, J. Firm Resources and Sustained Competitive Advantage, Journal of Management, 1991, 17 (1).

[11] Bates, Ryan. Communication Breakdown: The Recording Industry's Pursuit of the Individual Music User, a Comparison of U. S. and E. U. Copyright Protections for Internet Music File Sharing, Northwestern Journal of International Law & Business, Fall, 2004, 25 (1).

[12] Baumol, W. , W. Bowen. Peforming Aats: The Economic Dilemma, Twentieth Fund, 1996.

[13] Bhuiana, S. N. , B. Menguc, S. J. Bell. Just Entrepreneurial Enough: the Moderating Effect of Entrepreneurship on the Relationship between Market Orientation and Performance. Journal of Business Research, 2005, 58 (1).

[14] Bilton, C. , Leary, R. What Can Managers Do for Creativity? Brokering Creativity in the Creative Industries, International Journal of Cultural Policy, 2002, 8 (1).

[15] Boje, D. M. , Narrative Methods for Organizational and Communication Research. London: Sage, 2001.

[16] Boone, C. , W. Van Olffen, A. Van Witteloostuijn. The Genesis of Top Management Team Diversity: Selective Turnover among Top Management Teams in Dutch Newspaper Publishing, 1970 – 1994, Academy of Management Journal, 2004, 47 (5): 633 – 656.

[17] Burroughs, James E, Dahl, Darren W, Moreau, C. Page, Chatto-

padhyay, Amitava; Gorn, Gerald J. Facilitating and Rewarding Creativity During New Product Development. Journal of Marketing, 2011, 75 (4).

[18] Cattani, Gino, Simone Ferriani. A Core/Periphery Perspective on Individual Creative Performance: Social Networks and Cinematic Achievements in the Hollywood Film Industry, Organization Science, 2008, 19 (6).

[19] Caves, R. E. Contracts between Art and Commerce, Journal of Economic Perspectives, 2003, 17 (2).

[20] Chisholm, Darlene C. Profit – Sharing Versus Fixed – Payment Contracts: Evidence from the Motion Pictures Industry, Journal of Law, Economics & Organization, 1997, 13 (1).

[21] Cohendet, Patrick, Simon, Laurent. Playing across the Playground: Paradoxes of Knowledge Creation in the Videogame Firm. Journal of Organizational Behavior, 2007, 28 (5).

[22] Corneo, G. and O. Jeanne. Snobs. Bandwagons and the Origin of Social Customs in Consumer Behavior, Journal of Economic Behavior and Organization, 1997 (32).

[23] Covin, Jeffrey G., Dennis P. Slevin. The Influence of Organization Structure on the Utility of an Entrepreneurial Top Management Style, Journal of Management Studies. 1989, 25 (3).

[24] Cunliffe, Ann, Chris Coupland. From Hero to Villain to Hero: Making Experience Sensible through Embodied Narrative Sensemaking, Human Relations, 2012, 65 (1).

[25] Davenport, John. UK Film Companies: Project – Based Organizations Lacking Entrepreneurship and Innovativeness? Creativity and Innovation Management, 2006, 15 (3).

[26] Deci, E. L., Koestner, R., & Ryan, R. M. A Metaanalytic Review of Experiments Examining the Effects of Extrinsic Rewards on Intrinsic Motiva-

tion. Psychological Bulletin, 1999 (125).

[27] DeFillippi, Robert J., Michael B. Arthur. Paradox in Project – Based Enterprise: The Case of Film Making, California Management Review, 1998, 40 (2).

[28] Delmestri, Giuseppe, Fabrizio Montanari and Alessandro Usai. Reputation and Strength of Ties in Predicting Commercial Success and Artistic Merit of Independents in the Italian Feature Film Industry, Journal of Management Studies, 2005, 42 (5).

[29] Demski, J. S. Sappington. Resolving Double Moral Hazard Problems with Buyout Agreements, RAND Journal of Economics, 1991, 22 (2).

[30] Dimmick, J., Yan Chen, and Zhan li. Competition between the Internet and Traditional News Media: The Gratification – Opportunities Niche Dimension. Journal of Media Economics, 2004, 17 (1).

[31] Ebbers, Joris J., Nachoem M. Wijnberg. Latent Organizations in the Film Industry: Contracts, Rewards and Resources, Human Relations, 2009 (62).

[32] Edmondson, A. C., S. E. Mcmanus. Methodological Fit in Management Field Research, Academy of Management Journal, 2007, 32 (4).

[33] Eikhof, Doris Ruth, Axel Haunschild. Lifestyle Meets Market: Bohemian Entrepreneurs in Creative Industries, Creativity and Innovation Management, 2006, 15 (3).

[34] Eisenberger, Robert, W. David Pierce, and Judy Cameron. Effects of Reward on Intrinsic Motivation—Negative, Neutral, and Positive: Comment on Deci, Koestner, and Ryan, Psychological Bulletin, 1999, 125 (6).

[35] Eisenhardt, K. M. Building theories from case study research. Academy of Management Review, 1989 (14).

[36] Ellmeier, A. Cultural Entrepreneurialism: On the Changing Relationship between the Arts, Culture and Employment, The International Journal of Cultural Policy, 2003, 9 (1).

[37] Elsbach, Kimberly D., The case for case study research, 中国企业管理案例论坛（2010）专题报告，2010.

[38] Elsbach, Kimberly D., Roderick M. Kramer. Assessing Creativity in Hollywood Pitch Meetings: Evidence for a Dual – Process Judgment Model of Creativity Judgments, Academy of Management Journal, 2003, 46 (3).

[39] Farrell, Joseph. Integration and Independent Innovation on a Network. American Economic Review, 2003, 93 (2).

[40] Fleming, Lee, Santiago Mingo, David Chen. Collaborative Brokerage, Generative Creativity, and Creative Success. Administrative Science Quarterly, 2007 (52).

[41] Florida, R. The Rise of the Creative Class, Basic Books, New York, NY, 2002.

[42] Flynn, M., Dooley, L., O'Sullivan, D., Cormican, K. Idea Management for Organizational Innovation, International Journal of Innovation Management, 2003 (7).

[43] Frishammar, J., S. Å. Hörte. The Role of Market Orientation and Entrepreneurial Orientation for New Product Development Performance in Manufacturing Firms. Technology Analysis & Strategic Management, 2007, 19 (6).

[44] Gatignon, H., J. M. Xuereb. Strategic Orientation of the Firm and New Product Performance. Journal of Marketing Research, 1997, 34 (1).

[45] MacDonald, Glenn M. The Economics of Rising Stars, The American Economic Review, 1988, 78 (1).

[46] Henry, Jane. Creative Collaboration in Organizational Settings. Collaborative Creativity: Contemporary Perspectives. Dorothy Miell and Karen Littleton, Editors. Free Association Books, 2004.

[47] Hirsch, Paul M. Processing Fads and Fashion: An Organization – Set Analysis of Cultural Industry Systems, The American Journal of Sociology, 1972, 77 (4).

[48] Howkins. The Creative Economy: How People Make Money from Ideas, Allen Lane, The Penguin Press, 2001.

[49] Im, Subin, John P. Workman Jr. Market Orientation, Creativity, and New Product Performance in High – Technology Firms, Journal of Marketing, 2004, 68 (2).

[50] Jones, Candace. Co – evolution of Entrepreneurial Careers, Institutional Rules and Competitive Dynamics in American Film, 1895 – 1920. Organization Studies, 2001, 22 (6).

[51] Chung Kee H., Raymond A. K. Cox, A Stochastic Model of Superstardom: An Application of the Yule Distribution, The Review of Economics and Statistics, 1994, 76 (4).

[52] Khodyakov, Dmitry M. The Complexity of Trust – Control Relationships in Creative Organizations: Insights From a Qualitative Analysis of a Conductorless Orchestra, Social Forces, 2007, 86 (1).

[53] King, Nigel. What will Hatch? A Constructivist Autobiographical Account of Writing Poetry. Journal of Constructivist Psychology, 2008 (21).

[54] Kohli, A. K., B. J. Jaworski. Market Orientation: The Construct, Research Propositions, and Managerial Implications. Journal of Marketing, 1990, 54 (1).

[55] Kretschmer, Martin, George Michael Klimis, Chong Ju Choi. Increasing Returns and Social Contagion in Cultural Industries, British Journal of Management, 1999 (10).

[56] Lampel, Joseph, Jamal Shamsie. Critical Push: Strategies for Creating Momentum in the Motion Picture Industry. Journal of Management, 2000, 26 (2).

[57] Lampel, Joseph, Jamal Shamsie. Capabilities in Motion: New Organizational Forms and the Reshaping of the Hollywood Movie Industry. Journal of Management Studies, 2003, 40 (8).

[58] Long Lingo, Elizabeth, Siobhán O'Mahony. Nexus Work: Brokerage on Creative Projects, Administrative Science Quarterly, 2010, 55 (1).

[59] Lopes, Paul D. Innovation and Diversity in the Popular Music Industry, 1969 to 1990. American Sociological Review, 1992, 57 (1).

[60] Lorenzen, M., F. A. Täube. Breakout from Bollywood? The Roles of Social Networks and Regulation in the Evolution of Indian Film Industry. Journal of International Management, 2008, 14 (3).

[61] Lumpkin, G. T., G. G. Dess. Clarifying the Entrepreneurial Orientation Construct and Linking It to Performance. Academy of Management Review, 1996, 21 (1).

[62] Mamykina, Lena, Linda Candy, Ernest Edmonds. Collaborative Creativity. Communication of the ACM, 2002, 45 (10).

[63] Weinstein, Mark. Profit-Sharing Contracts in Hollywood: Evolution and Analysis. The Journal of Legal Studies, 1998, 27 (1).

[64] Matsuno, K., J. T. Mentzer, A. Özsomer. The Effects of Entrepreneurial Proclivity and Market Orientation on Business Performance. Journal of Marketing, 2002, 66 (3).

[65] McCabe, M. J. Journal Pricing and Mergers: A Portfolio Approach. American Economic Review, 2002 (92).

[66] Mezias, J. M., Mezias, S. J. Resource Partitioning, the Founding of Specialist Firms, and Innovation: The American Feature Film Industry, 1912 – 1929. Organization Science, 2000 (11).

[67] Miller, D. The Correlates of Entrepreneurship in Three Types of Firms. Management Science, 1983, 29 (7).

[68] Miller, D. What Happens After Success: the Perils of Excellence. Journal of Management Studies, 1994, 31 (3).

[69] Miller, D., Shamsie, J. The Resource-based View of the Firm in Two

Environments: The Hollywood Film Studios from 1936 to 1965. Academy of Management Journal, 1996 (39).

[70] Miller, D. , Shamsie, J. Learning across the Life Cycle: Experimentation and Performance among the Hollywood Studio Heads. Strategic Management Journal, 2001, 22 (8).

[71] Noldeke, Georg; Klaus M. Schmidt. Sequential Investment and Options to Own. RAND Journal of Economics, 1998, 29 (4).

[72] Hirsch, Paul M. Processing Fads and Fashion: An Organization – Set Analysis of Cultural Industry Systems. The American Journal of Sociology, 1972, 77 (4).

[73] Hirsch, Paul M. Cultural Industries Revisited. Organization Science, 2000, 11 (3).

[74] Pentland, B. T. Building Process Theory with Narrative: from Description to Explanation. Academy of Management Review, 1999 (24).

[75] Perretti, F. , Negro, G. Mixing Genres and Matching People: A Study in Innovation and Team Composition in Hollywood. Journal of Organizational Behavior, 2007 (28).

[76] Perry – Smith, J. E. Social yet Creative: The Role of Social Relationships in Facilitating Individual Creativity. Academy of Management Journal, 2006 (49).

[77] Pesendorfer, W. Design Innovation and Fashion Cycles. American Economic Review, 1995 (85).

[78] Peterson, R. A. , David G. Berger. Entrepreneurship in Organization: Evidence from the Popular Music Industry. Administrative Science Quarterly, 1971, 16 (1).

[79] Peterson, R. A. , David G. Berger. Measuring Industry Concentration, Diversity, and Innovation in Popular Music. American Sociological Review, 1996, 61 (1).

[80] Rickards, T. , Moger, S. T. Creative Leaders: A Decade of Contributions

from Creativity and Innovation Management Journal, Creativity and Innovation Management, 2006, 18 (1).

[81] Robins, James A., Organization as Strategy: Restructuring Production in the Film Industry, Strategic Management Journal, Vol. 14, Special Issue: Corporate Restructuring (Summer, 1993).

[82] Rosen, Sherwin. The Economics of Superstars. The American Economic Review, 1981, 71 (5).

[83] Salavou, H., S. Lioukas. Radical Product Innovations in SMEs: The Dominance of Entrepreneurial Orientation. Creativity and Innovation Management, 2003, 12 (2).

[84] Sawyer, R. Keith. Improvisational Cultures: Collaborative Emergence and Creativity in Improvisation, Mind, Culture, and Activity, 2000, 7 (3).

[85] Shamir, Boas, Galit Eilam. What's Your Story? A Life – stories Approach to Authentic Leadership Development, The Leadership Quarterly, 2005, 16 (3).

[86] Shamir, Boas, Hava Dayan – Horesh, Dalya Adler. Leading by Biography: Towards a Life – story Approach to the Study of Leadership. Leadership, 2005, 1 (1).

[87] Shaver, Dan; Shaver, Mary Alice. Books and Digital Technology: A New Industry Model. Journal of Media Economics, 2003, 16 (2).

[88] Rosen, Sherwin. The Economics of Superstars: Reply. The American Economic Review, 1983, 73 (3).

[89] Simonton, Dean Keith. Group Artistic Creativity: Creative Clusters and Cinematic Success in Feature Films. Journal of Applied Social Psychology, 2004, 34 (7).

[90] Sims, David. Between the Millstones: A Narrative Account of the Vulnerability of Middle Managers' Storying, Human Relations, 2003, 56 (10).

[91] Singh, Jasjit, Lee Fleming. Lone Inventors as Sources of Breakthroughs:

Myth or Reality? Management Science, 2010, 56 (1).

[92] Slater, S. F. , J. C. Narver. Does Competitive Environment Moderate the Market Orientation - Performance Relationship? . Journal of Marketing, 1994, 58 (1).

[93] Söderquist, K. E. , A. Godener. Performance Measurement in R&D and New Product Development: Setting the Scene. International Journal of Business Performance Management, 2004, 6 (2).

[94] Sorenson, O. , Waguespack, D. Social Networks and Exchange: Self - confirming Dynamics in Hollywood, Administrative Science Quarterly, 2006 (51).

[95] Spicer , Andrew. The Precariousness of Production: Michael Klinger and the Role of the Film Producer in the British Film Industry during the 1970s, http: //1970sproject. co. uk/ events/papers/andrew - spicer. pdf, 2010.

[96] Spicer, Andrew. Creativity and Commerce: Michael Klinger and New Film History. New Review of Film and Television Studies, 2010, 8 (3).

[97] Starkey, Ken, Christopher Barnatt; Sue Tempest, Beyond Networks and Hierarchies: Latent Organizations in the U. K. Television Industry, Organization Science, Vol. 11, No. 3, Special Issue: Cultural Industries: Learning from Evolving Organizational Practices (May, 2000).

[98] Stempel, G. Ill, Hargrove, T. , Bernt, J. P. Relation of growth of use of the Internet to Changes in Media use from 1995 to 1999. Journalism & Mass Communication Quarterly, 2000 (77).

[99] Swedberg, Richard. The Cultural Entrepreneur and the Creative Industries: Beginning in Vienna. Journal of Cultural Economics, 2006 (30).

[100] Throsby, David. Economics and Culture. Melbourne: Cambridge University Press, 2001.

[101] Watson, Tony J. Narrative, Life Story and Manager Identity: A Case Study in Autobiographical Identity Work. Human Relations, 2009, 62 (3).

[102] Weinstein, Mark. Profit - Sharing Contracts in Hollywood: Evolution and

Analysis. The Journal of Legal Studies, 1998, 27 (1).

[103] Wilson, Nicholas. C., David Stokes. Managing Creativity and Innovation: The Challenge for cultural Entrepreneurs. Journal of Small Business and Enterprise Development, 2005, 12 (3).

[104] Yamada, Jin – ichiro, Masaru Yamashita. Entrepreneurs' Intentions and Partnership Towards Innovation: Evidence from the Japanese Film Industry, Creativity and Innovation Management, 2006, 15 (3).

[105] Zhou, K. Z., C. K. Yim, D. K. Tse. The Effects of Strategic Orientations on Technology – and Market – based Breakthrough Innovations. Journal of Marketing, 2005, 69 (1).

[106] 派恩著. 大规模定制: 企业竞争的新前沿 [M]. 操云甫译. 北京: 中国人民大学出版社, 2000.

[107] 克罗福特, 孙平等. 新产品管理学 [M]. 成都: 四川人民出版社, 1988.

[108] 第亚尼编. 非物质社会——后工业世界的设计、文化与技术 [M]. 滕守尧译. 成都: 四川人民出版社, 1998.

[109] Pete McBreen, 熊节译. 软件工艺 [M]. 北京: 人民邮电出版社, 2004.

[110] 利布里奇等. 叙事研究: 阅读、分析和诠释 [M]. 重庆大学出版社, 2008.

[111] 霍布斯鲍姆. 帝国的年代 [M]. 贾士蘅等译, 钱进校. 南京: 江苏人民出版社, 1999.

[112] 霍布斯鲍姆. 革命的年代 [M]. 王章辉等译, 钱进校. 南京: 江苏人民出版社, 1999.

[113] 霍布斯鲍姆. 资本的年代 [M]. 张晓华等译, 钱进校. 南京: 江苏人民出版社, 1999.

[114] 杜盖伊等. 做文化研究——索尼随身听的故事 [M]. 北京: 商务印

书馆，2003．

［115］德鲁克．创新与企业家精神［M］．蔡文燕译．北京：机械工业出版社，2009．

［116］布尔迪厄．文化资本与社会炼金术——布尔迪厄访谈录［M］．包亚明译．上海：上海人民出版社，1997．

［117］陈晓．组织创新氛围影响员工创造力的过程模型研究［D］．浙江大学硕士学位论文，2006．

［118］思罗斯比．什么是文化资本［J］．马克思主义与现实．2004（1）．

［119］克兰．文化生产——媒体与都市艺术［M］．赵国新译．南京：译林出版社，2001．

［120］诺思．经济史中的结构与变迁［M］．上海：上海三联书店、上海人民出版社，2003．

［121］邓晓辉．新工艺经济时代的文化创意产业研究：基于技术、组织和消费的三维视角［D］．复旦大学博士学位论文，2006．

［122］邓晓辉．艺术与资本的契约——文化创意过程的委托代理分析［J］．中国经济问题，2010（3）．

［123］邓晓辉．基于社会和谐目标的文化产业发展初探［J］．当代财经，2005（12）．

［124］方李莉．新工艺文化论［M］．北京：清华大学出版社，1995．

［125］皮耶希．汽车和我：费迪南德·皮耶希自传［M］．任卫东译．上海远东出版社，2009．

［126］科尔波特．文化产业营销与管理［M］．上海：上海人民出版社，2002．

［127］麦克拉肯．不懂流行文化就不要谈创新［M］．海口：南海出版公司，2012．

［128］福特．我的生活与工作［M］．梓浪，莫丽芸译．北京邮电大学出版社，2005．

［129］黄江明，李亮，王伟．案例研究：从好的故事到好的理论——中国企业管理案例与理论建构论坛（2010）综述，管理世界，2011（2）．

［130］霍克海默，阿道尔诺．启蒙辩证法［M］．渠敬东，曹卫东译．上海：上海人民出版社，2003．

［131］杰姆逊．后现代主义与文化问题［M］．北京：北京大学出版社，1997．

［132］金碚．报业经济学［M］．北京：经济管理出版社，2002．

［133］哈恩．我在大众汽车40年［M］．朱刘华译．上海远东出版社，2008．

［134］戈恩，耶斯．一个成本杀手的自白［M］．武忠森译．北京：国际文化出版公司，2005．

［135］戈恩．极度驾驭——日产的"文艺复兴"［M］．崔贵子译．上海社会科学院出版社，2004．

［136］贾米森．疯狂天才——躁狂抑郁症与艺术气质［M］．上海三联书店，2007．

［137］凯夫斯．创意产业经济学［M］．孙绯等译．北京：新华出版社，2004．

［138］克里斯滕森．创新者的窘境［M］．吴潜龙译．南京：江苏人民出版社，2001．

［139］弗里曼，苏特．工业创新经济学［M］．华宏勋，华宏慈等译．北京：北京大学出版社，2004．

［140］李令德．现代工艺管理［M］．上海：上海人民出版社，1995．

［141］李向民，王萌，王晨．创意型企业产品特征及其生产决策研究［J］．中国工业经济，2005（7）．

［142］李向民．精神经济［M］．北京：新华出版社，1999．

［143］李元元，曾兴雯，王林雪．基于创意人才需求偏好的机理模型研究［J］．科技进步与对策，2011（6）．

［144］纳尔逊，温特著．经济变迁的演化理论［M］．胡世凯译．北京：商

务印书馆，1997.

［145］弗里德曼．创意阶层的崛起［M］．司徒爱琴译．北京：中信出版社，2010．

［146］坎蒂隆．商业性质概论［M］．北京：商务印书馆，1997．

［147］利特曼．大电影产业［M］．尹鸿等译．北京：清华大学出版社，2005．

［148］联合国教科文组织编．世界文化报告1998：文化创新与市场［G］．北京：北京大学出版社，2000．

［149］联合国教科文组织编．世界文化报告2000：文化的多样性、冲突与多元共存［G］．北京：北京大学出版社，2002．

［150］林拓等．世界文化产业发展前沿报告（2003～2004）［G］．北京：社会科学文献出版社，2004．

［151］刘诗白．论现代文化生产［J］．经济学家，2005（1～2）．

［152］柳宗悦．工艺文化［M］．徐艺乙译．北京：中国轻工业出版社，1991．

［153］陆国庆．基于信息技术革命的产业创新模式［J］．产业经济研究，2003（4）．

［154］陆群，张佳昱．新媒体革命——技术资本与人重构传媒业［M］．北京：社会科学文献出版社，2002．

［155］陆杨，王毅．文化研究导论［M］．上海：复旦大学出版社．2006．

［156］施伟泽，杨文千译．我的雷诺岁月［M］．青岛：青岛出版社，2009．

［157］殷．案例研究：设计与方法（第三版），重庆大学出版社，2003．

［158］马健．产业融合论，博士学位论文［D］．南京大学，2003．

［159］波拉特．信息经济论［M］．李必祥，钟华玉，吴桦等译，傅予行校．长沙：湖南人民出版社，1987．

［160］马凌诺斯基．文化论［M］．费孝通译．北京：华夏出版社，2002．

［161］马歇尔．经济学原理［M］．朱志泰译．北京：商务印书馆，1964．

[162] 麦克卢汉. 理解媒介 [M]. 何道宽译. 北京：商务印书馆, 2000.

[163] 毛基业, 李晓燕. 理论在案例研究中的作用——中国企业管理案例论坛（2009）综述与范文分析 [J]. 管理世界, 2010 (2).

[164] 奈斯比特等. 高科技·高思维：科技与人性意义的追求 [M]. 尹萍译. 北京：新华出版社, 2000.

[165] 奈斯比特. 大趋势 [M]. 孙道章等译. 北京：新华出版社, 1984.

[166] 尼葛洛庞蒂. 数字化生存 [M]. 胡泳, 范海燕译. 海口：海南出版社, 1996.

[167] 帕夫利克. 新媒体技术：文化和商业前景（第二版）[M]. 周勇, 张平锋, 景刚译. 北京：清华大学出版社, 2005.

[168] 西美尔. 时尚的哲学 [M]. 费勇等译. 北京：文化艺术出版社, 2001.

[169] 阿尔维斯, 丁琳, 席酉民. 和谐与团队创造力的现实动力 [J]. 中国浦东干部学院学报, 2008 (4).

[170] 日下公人. 新文化产业论 [M]. 范作申译. 北京：东方出版社, 1989.

[171] 芮明杰, 巫景飞, 何大军. MP3 技术与美国音乐产业演化 [J]. 中国工业经济, 2005 (3).

[172] 上海交通大学国家文化产业创新与发展研究基地. 中国文化产业评论（第一卷）[M]. 上海：上海人民出版社, 2003.

[173] 罗宾斯. 组织行为学（第十版）[M]. 北京：中国人民大学出版社, 2005.

[174] 拉什, 卢瑞. 全球文化工业：物的媒介化 [M]. 北京：社会科学文献出版社, 2010.

[175] 苏东水. 管理心理学（第四版）[M]. 上海：复旦大学出版社, 2002.

[176] 考恩著. 商业文化礼赞 [M]. 严忠志译. 北京：商务印书馆, 2005.

[177] 麦格劳. 现代资本主义——三次工业革命中的成功者 [M]. 赵文书, 肖锁章译. 南京: 江苏人民出版社, 2000.

[178] 鲍德温. 大汇流: 整合媒介、信息与传播 [M]. 龙耘等译. 北京: 华夏出版社, 2000.

[179] 海因斯等. 时尚管理创新 [M]. 李秀莲等译. 北京: 中国时代经济出版社, 2002.

[180] 本雅明. 机械复制时代的艺术作品 [M]. 王才勇译. 北京: 中国城市出版社, 2002.

[181] 万青力. 中国商人中有影响的艺术家: 1700—1948 [J]. 美术观察, 2001 (10).

[182] 王端旭, 洪雁. 领导支持行为促进员工创造力的机理研究 [J]. 南开管理评论, 2010 (4).

[183] 王黎萤, 陈劲. 国内外团队创造力研究述评 [J]. 研究与发展管理, 2010 (4).

[184] 王宁. 消费社会学——一个分析的视角 [M]. 北京: 社会科学文献出版社, 2001.

[185] 王强. 信息时代的文化产业建设与市场准入问题 [J]. 文艺研究, 1998 (4).

[186] 王树林. 21世纪的主导产业: 第四产业 [M]. 北京: 京华出版社, 1996.

[187] 佩尔弗雷. 杜兰特和斯隆——通用汽车两巨头传奇 [M]. 李家河译. 北京: 华夏出版社, 2009.

[188] 萨思著. 公司的企业家精神: 高层管理者和业务创新 [M]. 邢华, 钟正生译. 北京: 中国人民大学出版社, 2008.

[189] 吴季松. 知识经济 [M]. 北京: 北京科学技术出版社, 1998.

[190] 斯隆. 我在通用汽车的岁月 [M]. 刘昕译. 北京: 华夏出版社, 2005.

[191] 徐世丕. 当代全球文化产业扫描, 中国文化报 [N]. 2003-9-2.

[192] 薛靖. 创意团队成员个人创新行为影响因素实证研究 [D]. 浙江大学博士学位论文, 2006.

[193] 斯密. 国民财富的性质和原因的研究 [M]. 郭大力, 王亚南译. 北京: 商务印书馆, 1972.

[194] 古默桑. 管理的定性研究方法（第二版）[M]. 武汉: 武汉大学出版社, 2006.

[195] 熊彼德. 经济发展理论 [M]. 何畏, 易家详译. 北京: 商务印书馆, 1990.

[196] 曾琎, 陈汗青. 高效创意团队建设与对策研究 [J]. 科技进步与对策, 2007 (6).

[197] 张婧, 段艳玲. 我国制造型企业市场导向和创新导向对新产品绩效影响的实证研究 [J]. 南开管理评论, 2010 (1).

[198] 张晓明, 胡惠林, 章建刚. 中国文化产业发展报告（2004）[M]. 北京: 社会科学文献出版社, 2004.

[199] 张晓明, 胡惠林, 章建刚. 中国文化产业发展报告（2005）[M]. 北京: 社会科学文献出版社, 2005.

[200] 张曾芳. 论文化产业及其运作规律 [J]. 中国社会科学, 2002 (2).

[201] 赵曙明, 李程骅. 创意人才培养战略研究 [J]. 南京大学学报（哲学人文社会科学版）, 2006 (6).

[202] 赵子忠. 内容产业论 [M]. 北京: 中国传媒大学出版社, 2005.

[203] 周振华. 信息化与产业融合 [M]. 上海: 上海三联书店, 上海人民出版社, 2003.

[204] 朱青生. 没有人是艺术家, 也没有人不是艺术家 [M]. 北京: 商务印书馆, 2000.

后 记

早在两年前,王淼教授就鼓励工商管理系的老师们申报专著选题,并以一己之力辛苦奔波,联系出版事宜。此后两年多的时间里,她密切关注着我们的工作进度,提供一切可能的支持。由于学力不逮和勤勉不足,本人的工作一直进度迟缓,但王淼教授始终待我以鼓励和宽容,让我既感动又惭愧。没有她的辛勤付出,这本书不可能写成并顺利出版,在此首先向她表达诚挚的谢意。

我对文化产业的研究起于博士论文选题,迄今已有近十年时间。回忆选题过程,可谓费尽周折,导师苏东水教授循循善诱,帮助我认清了自己的优势和劣势,最终确定了文化产业方面的题目。我的博士学位论文题目是《新工艺经济时代的文化创意产业研究:基于技术、组织和消费的三维视角》,论文在评审和答辩过程中得到了专家的普遍好评,但我本人对它很不满意,总感觉内容不够凝练,一些论题也没有阐述透彻。2007 年,复旦大学管理学院产业经济学系拟推荐我和另外两位同学的论文参加学校的优秀博士学位论文评选,被我婉拒,主要也是出于以上考虑。

博士毕业后,我回到母校中国海洋大学任教,有幸进入管理学院工商管理系这个和谐的团队。我开始有意向企业管理学科靠拢,起先以博士学位论文为基础承担了"文化创意企业组织模式及其效率研究"等课题,但随后却逐渐在丰富的选题中迷失了方向,和文化产业研究渐行渐远。直到 2011 年,学院鼓励老师们精练研究方向,我经过反复考虑,确定将企业家精神和组织文化作为主要研究方向,并准备多做一些案例研究,选择案例研究对象时不由自主地回归到文化产业。此时,文化产业研究已从"偏门"蜕变为"显学",学术竞争非常激烈,好在经过多年教学科研的历练，我对文化产业的理解更加全面和深入，遂将研究内容聚焦于现有文献相对忽略的企业家问题。

院系和学校都为我的新选题提供了慷慨支持，我先后以"企业家精神影响产品开发的中外比较研究"主持了学院"510工程"学术研究计划，以"企业家干预文化创意的过程与绩效研究"主持了中央高校基本科研业务费专项青年基金项目。在课题研究的过程中，我收集整理了大量素材和数据，也取得了一些阶段性成果，部分成果通过中国人民大学的中国企业管理案例与质性研究论坛、复旦大学的世界管理论坛暨东方管理论坛与同行学者进行了交流，获益匪浅，并得到进一步完善。

所以，本书是在博士学位论文和多项课题研究的基础上整理修改而成的，历时较长，原本各项研究的视角和目标也不尽相同，虽然笔者努力整合并构建专门的逻辑体系，但肯定还有许多不尽如人意之处。此外，虽然这是一本个人署名的作品，但本人的贡献只是其中的一部分，为了形式齐备和内容完整，书中也引述了大量文献，对此本人都予以一一注明，如有疏漏，恳请读者和同行不吝指出。

感谢所有在我读书和工作期间给予我帮助的师长、朋友；感谢为我提供良好工作氛围的全体同事；感谢八年来支持我、启发我、鞭策我的青年学生们；最后，我还要特别感谢始终关爱着我的家人。

人生是一场持久战，如孙中山先生所言，"坚忍耐烦，劳怨不避，乃能期于有成"，借此鼓励自己，坚持在既定的方向上不断前行。

2014年8月